藤井 剛

「なぜ!?」から
はじめる政治・経済

世の中のしくみがわかる
50のギモン

山川出版社

はじめに

　まず「自己紹介」をします。私は、公立高等学校の教員を32年間勤めてから大学に移ってきました。この書籍は、現職時代の経験から生まれてきたものです。その特色は2点あります。

　1点目は、高等学校に新しい科目として「公共」「歴史総合」「地理総合」という科目が生まれました。それぞれ日常的に「あれ？」と感じている疑問を「問い」という形で表現し、仮説を立てたり、それまで学んできた見方・考え方を使ったりして探究する科目です。私はこのような科目が設定される前から、生徒に日頃から持っている疑問を「質問カード」に書いてもらい解説したり、ニュースなどの時事的なテーマを授業で取り上げたりしていました。「銀行にお金を預けると、なぜ利子が付くの？」「首相は、なぜ衆議院を解散するの？」などの素朴な質問が多かったのですが、実はそのような疑問は、大人も持っているのではないでしょうか？　そのような「知っているようで、わかっていない『疑問』」に答えようとしたのが本書です。

　2点目は、高校生へ授業をするときと同じように「平易」な語り口（記述）を心がけたことです。私の大学時代の恩師は「難しいことを難しく説明することは誰でもできるが、難しいことを易しく話せる人間が『本当の教師』だ」といっていました。たしかに、専門用語だらけの説明では高校生は理解できません。そのため本文は、平易で簡潔な記述をめざしました。また、理解をたすけるためにグラフや表、写真をできるだけ載せています。そのため、本文を読むだけで基礎知識や流れは理解できるようになっていると思います。ただし、さらに知識などを深めたい方のために「注」を多く入れ、巻末に「参考文献」をあげています。「もっと知りたい」と思われる方は参考にしてください。

　本書が、日頃から疑問に思われていることに、少しでも答えているならば幸いです。そして、楽しみながらお読みいただければと思います。

2024年3月吉日　筆者

もくじ 「なぜ!?」からはじめる政治・経済—世の中のしくみがわかる50のギモン

現代の政治

日本の年度始まりは、
なぜ4月なのだろうか？

「年度」とは？

　ある辞書を紐解くと、年度とは「事務または会計決算等の便宜によって区分した1年の期間。会計年度、米穀年度、酒造年度、事業年度などがある」と書いてあります。どうやら「年度」とは、特定の日を始まりとして、その日から業務や予算を執行する1年間の区切りまでの1年周期のことのようです。それにしても「米穀年度❶」「酒造年度」など、聞いたことがない言葉が並んでいます。もともと「○○年度」という言葉は日本だけでも数十におよびますが、ここでは「会計年度❷」がなぜ4月始まりになったのかを説明しましょう。4月始まりになった理由には、大きく3つの説があります。

説1　当時の大国であるイギリスにそろえたため

　明治期に、世界一の軍事・政治・経済力を誇っていたイギリスにならって採用したという説です。今でもイギリスの会計年度は4月始まりです。ではなぜ、イギリスは4月始まりを採用しているのでしょうか。

　ヨーロッパ（イギリスを含む）では、伝統的に春分の頃を1年の始めとする考えがありました。イギリスでは長いあいだ、3月25日（受胎告知の日）が始まりの日でした。ところが1752年、長年使い続けるうちにずれが生じていたユリウス暦（旧暦）から、より精度の高いグレゴリオ暦（新暦）に改めることになりました。この改暦に伴い、3月25日だった1年の始まりは、今と同じ1月1日に変わってしまいました。実に3カ月もの繰り上がりです。

　問題になったのが決算時期に関してです。ユリウス暦のうちは「年初の3月25日

---

❶米穀年度とは、米の収穫時期を基準にした前年11月1日から当年10月31日までの1年間を指す日本の食糧年度です。欧米では7月から翌年6月までの小麦年度が食糧年度として使われることが多いようです。米穀年度の呼び方は、その年度が終わる月の属する暦年をとり、たとえば令和4年10月31日に終わる年度は令和4米穀年度と呼びます。
❷国の会計年度については、財政法第11条に「国の会計年度は、毎年四月一日に始まり、翌年三月三十一日に終るものとする。」と規定されています。また、地方公共団体の会計年度については、地方自治法第208条第1項に「普通地方公共団体の会計年度は、毎年四月一日に始まり、翌年三月三十一日に終るものとする。」と規定されています。このように、国や地方公共団体の会計年度については自由に設定することはできません。

＋1週間」が支払い期限だったのに、暦が変わったことで3カ月も前倒しになってしまったら商人としてはたまりません。そこで、イギリスでは習慣を変える必要のない4月始まりを会計年度として採用することになりました。つまり、もともとの猶予期間内であった3月31日を締め日とすることで混乱を避けたという説です。

説2　日本は稲作が中心だったので、「秋に収穫して春までに換金」し、税金を払わせることが都合よかったため

　この説は「年度始まりが4月」の理由は、「農家の金納」のためであるという説です。明治初期、日本の人口の大部分が農業従事者でした。つまり明治新政府にとって主な納税者は農家ということになります。税は、江戸時代の物納（コメ）から、明治時代は金納（現金）に変わります。そうすると「農家が秋にコメを収穫→コメを現金に変えて納税→政府が徴収した歳入から予算編成」という手順になりますが、この手順だとどうしても時間がかかります。たとえば、まず農家は10月に収穫したコメを現金化しなくてはなりません。売買にはそれなりに時間がかかります。次に、農家が納税したあと政府が歳入を確定し、予算編成してから会計年度が始まることになります。そうすると納税が早くて11月、会計年度が1月始まりではとても予算編成が間にあいません。そのため会計年度が4月始まりになったという説です。

説3　大蔵卿の松方正義が財政赤字を解消しようとしたため

　明治初期の日本は富国強兵のスローガンのもと、殖産興業政策で上からの産業革命を推し進め、同時に列強に対抗するために軍事力の増強をおこなっていました。そのため財政支出がどんどんふくらんでいき、特に1884（明治17）年には軍艦の発注などの軍事費が増えたことで財政赤字の危機に直面します。

　この状況を打開しようとしたのが、当時の大蔵卿❸である松方正義（まつかたまさよし）（在任期間、1881〈明治14〉年10月21日〜1885〈明治18〉年12月22日）でした。松方は、自分の任期中の赤字を減らすために、次の年度の予算の一部（具体的には酒造税）を1884年度の収入に繰り上げることにしました。しかし、そのままでは次の年度（1885年）予算の赤字が拡大するだけです。そのため酒造税の納期にあわせて❹、

---

❸太政官制下における大蔵省の長官を指します。1869年の大蔵省創設時におかれました。現在の財務省のように出納や造幣などが主な役割でしたが、民部省との兼任制となり（民蔵合併）、内政全般に関わる強大な権限を掌握しました。1885年12月の内閣制度創設に伴って廃止され、その職掌は大蔵大臣へと継承されました。松方がそのまま就任し、1892年まで続けました。
❹当時の酒造税法によると、酒造税の納期は3期にわかれており、その第1期が4月、第2期が7月、第3期が9月でした。その日にあわせたわけです。

1886（明治19）年度の会計年度の始まりを4月に変更しました。こうすることで、1885年度は本来なら1会計年度12カ月のところを、1885年7月から1886年3月までの1会計年度9カ月に短縮することになり、前年度（1884年度）に繰り込まれた酒税分の減収を（年度が短くなったために）吸収できると考えたわけです。ちなみに、このとき松方が指示した内容は、『公文類聚』という国立公文書館所蔵の公文書に詳細に記録されています。

　この説はNHK総合テレビの人気番組『チコちゃんに叱られる！』でも「大蔵省のトップがインチキしたから」として紹介されました。

　つまり、下図の操作がおこなわれたわけです。

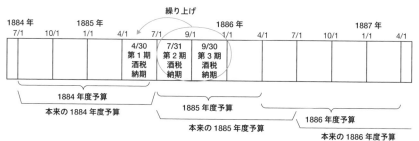

酒税年表

　この図から、少し補足説明をします。

（1）当時の酒税は、歳入にとって大きな割合を占めていました。たとえば、1882（明治15）年には歳入全体に占める酒税の割合などが23.4％でした。

（2）松方は軍事費拡大の主な財源として、酒税と煙草税を考えていました。

（3）図からおわかりのように、本来は1885年度予算に属するはずの7月や9月の第2期と第3期の酒税を1884年度の予算に組み入れてしまったために、1885年度予算は深刻な歳入不足が予測されたわけです。そのために1会計年度を9カ月と短くして、帳尻をあわせたわけです。

　以上が「松方正義が財政赤字を解消しようとしたため」の説明です。

コラム　学校年度が4月からになったのは？

　4月から学校が始まる理由として、よく「気候がよく、木々が芽吹く春は、入学の時期としてぴったりだ」と説明されることが多いようですが、それは誤りのようです。

　1870年代後半〜1880年代頃までは、小学校はおおむね1月スタートだったようですし（そもそも学年制がなかったため流動的でした）、師範学校、中学校、高等教育機関である大学もほぼ9月スタートでした。

　本文で説明したように、会計年度が1886年度から4月始まりとなりました。当時の師範学校は学費などを公費でまかなっていたため、「会計年度にあわせた方が事務的に都合がよい」との理由で4月始まりに移行しました。その後、文部省は1900（明治33）年に省令改正で、小学校の学年を4月からとすることを明文化します（実際に全国の小学校がいっせいに4月始まりを採用したのは、1892〈明治25〉年4月から）。その後、小学校、旧制中学校、師範学校などが4月入学、帝国大学や旧制高校は9月入学と、入学時期が2つにわかれた状態が続きましたが、文部省の指導などがあり、1919（大正8）年に旧制高校が、1921（大正10）年には帝国大学がそれぞれ4月入学に移り、日本の学校は完全に4月入学になりました。

　現在は学校教育法施行規則で、幼稚園、小学校、中学校、高校は、いずれも学年は4月1日に始まり、3月31日に終わると定められています。

コラム　「らんまん」の峰屋の破綻は実話？

　2023年度前半のNHKの朝ドラ「らんまん」で、主人公槙野万太郎（モデルは、牧野富太郎博士）の実家である日本酒の蔵元「峰屋（モデルは、岸屋）」の経営が傾き、破綻します。この破綻の最大の理由は、当時の財政収入が酒税に依存していたことです。予算不足に悩む明治新政府は、1880（明治13）年に制定された酒造税則によって、それまで酒の種類（清酒、焼酎、味醂など）ごとに課税していた酒造免許税を、酒造場ごとの課税に変更しました。また醸造税は、造石高による造石税となりました。つまり、現在のように出荷段階で課税するのではなく、つくった段階で課税されることになりました。そうすると課税の方が売上よりも早いタイミングになりますので、資金繰りに苦しむ蔵元も出てくるわけです。実際、酒類醸造の免許を持つ人数（≒蔵元さんの数）は、税改正の1880年から1886年までの6年間で約半分になっています。「らんまん」の峰屋破綻は、このような背景からおきた実話です。

大統領と首相の違いは？

大統領と首相の違いは？

　簡単にまとめると、大統領（President）とは「共和制❶国家における元首の通称の１つ」です。それに対して、首相（Prime Minister❷）とは、「行政府❸のトップ」です。つまり用語としては、「元首」か「行政府の長」かですから、質的には比べられない言葉だと理解してください。

> **用語解説　元首とは？**
>
> 　元首とは、その国の首長のことです。ここでは、対外的にはその国を代表する権能を持つ者と定義しましょう。国家を生物にたとえた「国家有機体説❹」によると、「首長」という言葉は、その頭の部分にあたることから由来しています。

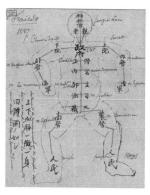

海江田信義の講義ノート
海江田信義がドイツの法学者シュタインの講義を受けた時のノートです。「国家有機体説」や「首長」の意味がよくわかります。なお憲法調査のため渡欧した伊藤博文は、シュタインの自宅で約２カ月、国家学の講義を受け、プロイセン（ドイツ）式の憲法を勧められたとされています。

❶いろいろな定義がありますが、ここでは「元首が国民のなかから一定の任期で選ばれる国家体制（＝君主がいない政治体制）」と定義します。一般的に、君主がいる国の元首は「君主」です。しかし、革命などで君主制が廃止されて共和制になると、君主にかわって儀礼的・形式的に国家を代表する官職が必要となり、それが大統領と呼ばれるようになったと理解してください。
❷大臣（Minister）のなかの首位（Prime）ですから、大臣のなかで「一番偉い」わけで「行政府の長」です。ただし、明治憲法では「同輩中の主席」であったことに注意してください。詳しくは、本書現代の政治テーマ３「なぜ明治憲法を変えなくてはならなかったのだろうか？」10～13頁参照。
❸一般的に「三権」のうちの１つで、司法府、立法府に対しての名称ですが、「行政」の定義は幅広く、定義はきわめて難しいのです。ここでは「三権のなかで、立法府と司法府の活動を除いた活動」＝「三権のうち『法律の制定』と『裁判』を除いた活動」と定義します。
❹国家理論の１つで、国家を一種の有機体、つまり独自に成長発展する生物のような存在とする学説です。示した図では、頭の部分が君主、手足などが三権と比喩的に表現されています。

> **コラム** | **日本の元首は？**
>
> 　日本の「元首」は誰でしょうか？　答えは「明文規定はない」が正解です。明治憲法では、第4条において「天皇ハ国ノ元首ニシテ統治権ヲ総攬」すると明記されていましたが、現行憲法では元首の規定がないため、見解がわかれています。学説の多数は、条約の締結権や外交使節の任免権の他、一般に外交関係を処理する権限を持つ内閣を元首とみるか、あるいは行政権の長として内閣を代表する内閣総理大臣が元首であると考えています❺。一方で、現行憲法において、「天皇は、形式的・儀式的な国事行為のみを行い、国政について一切の権力を持たない」とされているにせよ、外国の大使・公使の信任状❻は天皇が名宛人ですし、またその信任状を天皇が受け取るなど、実務上は天皇を「元首」として扱っていると解す説もあります。ただし、「日本に『元首』はいない」との説もありますので、多様な説があると理解してください。

大統領制とは？

　大統領の定義は、大統領制という政治制度と結びついています。中学校や高校では、大統領制の典型例としてアメリカ合衆国の大統領制を学びますが、実はアメリカの大統領は、元首が行政のトップを兼任している「大変珍しい」制度なのです。多くの国の大統領制はアメリカ型とは異なりますので、注意してください。ここでは、大統領制を3つの類型にわけて紹介します。

　まず、「アメリカ型」の大統領制❼です。アメリカ型の大統領制は、徹底した三権分立を採用している点が特徴とされています。また繰り返しますが、アメリカの大統領は、元首が行政府の長を兼任しているため、他の大統領制と比べて絶大な権力を有しています。大統領は議会とは別に国民から直接に選出されます❽。大統領は原則として不信任されず❾、さらに大統領には議会解散権や法案提出権が与えられていないこと、議員と政府の役職を兼務できないこと、政府職員は原則として議会

---

❺「対外的にはその国を代表する権能」＝「内閣」、「国内的には統治権、少なくとも行政権を掌握」＝「内閣総理大臣」と考えるのです。

❻信任状とは、外交使節（典型的には「大使」です）を派遣する際に、その任命を相手国などに通告する外交公文書です。一般的にはその国の元首から、相手国の元首に宛てて発行されます。日本では内閣が発行し、相手国からの信任状は天皇が認証、受理することになっています。

❼アメリカの影響が強いラテンアメリカでは、アメリカ型の大統領制を採用している国が多くあります。しかし、たとえば独立の経緯や文化などが違うため、有効に機能しているとはいいがたいとも評価されることが多いようです。

❽形式的には、アメリカは大統領選挙人による投票で大統領が決まる「間接選挙」ですが、大統領選挙人の投票は国民の一般投票の結果に拘束されるため、「限りなく直接選挙に近い間接選挙」といえます。また、この立法府を構成する議員と行政の長を、それぞれ国民の直接選挙で選ぶ制度を「二元代表制」と呼びます。「議院内閣制」とは対照的な概念です。二元代表制では、議会は法律や予算などを審議・決定する権限を持ちますが、その執行は行政の長が責任を持つため、立法権と行政権の分離が徹底されています。日本の地方自治制度も、首長（都道府県知事・市区町村長）と議員（都道府県・市区町村議員）が別々に選出されるので「二元代表制」です。

に出席して発言できない⑩ことなどが特徴とされています⑪。

　次は、大統領と首相が併存している国です。そのなかで、第2の大統領制として「半大統領制」を紹介します。議院内閣制の枠組みを採用しながら（つまり「首相がいる」ということです）大統領も存在している国です。その大統領と首相の関係から、大統領の方が首相より権限が大きいシステムを採用している国と、大統領が対外政策を、首相が内政を担当するというように権限行使をわけている（＝権限行使の抑制をシステム化している）国の2つに分類することができます。前者が特に「半大統領制」と呼ばれることが多く、代表的な国家はフランスです⑫。フランスの大統領と首相は、大統領が主に対外政治、首相が内政に責任を持つとされています。しかし大統領には、議会解散権・閣僚任免権・条約批准権など対内的な大きな権限もあり、大統領の権限の方が首相よりかなり大きくなっています。また、大統領が首相の任免権を持ちますが、議会も首相の指名権・不信任権を持っているため、実際には議会の多数党から首相が選ばれます。このため、大統領と首相が対立関係にある政党から選出されることがあります。その政治状況を、コアビタシオン（cohabitation、保革共存）と呼びます。フランスでは珍しくありません。

　また、半大統領制の国家としてロシアがあげられることも多いのですが、疑問があります。その理由は、ロシアの大統領（＝プーチン）は国家元首や軍の最高司令官であるどころか、大統領が検事の任免権を有しているため、司法への介入ができます。さらに、議会が承認した首相を解任する権限があるなど、大統領が三権の「枠外」に位置しているため、「超大統領制」ともいわれているからです。さらに、度重なる憲法改正でプーチンは2036年まで現職にとどまれます。このように、民主的なコントロールを前提とした「大統領制」とはいえないシステムだといわれています。

　最後に、大統領が象徴的な元首として存在する大統領制があります。事実上の議院内閣制のもとで、議会から選出された首相により実質的な統治がおこなわれますが、大統領が象徴的な承認機能を持つ場合です。たとえば、ドイツでは大統領はド

⑨議院内閣制と違い、国民から直接選出される大統領は、議会に対して責任を負いませんから「不信任」もされません。ただし、国家に対する反逆や重大な犯罪行為などがあった場合には、下院が弾劾の訴追をし、上院の3分の2以上の賛成があれば解任されます。しかし、これまで弾劾された大統領はいません。
⑩大統領も、議会に足を踏み入れることはほとんどありません。大統領が議会に入るのは、年頭教書演説と予算教書演説の時ぐらいだとされています。
⑪他にも、法案拒否権、高級官吏や連邦判事の任免権、条約の同意権などがあります。
⑫フランスは、フランス革命以来、共和制と君主制を繰り返し、共和制の時代もその時の憲法により政治システムが異なっています。そのため、ここでの説明は現行憲法（第5共和制憲法〈＝ド・ゴール憲法〉）のことだと理解してください。

イツを代表すると同時に、議会で選出される首相並びに大臣の任命権を有していますが、政治的な実権はありません。このような「象徴的な」大統領制の国家としてドイツの他に、インド・ポーランド・イスラエル・イタリアなどがあげられますが、国家によってその権限には差があることに注意してください。

首相とは？

前述したように、「行政府の長」を指しますが、議会から選出されるという意味で、議院内閣制⑬と深い関係があると理解してください。

日本では「内閣総理大臣」が正式名称です⑭。その権限は大きく、内閣を代表して国会に議案を提出し、国務・外交関係を報告します。また、閣議の主宰、行政各部の指揮監督権、国務大臣の任免権などを有します。その他、国家安全保障会議の議長であり、自衛隊の最高指揮監督権などを有しています。

> **コラム　議院（責任）内閣制の創始者ウォルポール**
>
> 18世紀の初め、ドイツのハノーヴァー家からイギリス国王となったジョージ1世は、英語を使いこなせなかったこともあり、閣議に出席しませんでした。そのため、国王にかわって閣議を主催する人間が必要となりました。それが「首相」です。初代の首相がウォルポールです。
>
> ウォルポールは、責任内閣制の創始者でもあります。ウォルポール内閣は国王のかわりに政治をおこなっていましたが、議会での影響力を保持するため、ウォルポールは下院の議席を持ち続けました。そして1742年、下院がウォルポール支持を拒否した時、国王の信頼を受けていたにもかかわらず首相を辞めたのです。このできごとが議会で多数を占める党派の党首が組閣をするという責任内閣制をつくっていきました。

⑬議院内閣制とは、首相（内閣）が議会から選出されるため、内閣の存立が議会の信任にもとづいて成立している制度です。そのため、議会に対して連帯責任を負いながら政治を運営します。つまり、議会から不信任された場合は、総辞職するか議会を解散することになります。
⑭法律上は「内閣総理大臣」、通称は「総理」です。そのため、国会では「○○内閣総理大臣（総理）」と呼ばれますが、「○○首相」とは呼びません。

なぜ明治憲法を変えなくては ならなかったのだろうか？

今回のテーマについて、内部的要因と外部的要因にわけて説明したいと思います。

憲法改正の内部的要因とは？

内部的要因のポイントは、大日本帝国憲法（明治憲法）の特徴、そのなかでも「天皇大権」の存在です。まず、明治憲法の天皇主権に関する規定をあげてみます。なお、現代用語に改めゴシックは筆者が付しました。

大日本帝国憲法（抄）

第1章　天皇

第1条 大日本帝国は万世一系の天皇之を統治す

第3条 天皇は神聖にして侵すべからず

第4条 天皇は国の元首にして統治権を総攬しこの憲法の条規に依り之を行う

第5条 天皇は帝国議会の協賛を以って立法権を行う

第11条 天皇は陸海軍を統帥す

第3章　帝国議会

第37条 凡て法律は帝国議会の協賛を経るを要す

第4章　国務大臣及び枢密顧問

第55条 国務各大臣は天皇を輔弼し其の責に任ず

第5章　司法

第57条 司法権は天皇の名に於いて法律に依り裁判所之を行う

ゴチック部分がポイントですが、本テーマで確認したい点は、「（内閣の）各大臣は、天皇の（輔弼）機関（第55条）❶」であることです。

---

❶内閣制度は、明治憲法制定以前（1885年）に創設された制度で、明治憲法には規定がありません。政府中枢にいた伊藤博文らは、明治憲法制定前に国家の骨格を整えようとします。この内閣制度の他に、華族制度（1884年）、地方自治制度（1888年市制・町村制公布、1890年府県制・郡制公布）、諸法典の編纂（1880年に刑法・治罪法公布、1890年民法の一部公布など）、軍人勅諭（1882年）などがあげられます。明治憲法発布後ですが、教育勅語（1890年）も同じ位置づけといえるでしょう。

　この規定は、行政権は国務大臣の輔弼によって天皇がみずからおこなうという原則を示しており、内閣は本来、大臣たちが天皇を輔弼することについて協議するための場・組織体だったのです。そして明治憲法には、内閣総理大臣（首相）の規定がありませんから、天皇を輔弼する関係において首相も「国務各大臣」の1人、つまり他の国務大臣と同格であり「同輩中の首席」にすぎなかったのです❷。そのため首相は、（現行憲法と異なり）国務大臣に対して指揮命令監督権はありません。

　さらに、主権者である天皇には、帝国議会の協賛などによらずに行使できる権限＝「天皇大権」がありました。具体的な大権事項は、軍の統帥、条約の締結など35にもおよんでいます。その1つである「統帥権の独立❸」もポイントです。

　さて、ここまででおわかりになったと思いますが、たとえば、軍部が満州事変をおこしても、同輩中の主席にすぎない首相は陸軍大臣に軍の撤退を命じることはできないのです。それ以上に、天皇大権として「統帥権の独立」がある以上、軍の行動に行政権が口を挟むことはできないわけです。明治憲法は、このように軍が独走できる憲法だったため❹、このような規定を変更する必要があったのです。

憲法改正の外部的要因とは？

　「ポツダム宣言」受諾です。そのポイントをまとめてみます。

ポツダム宣言（抄）

6. 日本国国民を欺いて世界征服に乗り出す過ちを犯させた勢力を永久に除去する。無責任な軍国主義が世界から駆逐されるまでは、平和と安全と正義の新秩序も現れ得ないからである。

9. 日本軍は武装解除された後、各自の家庭に帰り、平和・生産的に生活できる機会を与えられる。

10. 日本国政府は日本国国民における民主主義的傾向の復活を強化し、これを妨げるあらゆる障礙は排除するべきであり、言論、宗教及び思想の自由並びに基本的人権の尊重は確立されるべきである。

---

❷首相は「内閣官制」によって、「各大臣の首班として機務を奏宣し旨を承けて行政各部の統一を保持す」（第2条）と定められていましたが、この「首班」とは、いわゆる「同輩中の首席」を意味しているにすぎませんでした。

❸統帥とは軍隊に対する指揮・命令の作用のことです。統帥権はその作用に関する最高の権力を指しています。つまり憲法上、軍は天皇の命令によって動くと規定されていたわけです。

❹明治憲法はある意味「強い天皇（＝主権者）」を想定していたのです。帝国主義時代のほとんどの国の憲法は同じ前提に立っています。しかし、大正天皇以降、天皇は直接的な統治から離れていったため、軍部が独走したといえるでしょう。

このようにポツダム宣言は、明治憲法に規定されている「軍隊」をなくしたり、言論の自由や政治活動の自由などを制限・弾圧してきた政治体制を変えることを求めています。この宣言を受諾した以上、日本政府にはこれらの規定を、「憲法を改正してでも」実行する義務があるわけです。この点が、憲法を変えなくてはならない外部的要因です。

　以上2つの要因により、明治憲法を変える必要があったのです。

コラム　日本国憲法の成立過程

　明治憲法の改正過程をみてみましょう❺。

　1945（昭和20）年10月11日、マッカーサーは幣原首相にいわゆる「五大改革指令」を指示し、その方針を受けて幣原喜重郎首相は、憲法改正のために松本烝治国務大臣❻を委員長とする憲法問題調査委員会（松本委員会）を発足させます。この委員会での改正作業は秘密裡に進められていましたが、改正「試案」が1946（昭和21）年2月1日の毎日新聞にスクープされます。

　下の**表1**は、明治憲法とスクープされた「松本案」の比較表です。ほとんど変わっていないことを確認してください。このような「案」をみたGHQは「もう日本政府に任せてはいられない。自分たちで作成しよう」となるわけです。

　2月3日、マッカーサーは、憲法改正の必須要件（いわゆる「マッカーサー三原則」❼）を民政局長のホイットニー准将に示し、民政局内で「GHQ草案（マッカーサー草案）」の

大日本帝国憲法	松本案
第3条　天皇ハ**神聖**ニシテ侵スヘカラズ	第3条　天皇ハ**至尊**ニシテ侵スヘカラズ
第5条　天皇ハ帝国議会ノ協賛ヲ以テ立法権ヲ行フ	第5条　天皇ハ帝国議会ノ協賛ヲ以テ立法権ヲ行フ
第11条　天皇ハ**陸海軍**ヲ統帥ス	第11条　天皇ハ**軍**ヲ統帥ス
第20条　日本臣民ハ法律ノ定ムル所ニ従ヒ**兵役ノ**義務ヲ有ス	第20条　日本臣民ハ法律ノ定ムル所ニ従ヒ**公益ノ為必要ナル役務ニ服スル**義務ヲ有ス
第28条　日本臣民ハ安寧秩序ヲ妨ケス**及臣民タルノ義務ニ背カサル**限ニ於テ信教ノ自由ヲ有ス	第28条　日本臣民ハ安寧秩序ヲ妨ケサル限リニ於テ信教ノ自由ヲ有ス
第57条　司法権ハ天皇ノ名ニ於テ法律ニ依リ裁判所之ヲ行フ	第57条　司法権ハ天皇ノ名ニ於テ法律ニ依リ裁判所之ヲ行フ

表1　大日本憲法と松本案の比較

---

❺このコラムのテーマは、「日本国憲法の成立過程」としてあります。しかし厳密には、日本国憲法は明治憲法を「改正した」憲法です。コラムにあるように、明治憲法第73条の改正規定によって成立しています。しかし憲法の連続性を考えると、明治憲法の大原則（天皇主権など）を変更してよいのかが議論になります。フランス革命の例をみるまでもなく、主権が変わるのは「革命」の時だけだと考えられるからです。そのため憲法学者の宮沢俊義は「ポツダム宣言受諾により、日本において革命がおきた」とする「8月革命説」を主張しました。
❻松本烝治は元東京帝国大学教授でしたが専門は商法です。なぜ商法の専門家を委員長に指名したのか筆者にはわかりませんでした。

起草作業が開始されます。松本委員会は2月8日に「憲法改正要綱」をGHQに提出しましたが却下され、逆に2月13日、民政局によるマッカーサー草案が提示されました⑧。日本側はその受け入れに抵抗しますが、最終的に受け入れを決め、GHQとの協議を経て、3月6日に「憲法改正草案要綱」として発表しました。

その憲法改正案は、公職選挙法改正で「男女平等」になった衆議院議員総選挙後に召集された国会（「憲法議会」と呼ぶことがあります）で審議され、右の**表2**のようにいくつもの修正を受けて可決され、1947（昭和22）年5月3日に施行されます。

条　文	主な修正箇所
前　文	国民の総意が至高のものである →主権が国民に存すること……
第1条	日本国民の至高の総意に基づく →主権の存する日本国民の総意に基づく
第9条	＜追加＞「日本国民は正義と秩序を基調とする国際平和を誠実に希求し，」「前項の目的を達するため，」
第15条	＜追加＞「公務員の選挙については，成年者による普通選挙を保障する。」
第17条	＜全文追加＞国家賠償請求権についての条文
第25条	＜追加＞「すべて国民は，健康で文化的な最低限度の生活を営む権利を有する。」
第27条	すべて国民は，勤労の権利を有する。 →すべて国民は勤労の権利を有し，義務を負ふ。
第40条	＜全文追加＞刑事補償請求権についての条文
第66条	＜追加＞「内閣総理大臣その他の国務大臣は文民でなければならない」

表2　帝国議会における「政府案」の主要修正点

（憲法調査会『憲法調査会報告書』より作成）

このような経緯をみると、松本案にみられるように政府側には改正する能力や意欲が欠如していたため、GHQが憲法改正に介入したことがわかります。また、女性を含めた初の普通選挙で、憲法改正をも争点として選ばれた衆議院議員などにより活発な議論や修正がおこなわれ、ほぼ全会一致（衆議院は賛成421反対8、貴族院は全会一致）で可決されました。衆議院での反対票のほとんどは日本共産党議員のもので、その反対理由は、「天皇制維持の反対」「自衛戦争も否定する憲法9条に反対」でした。改正憲法案は、「当時の」社会主義者としては筋の通らないものだったのです。議論の経過をみると日本共産党の議員は堂々と反対していましたし、反対に、貴族院で比較的保守派の議員が臆することなく「家族生活はこれを尊重する」という「イエ制度」の温存をイメージさせる修正案を提案して否決されるなど、衆議院・貴族院とも議論は活発でした（国立国会図書館の「帝国議会会議録検索システム」で簡単に読めます）。

---

❼「天皇は国家元首の地位にある。国家の主権として戦争は廃止される。日本の封建制度は廃止される。」の3つです。この「戦争廃止」は誰が考え出したのか、非常に興味があります。

❽提示された草案が現行憲法のもととなるものです。マッカーサー草案のショックを伝える逸話として、民政局のホイットニーやケーディスらが日本側の3人（松本烝治、吉田茂、白洲次郎）に草案を手渡した時の模様をマーク＝ゲイン『ニッポン日記』（筑摩書房、1951年）では、「ホイットニーが『総司令官は諸君によって準備された草案を研究された結果、全然容認できないといわれる。私はここに総司令官の承認を得た文書を携えてきた』といって草案を渡し、通読の時間を与えて再び部屋に入ってきた時、日本人たちは雷にうたれたような顔つきをしていた。通訳の役を務めた白洲は実際に口をあけても何の音もでてこなかったことが何回もあった」と表しています。

日本は「二大政党制」ではなく、「1と1／2政党制である」の意味は？

日本は「二大政党制」だったのだろうか？

　まず「二大政党制」を定義しましょう。ある辞書には「2つの大政党が相互に政権を争い、選挙で勝った党が政権を担当する政党政治」とあります。では「55年体制➊」成立以降から1993（平成5）年までのあいだ、自由民主党（自民党）と日本社会党（社会党）は「二大政党制」として政権を争ったでしょうか？

　答えは「NO」でしょう。たしかにその期間、保守勢力と革新勢力を代表する両党を中心とした政治はおこなわれていましたし、選挙を振り返ると政権を争ったといえるかもしれません。しかし、社会党は政権を獲得したことはありませんし、それどころか国会における自民党と社会党の勢力比はほぼ2対1（比率を直すと「1対1/2」）で、政権交代はおきませんでした。そのため日本は「1と1/2政党制」の国と呼ばれていたのです。

これまでの選挙を分析してみると？

　「国会における自民党と社会党の勢力比はほぼ2対1であった」と書きましたが、戦後の衆議院議員総選挙を振り返ってみましょう。次頁のグラフをみてください。

　自民党と社会党の議員比が一番接近していたのは、「55年体制」成立後のはじめての衆院選である1958（昭和33）年の総選挙で「自民287対社会166（定数467）」でした。比率にすると「1対0.58」です。その後、社会党は議席数を減らしていくため、比率は下がっていきます。その背景には「多党化」現象もあったといわれています。1960（昭和35）年、社会党内での左右両派の対立により、右派が離党して民社党を結成します。また1964（昭和39）年、公明党が結成されます。1976（昭和51）年には、自民党の離党者が新自由クラブを結成し、1978（昭和53）年

➊1955年に、それまで分裂していた左派社会党と右派社会党が再統一して日本社会党を発足し、それに対抗して自由党と民主党が「保守合同」をおこない自由民主党を発足させました。「55年体制」とは、これを契機に、その後約40年間にわたり、両党の対立構図で政治が動いていたため生まれた言葉です。「55年体制の終わり」は、1993年の衆院選で自民党が過半数を割り、8党派による非自民の細川護熙連立内閣が成立した時とされています。

現代の政治

には社会民主連合が結成されます。このような多党化の背景は、当時採用されていた日本独特の選挙制度である「中選挙区」制があげられます。中選挙区とは、1選挙区の議員定数が原則として3人ないし5人である選挙区制です。現在の小選挙区に比べ、ある程度の少数派も議席を獲得することができることから「多党化現象」の背景となったのです。

　しかし政権交代がないため与党の自民党は、汚職事件などを続発し、政治不信を招きはじめました。特に1990年前後にはリクルート事件、東京佐川急便事件、農産物の貿易自由化問題などが相次ぎ、1990（平成2）年総選挙では「自民275対社会136（定数512）」、比率は「1対0.49」になりました。その後政党再編があり、1993年総選挙で自民党が過半数を割り、8党派による非自民の細川護煕連立内閣が成立します。細川内閣の肝入りの政策が「選挙改革」でした。政権交代をおこ

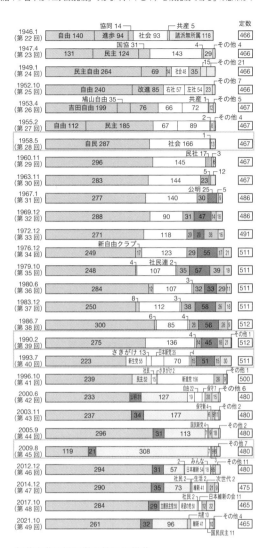

衆議院議員総選挙の結果の推移

それぞれの選挙で、与野党の議席の変化はなぜおきたのか、歴史を紐解いてください。その際、青囲みをつけた選挙に注目してください。

（石川真澄・山口二郎『戦後政治史　第4版』などより作成）

しやすいイギリス型の政治をめざし小選挙区比例代表並立制を導入したのです❷。その後、「自社さ連合」「自自公連立」「自公連立」などを経て、民主党の結成などがあり、2009（平成21）年には再び自民党から民主党へ政権交代が実現しました。し

かし、2012（平成24）年の衆院選で自民党が返り咲いたあと、再び多党化現象がおきています。

日本は「二大政党制」になるのだろうか？

　二大政党制はどのようにして形成されるのでしょうか。第1に、ある国の政党システムは、その国の社会的亀裂（クリーヴィッジ）に左右されます。社会的亀裂とは、その国に存在している対立軸のことで、地域間、民族間、宗教間の対立や、都市と農村、労働者と資本家の対立などがあげられます。このような社会的亀裂による分断がある場合は、それぞれの集団などが政党をつくり利益を主張するため「多党制」になりがちです。これに対して、あまり深刻な社会的亀裂が存在しない場合には、二大政党制が形成されやすいと考えられます。

　第2は選挙制度です。一般的に「小選挙区制は二大政党制を、比例代表制は多党制をもたらす（デュヴェルジェの法則）」といわれています。小選挙区制のもとでも、第2党は政権獲得のため多くの選挙区で候補を立てるでしょう。しかし、第3党以下の政党は第1党に勝つ見込みはさらに低くなり、候補を立てるよりも第1党や第2党と連携する道を選ぶことが多くなるはずです。有権者も、第3党以下に投票しても死票になるため、二大政党に投票する傾向が大きくなります。このように、選挙制度によって二大政党になりやすくなることもわかります。

　このような二大政党制の形成理由を考えると、今後、日本は「二大政党制」に移行するのでしょうか？　批判をおそれず現状を分析すると、日本は比較的社会的亀裂が少ない社会だといえるでしょうし、（比例代表制を併用しているとしても）現在の選挙制度では議席の過半数は小選挙区制です。しかし、現実的には「二大政党制」にはなっていません。現在の有権者の意識は多様であるため、第3党以下への政党支持があるからだと分析できます❸。ただし、この分析は2023（令和5）年後半現在のものであり、今後の動向を注視したいと思います。

---

❷衆議院議員総選挙で小選挙区制と比例代表制の選挙を同時におこなう選挙制度です。有権者は2票を持ち、小選挙区選挙では候補者個人に、比例代表制選挙では政党に投票します。中選挙区（1選挙区3～5名の定数）時代には広い選挙区を活動しなければならず、立候補者は選挙活動に多額のお金がかかっていたといわれています。そのため汚職などがあとを絶たなかったとの批判がおき、さらに政権交代をおこしやすいなどの理由で、この選挙制度が導入されました。

❸2021年におこなわれた衆議院議員総選挙における小選挙区の得票率（全国合計）と獲得議席数をあげると、自民48.08%・261議席（56.1%）、立民29.96%・96議席（20.6%）、維新8.36%・41議席（8.8%）、公明1.52%・32議席（14.5%）、国民2.17%・11議席（2.4%）、共産4.59%・10議席（2.2%）、れいわ0.43%・3議席（0.6%）、社民0.55%・1議席（0.2%）でした。このように、小選挙区制は大政党に有利になっていることがわかります。

> **コラム** **戦前、日本には「二大政党制」の時期があったのだろうか？**
>
> 1924（大正13）年に成立した加藤高明内閣以降、立憲政友会（以下「政友会」）と憲政会・立憲民政党（以下「民政党」）の時期が二大政党制の時期といえるかもしれません。
>
> しかし、そもそも当時の首相の任命は、元老などの推薦で天皇がおこなっていたため、推薦されたのがたまたま「衆議院多数党の党首」だったということもできます。さらに加藤内閣以後は、若槻礼次郎（憲政会・民政党）、田中義一（政友会）、浜口雄幸（民政党）、犬養毅（政友会）という二大政党の党首が交互に政権を担当しましたが、いずれも1、2年の短命政権でした。4人の首相のうち、浜口、犬養の2人がテロの銃弾に斃れていることからもわかるとおり、二大政党時代はきわめて政治的に不安定な時代だったと考えられます。
>
> その原因は第1に、二大政党が政策的差異を強調しすぎたことがあげられます。政友会が「積極財政」「積極外交」、民政党が「緊縮財政」「協調外交」という正反対の政策を掲げましたが、両党とも支持者獲得のために極端な政策を主張したとみるべきでしょう。そして、政友会の「積極外交」は陸軍の大陸進出への火つけ役になりましたし❹、民政党の「緊縮財政」は世界恐大慌後の日本経済を悪化させてしまいました。
>
> 第2に、二大政党が激しい政争を繰り広げたことです。二大政党による政治が円滑に運営されるためには、一定のルールなどが必要です。しかし当時の与党は、権力維持のため官僚の首のすげかえをおこない、選挙では大規模な選挙干渉を繰り返しました。他方で、野党は政権奪取を主目的としがちで、議会外勢力との連携も横行しました。たとえば、海軍軍縮に反対した政友会が、浜口内閣を攻撃するために右翼と連携し「統帥権干犯」を問題にしたことはその典型でしょう。
>
> この結果、二大政党間の対立は自己目的化し、たがいに政権を維持・獲得するための政争に明け暮れ、1931（昭和6）年の満州事変勃発時、挙国一致の「協力内閣」構想が持ち上がっても対立を続けました。その結果、事変は拡大の一途をたどり、翌年の5・15事件によって政党内閣自体が崩壊したといえます。
>
> 「二大政党制」1つをとっても、歴史から学ぶことは多いようですね。

---

❹田中内閣は、中国に対して強硬外交をとります。具体的には、1927年から3度にわたって実行された山東出兵です。中国在留民の保護を口実に、蔣介石の北伐に対して干渉をおこないました。また1928年には、張作霖爆殺事件がおこります。張作霖が奉天へと帰還する途中、その利用価値に見切りをつけた関東軍によって、乗っていた列車ごと爆殺されたのです。この事件は内閣ではなく関東軍が主導しておこなわれたものでしたが、その後の処理をめぐって田中内閣は総辞職することになりました。

現代の政治●5

60年安保闘争がおきる理由は
わかるが、70年安保闘争は
なぜおきたのだろうか？

日米安全保障条約（安保条約）とは？

　はじめに確認です。安保条約には、1951（昭和26）年に調印された「日本国と
アメリカ合衆国との間の安全保障条約（＝旧安保条約）」と1960（昭和35）年に調
印された（現行の）「日本国とアメリカ合衆国との間の相互協力及び安全保障条約
（＝新安保条約）」の2種類が存在します。まず、なぜ旧安保条約が結ばれたのか、そ
の背景を説明しましょう。

　「冷戦（英語の〝Cold War❶〟の直訳です）」とは、アメリカ合衆国（アメリカ）
とソビエト連邦（ソ連、当時）が、直接の戦争は避けるにせよ世界の覇権をめぐって、
同盟などを結んだ友好国を含めて軍事的対立などを続けていた時期を指します❷。
1945年2月（ヤルタ会談）から1989年12月（マルタ会談）までの44年間続きま
した❸。

　東アジアにも冷戦の影響はおよびました。太平洋戦争終結後、中国大陸では中国
共産党と中国国民党とのあいだで内戦が始まり、1949年に中華人民共和国が成立
します。また1950（昭和25）年には、朝鮮戦争が勃発して激しい戦いが繰り返さ
れました。一方、日本では朝鮮戦争が始まると日本を占領していたアメリカ軍が朝
鮮半島に派遣されたため、1950年8月、その軍事的空白をなくすためにマッカー
サーは日本政府に警察予備隊（のちの保安隊、その後自衛隊）の創設を指示しまし
た。

❶「Hot War（熱い戦争＝直接的な武力衝突）」に対する言葉です。
❷ヨーロッパ中心の地図でみてみると、東がソ連、西がアメリカになりますので、ソ連中心のグル
　ープを東側諸国、アメリカ中心のグループを西側諸国と呼びました。また、西側諸国は北大西洋
　条約機構を、東側諸国はワルシャワ条約機構を結成して軍事的に対立します。さらにアメリカと
　ソ連は軍事的な直接対決はしませんでしたが、朝鮮戦争、ベトナム戦争、ソ連・アフガニスタン
　戦争のように両国が介入した代理戦争が多数おきています。
❸冷戦の始まりと終わりを「ヤルタからマルタへ」と表現することがあります。ヤルタ会談では、ド
　イツの分割占領やポーランドの国境の画定などヨーロッパの「分割」が話し合われました。その
　ため「冷戦の始まり」とされています。マルタ会談では、アメリカのブッシュ大統領とソ連のゴ
　ルバチョフ書記長により「冷戦の終結」が宣言されました。そのため「冷戦の終わり」とされて
　います。

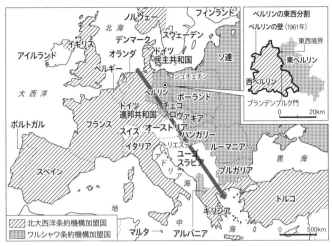

ヨーロッパの冷戦地図（1960年代前半）

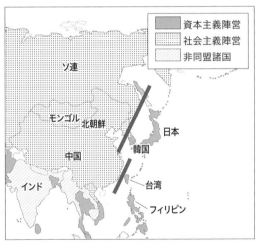

東南アジアの冷戦地図（1960年代前半）

ヨーロッパでは西ドイツと東ドイツ・チェコスロバキア間などに、東南アジアでは南北朝鮮間や中華人民共和国と台湾間に「壁❹」があることがわかります。

❹上の「ヨーロッパの冷戦地図」の真ん中あたりに、西側諸国と東側諸国とをわける「壁」を太線で表しました。この「壁」を、一般的に「鉄のカーテン」と呼んでいます。イギリスの首相だったチャーチルが、1946年、アメリカのミズーリ州フルトンでおこなった演説のなかで、西側諸国に対するソ連などの閉鎖的態度を非難した言葉です。演説では「バルト海のシュチェチンからアドリア海のトリエステまでヨーロッパ大陸を横切る鉄のカーテンが降ろされた。」と表現されています。下の「東南アジアの冷戦地図」にも同様の太線があります。冷戦時代の東アジアや東南アジアにおける東西両陣営の緊張状態を表しており、「竹のカーテン」と呼ばれることもありました。もちろん「鉄のカーテン」から生まれた言葉です。

現代の政治

以上のような国際情勢のもと、1951年9月、日本はサンフランシスコ平和条約を西側48カ国と結んで国際社会に復帰することになり、事実上西側陣営に入りました。そして平和条約調印式終了後、アメリカ軍が日本国内に基地をおくことができることを明記した旧安保条約が署名されたのです❺。旧安保条約は、アメリカ軍が独立後も日本国内に駐留し続ける一方、アメリカが日本を防衛する義務は明記されていない「片務的」な内容でした。また駐留アメリカ軍の任務として、日本国内の内乱などの鎮圧も明記されるなどの問題も認識されていました。

　旧安保条約を締結した吉田茂首相の意図は、アメリカ軍による安全保障のもとで、日本の「経済復興」を優先させたいと考えていたからだと説明されることが多いようです。戦後日本は、このような「軽武装・経済優先」の路線をあゆんで高度経済成長をとげたといえるでしょう❻。

60年安保闘争とは？

　しかし日本の復興が進み、政治的にも経済的にも「戦後」が終わりはじめると❼、安保体制を支持する自由民主党（自民党）内でも、日米関係が対等ではない旧安保条約を改正しようとする動きが出てきます。具体的には、1957（昭和32）年に成立した岸信介内閣は、「日米新時代」をとなえ、アメリカと対等な立場で提携関係の強化をめざしました。そして1960年1月19日、岸首相は前述した旧安保条約の不平等条項を改めた新安保条約に調印しました❽。その主な内容は

　(1)内乱鎮圧条項を廃止、アメリカ軍の行動に事前協議制を設ける

　(2)アメリカの日本防衛義務を明文化

　(3)日本は極東の平和・安全を維持するためアメリカ軍基地の提供義務を負う

---

❺このような背景が理解されると、日本の再独立が東側諸国を含めた「全面講和」ではなく、西側諸国だけとの「片面講和」だったことがわかると思います。この「片面講和」のため、日本の国際連合加盟が遅れる（国連加盟には安保理の承認が必要ですが、ソ連の拒否権発動で否決されたことがあります）など、日本の外交に少なからず影響が出たことは否めません。また、アメリカが日本を「共産主義の防波堤」と位置づけていたことも理解できると思います。

❻しかし、金のかかる軍備はアメリカに任せるという吉田の方針は、のちに修正をよぎなくされます。1952年、日本は警察予備隊を保安隊へと改編・増強し、1954年にはアメリカと相互防衛援助協定（MSA協定）を結んで、アメリカの軍事・経済援助を受けるかわりに、防衛力増強の義務を負うことになります。そのため1954年、およそ16万人からなる「自衛隊」と防衛庁が発足し、現在自衛隊員は23万人強と増強されています。

❼1956年度の経済白書には「もはや戦後ではない」という言葉が登場します。

❽防衛の「片務」性や内乱鎮圧条項などがある旧安保条約と新安保条約との名称の違いは「相互」と「協力」です。つまり、現行の新安保条約は日米がたがいの安全を守るために協力を深めるという立場をとっています。ただし、日米開戦時の閣僚かつA級戦争犯罪人容疑者であった岸首相が、後述するように強圧的な国会運営で審議を進めたため、国民の多くが戦前のような国家体制の再来だと感じて「60年安保闘争」に発展したとの指摘もあります。

(4)新安保条約発効後、10年を経たあと、両国は廃棄を通告できる

などです。

　この新安保条約に対し、大規模な「60年安保闘争」がおこります。その理由は、新安保条約は軍事同盟の性格を持ち、日本がアジアにおけるアメリカの軍事的戦略体制のなかで戦争に巻き込まれる危険性があると指摘されていた点、また新安保条約を承認する国会で、岸内閣は議場から日本社会党などを締め出し、自民党だけで強行採決した点などが国民の怒りを買ったことがあげられます。新安保条約への反対運動は、労働組合や学生だけでなく、多くの市民が参加して激化します。10万人を超える反対派が国会を取り囲みましたが、1969（昭和44）年6月19日午前0時に新安保条約は自然成立しました。しかし、この政治的混乱を招いた責任をとり岸内閣は退陣し、池田内閣に交代します。

70年安保闘争とは？

　60年安保闘争後、野党などは運動方針をめぐって対立し、反対闘争は縮小していきました。また、「経済の池田」内閣による高度経済成長のなかで、国民生活は「政治の季節から経済の季節」へと移り、安保闘争は影をひそめていきます。

　しかし、1965年2月にアメリカがベトナムで北爆[9]を開始すると、世界各地でベトナム反戦運動が高まりました。日本にあるアメリカ軍基地の存在は、日本も間接的にはベトナム戦争に加担しているという認識を生みました。そのため、10年たてば条約の破棄通告ができることを根拠に、1970（昭和45）年に新安保条約を破棄しようとする「70年安保闘争」が始まります[10]。このような状況のなかで「70年安保改定阻止」が革新政党・民主平和勢力のテーマとなったわけです。その動きに対して自民党は1969年10月、沖縄返還を実現すると同時に、新安保条約を「相当長期に自動継続すること」を決定して、70年安保改定問題を乗り切ろうとしました。11月13日には94万人が本土・沖縄で統一ストに入るなど反対闘争は盛り上がりをみせましたが、1970年6月23日、新安保条約は自動延長となって現在に至っています。

[9]アメリカ軍機が北ベトナムを爆撃することを指します。返還前の沖縄の嘉手納基地などからもB52などの大型爆撃機が北爆に向かいました（75頁の写真参照）。そのため沖縄県民はベトナム戦争に加担しているとの気持ちを持ちます。このことも「核抜き」「本土並み（たとえばアメリカ軍の行動の事前協議制）」を求めて、早期の「沖縄返還」が望まれた理由です。
[10]1968年に全国の大学で学園紛争が拡大し、70年安保闘争の前哨戦の様相を呈していました。

日本は「一億総中流」社会なのだろうか？

「一億総中流」とは？

さて質問です。

> お宅の生活の程度は、世間一般からみて、どうですか。❶
>   上　　中の上　　中の中　　中の下　　下　　無回答
> から選んで下さい。

　この質問は、内閣府の「国民生活に関する世論調査」で1958（昭和33）年以来採用されている質問項目です❷。1958年の調査結果によると、それぞれの回答比率は、「上」0.2%、「中の上」3.4%、「中の中」37.0%、「中の下」32.0%、「下」17.0%であり、みずからの生活程度を「中流」とした人、すなわち、「中の上」「中の中」「中の下」をあわせた回答比率は7割を超えていました。テーマの「一億総中流」は、この調査結果と日本の人口約1億人にかけた言葉です。同調査では「中流」と答えた人が1960年代半ばまでに8割を超え、池田内閣の所得倍増計画のもとで日本の国民総生産（GNP）が資本主義国第2位となった1968（昭和43）年を経て、1970年以降は約9割となりました。そのため1979（昭和54）年の「国民生活白書」では、国民の中流意識は定着したと評価しています。一方、同調査で「下」と答えた人の割合は、1960年代から直近の2021（令和3）年までの調査において1割以下でした。このように、日本人の「中流意識」は高度経済成長のなかで1960年代に国民全体に広がり、1970年代までに「一億総中流」という国民意識が完成されたと考えてよいでしょう。

　ただし、ここまでの説明で「おかしいぞ？」と感じた方はいませんか？　お気づきの通り、質問方法や回答欄は人々を「中」という回答へ誘導していると思います。そもそも私たちは、自分の生活が社会全体のなかで「上」「中」「下」のどこにあてはまるかを考えているわけではありません。しかし、この3つから選べといわれれば、「上」でも「下」でもなく「中」だと、消去法的に答えてしまいそうです❸。さ

❶文が整っていませんが、本文で引用した調査の質問項目をそのまま掲載しました。
❷新型コロナウイルス感染症蔓延などの理由で、調査がおこなわれなかった年もあります。
❸うな重の「松竹梅」に通じます。

らに、「上」と「下」は選択肢が1つだけなのに、「中」は「中の上」「中の中」「中の下」の3つにわかれています。そのためこの3つを合計すれば「中」が多くなるのは当たり前になります。そのため「中」と答える人が9割前後になってしまったと説明することもできます。

「中流」が増えるとは？

さてテーマに戻って、「一億総中流」の意識はどのように形成されたのでしょうか。敗戦で壊滅的な打撃を受けた日本は、生産基盤社会資本（道路・港湾・空港・鉄道など）の再建を急ぐと同時に、生活基盤社会資本（水道・病院・公園・公共住宅など）の復興も急ぎました。その際、GHQにより農村など地方の生活環境整備も指示されています❹。そのため、それまで電気がきていなかった地域や上下水道が完備されていなかった地域の生活が改善されました❺。

一方、都市圏でも生活は向上していきます。経済成長によって所得が増加したことはもちろんですが、終身雇用や雇用保険

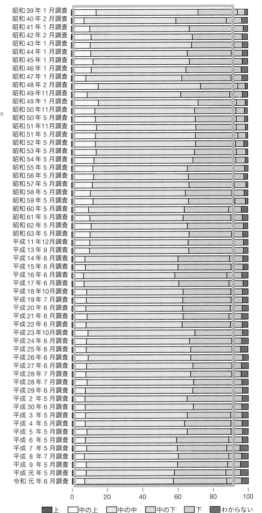

■上　■中の上　□中の中　□中の下　□下　■わからない

国民生活に関する世論調査
昭和39年以降の回答結果です。青の囲みがほぼ「中流」にあたります。平成30年調査頃から「下」の割合が少しずつ増え、また「中の中」の割合が減っていることに注意してください（いわゆる「二極化」が進んでいるのかもしれません）。
（内閣府資料より作成）

❹農地改革や農業協同組合の設立だけでなく、「農家の家庭生活を改善向上することとあわせて農業生産の確保、農業経営の改善、農家婦人の地位の向上、農村民主化に寄与する」通達などが出されています。
❺当然、農地改革などで農家の収入が向上したこともあげられます。

（1947〈昭和22〉年～1974〈昭和49〉年は失業保険）により生活が安定し、国民皆保険（1961〈昭和36〉年）により健康維持も保証されるようになりました。また失業などによる、いわゆる貸し倒れリスクの低下により労働者の中長期的な信用が増大し、ローンを組みやすくなりました。このように、所得向上とローンが可能になったことで、それまで上流階級しか持ちえなかった商品が多くの世帯に普及し、マイホームや自家用車、たくさんの家庭電化製品を保有して、物質的な豊かさを享受できる消費社会になったわけです。

　このような理由で、「日本全国一律に『豊かな』生活ができる環境」が整えられていったのです。その「豊かさ」に裏づけられた「中流意識（＝私の生活は「まずまずだ」との意識）」は、現状維持に結びつき、安定志向やひいては自民党の支持基盤拡大になっていったと分析されています[6]。

日本は「豊か」になったのだろうか？

　さて最後に、日本は本当に豊かになったのかを検討してみましょう。

　高度経済成長を通して、日本は世界トップクラスの豊かな国となっていきます。前述したように、農家の収入や生活も変わりました。経済成長によって全国的に慢性的な労働力不足がおき、賃金が上がり続けました。平均年収の推移をみると、1975（昭和50）年は200万円前後ですが、1981（昭和56）年には300万円台、バブル経済の時期の1989（平成元）年には400万円台へと増えています[7]。

　その一方で、日本の相対的貧困率[8]は15.7%（2018年）で、アメリカの17.8%（2017年）こそ下回っているものの、同年のフランス8.5%、ドイツ9.8%、イギリス11.8%を大きく上回っており、約6世帯に1世帯が該当することになります。さらに深刻なのは1人親世帯です[9]。また子どもの貧困率[10]は14.0%（2018年）となっており、7人に1人が貧困に該当しています。

---

[6] 「戦後の産業化と高度成長によって人々の生活水準は向上した。（中略）この生活水準上昇が現状への不満を低下させ、革新政党へ支持率を低下させたという。この仮説を（中略）『豊かさ仮説』と呼ぼう。（中略）『豊かさ仮説』の分析結果から、第1に財産の構成変動は革新政党支持率の低下をよく説明できる。第2に財産の構成変動が政党支持意識に影響するメカニズムについても、価値意識や社会的ネットワーク理論による説明よりは合理的選択理論を仮定した方がよいと考えられる。」（井出知之「戦後日本の革新政党支持率低下階層意識論からのアプローチ」『社会学評論』51号、2000年、298～313頁）

[7] ただし、直近の30年間、平均給与は上昇していません。1990年代には400万円台後半でしたが、リーマンショック以降は400万円台前半で推移しています。

[8] 相対的貧困率とは、等価可処分所得（世帯の可処分所得を世帯人員の平方根で割って調整した所得）の中央値の一定割合に満たない世帯員の割合です。「一定割合」とは50%を指しています。

[9] 1人親世帯のうち、父子家庭の平均年収496万円に対し、母子家庭は236万円でした（2022年）。

[10] 子どもの相対的貧困率は、17歳以下の子ども全体に占める、等価可処分所得の中央値の一定割合に満たない17歳以下の子どもの割合です。

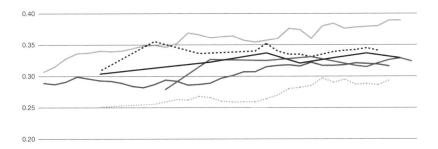

主要国のジニ係数の推移

（『厚生労働白書 平成29年度版』より作成）

現代の政治

　日本に「貧困で困っている人はいるの？」と疑問を持つ方もいると思います。相対的貧困⓫とは、「生きるか死ぬかというわけではないけれど、同じ国・地域の人と比べて（＝相対的にみて）収入などが少なく、生活が厳しく不安定な状態」にあることです。たとえば日本ならば、冷蔵庫やクーラーが買えない、修学旅行に行けない、友人や親族の集まりに参加できないなどの人が該当します。日本の貧困ラインは1人世帯で約127万円、2人世帯で約180万円、3人世帯で約220万円、4人世帯だと約254万円です（2021年）。この基準を下回ると、相対的貧困となります。相対的貧困の人の割合から世界のなかの日本をみると、最下位がコスタリカ（20.3％）、以下ブルガリア（17.6％）、イスラエル（17.3％）、ルーマニア（17.0％）、ラトビア（16.9％）、メキシコ（16.6％）と続き、日本（15.7％）は下から7番目で、G7（主要7カ国）中の最下位です（主にOECD加盟の37カ国中の比較、2021年）。

　また上のジニ係数⓬のグラフから、日本はアメリカほどではないにせよ、「階級社会」が残っているといわれるイギリスやイタリアとほぼ同じです。これまで日本は「貧富の差が少ない社会」「一億総中流」といわれていましたが、このような資料から、1980年代からその神話が崩れてきたことが読みとれます。

　以上から、「一億総中流」は過去のものになったと考えてよいでしょう。

⓫相対的貧困と似た言葉として「絶対的貧困」があります。これはどのような時代・国での生活でも、人間が生きのびるために「絶対」に必要なもの（食糧・衣服・住居など）が欠けている状態のことを指します。基準として、世界銀行による「1人1日に2.15ドル未満の生活」（2022年9月現在）がよく知られています。
⓬ジニ係数は所得などの分布の均等度合を示す指標です。ジニ係数の値は0から1のあいだをとり、係数が0に近づくほど所得格差が小さく、1に近づくほど所得格差が拡大していることを示しています。一般に0.5を超えると所得格差がかなり高い状態となり、是正が必要になるといわれています。

第五福竜丸以前の原爆報道はどのようなものだったのだろうか？

「第五福竜丸事件」とは？

　そもそも「第五福竜丸事件」をご存じない方も多いと思いますので、まずどのような事件だったか確認しましょう。

　1954（昭和29）年3月1日、アメリカは信託統治領（当時）マーシャル諸島ビキニ環礁❶で「ブラボー」という名称の水爆実験をおこないました❷。爆風で強い放射能をおびたサンゴ片の「死の灰」がふりそそぎ、公海上で操業中だった遠洋マグロ漁船「第五福竜丸」（静岡県焼津市）の乗組員23人が被曝したのです。2～3日後、乗組員のなかに軽い頭痛や吐き気をもよおす人が出てきました。そして、「死の灰」がついた皮膚は赤黒く水ぶくれとなり、頭髪が抜けはじめました。焼津に帰港後、乗組員は原爆症と診断され入院・治療などが続けられましたが、約半年後、無線長だった久保山愛吉さんが亡くなり、人類初の水爆犠牲者となりました。

　ビキニ環礁付近では第五福竜丸以外に、アメリカ人28人と現地住民236人が放射線障害の被害を受けています。

広島・長崎の原爆投下はどのように報道されたのだろうか？

　第五福竜丸事件を説明した理由は、この事件は大きく報道され、翌1955（昭和30）年、広島での第1回原水爆禁止世界大会開催へとつながったからです。では、人類初の核兵器使用だった広島や長崎への原爆投下は衝撃を与えなかったのでしょうか？

　まず戦争中は、軍部が情報統制や検閲などをおこなっており、新聞社などが原爆の被害を報じることができませんでした。そのため1945（昭和20）年8月7日の新聞には「広島市は敵B29少数機の攻撃により相当の被害を生じた」「新型爆弾を

---

❶マーシャル諸島は、太平洋中西部に位置し、たくさんのサンゴ礁からなる国です。アメリカは1946年から58年までここを核実験場とし、67回もの核実験をおこないました。2010年7月、ユネスコ（国連教育科学文化機関）により、ビキニ環礁は世界遺産に登録されました。ユネスコはその理由として「珊瑚礁の海に沈んだ船やブラボー水爆の巨大なクレーターなど、核実験の証拠を保持している。繰り返された核実験はビキニ環礁の地質、自然、人々の健康に重大な影響を与えており、平和と地上の楽園とは矛盾したイメージを持ち核時代の夜明けを象徴している」と発表しています。同環礁の住民は、いまも帰ることはできません。
❷水爆「ブラボー」は、広島に落とされた原爆の1000倍（15メガトン）の破壊力でした。

原爆投下当時の報道

1945年8月7日の朝日新聞（東京版）です。青字の囲み部分が原爆投下の記事です。扱いの小ささがわかると思います。

使用せるものの如きも目下調査中」との小さな記事しか掲載されていません。

　国民が原爆の被害を知ったのは敗戦後です。被曝者の写真などが掲載されるなど詳細な報道が始まりました❸。原爆報道などで戦争被害の実態が報道されるようになると、GHQは9月10日に、「言論の自由はGHQおよび連合国批判にならず、また大東亜戦争の被害に言及しない制限つきで奨励される」という方針を出しました。それを受けて、朝日新聞社は9月15日付などの2つの記事について❹、2日間の業務停止命令を受けます。これがGHQによる検閲、言論統制の始まりでした。9月19日には、新聞をはじめ、出版、ラジオ放送、映画を検閲し、「占領軍に対して不信、または怨恨を招く」内容を監視するとした「プレス・コード（日本出版法）」を発しました。そして、原爆報道は反米感情をかきたてるとして連合国軍側が厳しい検閲を始め、一転して原爆の関連記事は激減していきました❺。

❸たとえば、1945年8月19日付の朝日、毎日の東京・大阪版、読売報知（読売）、中部日本（中日）の新聞各紙に、広島の「中国ビル」から撮影された廃墟の写真がはじめて掲載されました。煙突1本だけが残った無残な広島の光景が全国で報じられ、国民は原爆がもたらした惨禍をはじめて目にしたのです。報道機関は、原爆の威力に続き放射線障害なども伝えはじめます。9月4日付の朝日新聞大阪本社版には、日赤病院で火傷の手当てを受ける少年（両手の甲は真っ黒に焦げ皮が裂けている）、ずらりと並んだ負傷者たち、ひどい火傷を負った母子、熱風で衣類の型通り火傷を負った負傷者などの写真が掲載され、国民は原爆被害の実態をみることになりました。
❹9月15日付記事では「"正義は力なり"を標榜する米国である以上、原子爆弾の使用や無辜の国民殺傷が病院船攻撃や毒ガス使用以上の国際法違反、戦争犯罪であることを否むことは出来ぬであらう」といった鳩山一郎の談話が掲載されていました。

1949（昭和24）年、検閲はGHQの担当部局であったCCD（民間検閲局）の廃止とともに終わります。しかし、白血病など深刻化していた被曝の実態を伝えるにとどまり、原爆に続き登場した水爆の禁止を訴える報道には至りませんでした。プレス・コード以上の圧力がかかりはじめたのです。それは朝鮮戦争前後のレッド・パージです。レッド・パージとは、共産党員やその同調者を、公職または民間企業から罷免・解雇することです。日本では占領下の1949年から朝鮮戦争の時期にかけて、GHQの指示により公務員、労働者、ジャーナリストなど1100人以上がその地位を追われています。マスコミ関係では、新聞社やNHKの従業員336人が解雇され、レッド・パージは全国の新聞社などに吹きあれました。

　そのため、原爆報道が解禁されるのは、日本の再独立を待たなくてはなりませんでした。1952（昭和27）年の再独立後、原爆の惨禍を扱った出版物が続々と刊行されます。「原爆被害の初公開」と謳った『アサヒグラフ』8月6日号や岩波写真文庫から『廣島—戦争と都市』、『原爆第1号ヒロシマの記録写真』などが発刊されています❻。しかしその報道姿勢は、「大変な被害を受けた」というものがほとんどだったといわれ、原水爆の禁止を訴えるような報道ではありませんでした。

　大きな転機は第五福竜丸事件からです。この事件は新聞、ニュース、映画などで「現在進行形」で報道されました。1954年3月16日、読売新聞が「邦人漁夫、ビキニ原爆実験に遭遇」と衝撃的な見出しで報道すると、日本だけではなく、世界の耳目が焼津の街に集まるようになりました。放射能に汚染されたマグロなどはすべて廃棄処分になり、「放射能マグロ」「原子マグロ」とおそれられ、他の魚も売れなくなりました。第五福竜丸の被災と汚染魚の大量廃棄は、国民を恐怖におとしいれ、全国で水爆実験反対・原水爆禁止署名運動❼が自発的に取り組まれました。1955年、広島で開催された第1回原水爆禁止世界大会では原水爆禁止を求める署名が、日本で3238万（当時の有権者の半数を超えています）、世界で6億7000万が集まった

❺原爆関連の削除・差し替え、発禁処分の事例として、栗原貞子の詩「生ましめん哉」、峠三吉の詩「にんげんをかえせ」、壷井栄の短編小説「石臼の歌」などが知られています。
❻その他、月刊誌『世界』『婦人公論』8月号は、東大病院・小石川分院で診察を受けた広島からの独身女性たちを特集として取り上げました。さらに、『改造』11月増刊号は「この原爆禍」と題して丸ごとの特集を組んでいます。
❼「水爆実験反対・原水爆禁止」の署名活動発祥の地は、東京都杉並区だったといわれています。当時、魚は日本人の貴重なたんぱく源でしたので、汚染された魚や「死の灰」に対する不安が国民のなかにおき、日本各地で水爆実験への抗議や反対の声があがりました。杉並区では、1954年4月に杉並商組合がいち早く水爆実験に反対の声をあげ、杉並区に陳情請願書を出しています。杉並区議会は、このような陳情書や署名、決議などを受けて「水爆実験禁止決議」を全会一致で決議します。そして当時の杉並区立の公民館館長が、「水爆禁止署名運動杉並協議会」を発足させ、水爆禁止を世界に訴える「杉並アピール」のもとに統一的な運動を展開し、日本全国、さらに世界の署名活動に広がっていきました。少数の行動から、歴史が動いた例だといえます。

と報告されました。そして原水爆禁止運動の中心組織として、原水爆禁止日本協議会が1955年9月に発足しています。このように原水爆禁止運動にとって、第五福竜丸事件⑧が大きな転機になったことがおわかりになったと思います。

コラム　第五福竜丸事件と『ゴジラ』

　第五福竜丸事件で、日本は広島・長崎の原爆投下から10年もたたぬあいだに、再び核被曝による死者を出し、核兵器のおそろしさを再度実感しました。その恐怖から生まれたのが映画「ゴジラ」でした。

　東宝は当時、特撮映画の制作を企画していました。その際、社会問題になっているこの事件から発想をえて、「度重なる核実験により海中洞窟にいた太古の巨大怪獣（あんじゅう）が安住の地を奪われ、地上に現れる」というストーリーで特撮映画を制作したといわれています。

　水爆実験の影響はアメリカの想定をはるかに超えていたため、第五福竜丸がいた場所も危険地域とはされていませんでした。つまり、当時のアメリカにとってもこの事件は「想定外の事態」だったのです。いつの時代も人類は、人知をはるかに超えた問題に直面する存在なのかもしれません。その意味では、原子力をどのように管理するのか

ゴジラのポスター ©TOHO
ポスター左上の「水爆大怪獣映画」との言葉に注意して下さい。

という問題は、人間の知力・知恵がもっとも試される課題なのでしょう。

　ビキニ環礁での水爆実験も福島の原発事故も、人類が試されている問題なのかもしれません。

---

⑧事件後、第五福竜丸は東京水産大学（現、東京海洋大学）の練習船となりました。1967年に廃船処分となり、船体はゴミ処分場だった「夢の島」の埋立地に放置されていました。これを知った市民のあいだから保存運動がおこりました。現在、船は東京都立第五福竜丸展示館に展示・公開されています。

非核三原則は
なぜ掲げられたのだろうか？

非核三原則とは？

　誰もが、「非核三原則」とは「核兵器を『持たず、つくらず、持ち込ませず』の原則」と答えられるでしょうし、この三原則の提唱者が佐藤栄作首相であることも知っていると思います。しかし、非核三原則の背景や安保条約と非核三原則の関係などについてはご存じない方も多いと思いますので、説明したいと思います。

非核三原則の制定過程は？

　非核三原則のうち「持たず」「つくらず」については、1955（昭和30）年に議員立法で制定された「原子力基本法」がその起源と考えられます。前年の1954（昭和29）年に第五福竜丸事件がおき❶、日本国内では反核運動が高まっていた時期です。同法第2条は、原子力の研究、開発、利用を平和の目的に限っています。この「平和の目的」について発議者の1人は、「（日本の）国防目的のためにそれ（「原子力」筆者注）を使うべきではない」「原子燃料を使って人間を殺傷するための武器」への利用は平和目的ではないと答弁し、この法律の目的は核兵器の製造・使用の禁止であることを確認していました。そして、法律として成立した以上、この「持たず」「つくらず」という法解釈に政府も拘束されることになるわけです❷。

　このためこれ以降、非核三原則の議論は「持ち込ませず」が中心となっていきました。「持ち込ませず」については、政府見解は紆余曲折しましたが、最終的には佐藤首相が小笠原諸島復帰問題❸に関連して、「核は保有しない、核は製造もしない、核を持ち込まないというこの核に対する三原則、その平和憲法のもと、この核に対する三原則のもと、そのもとにおいて日本の安全はどうしたらいいのか、これが私に課せられた責任でございます。」と衆議院予算委員会で発言し（1967〈昭和42〉

❶本書現代の政治テーマ7「第五福竜丸以前の原爆報道はどのようなものだったのだろうか？」26〜29頁参照。
❷また1976年、核兵器不拡散条約（NPT）を日本は批准しました。同条約は、非核兵器保有国による核兵器の製造・取得を禁止しており、日本は国際法上も核兵器を「持たず」「つくらず」の国になったことになります。NPTについては本書国際政治テーマ5「核抑止力とは？ また核不拡散条約（NPT）再検討会議はなぜ重要なのだろうか？」64〜67頁参照。
❸第二次世界大戦後、アメリカの統治下にあった地域の日本復帰時期は、奄美諸島が1953年、小笠原諸島が1968年、沖縄が1972年です。

年12月11日、以降「非核三原則発言」）、「非核三原則」が政府方針であることを表明しました。

非核三原則の背景は？

　前述した佐藤首相の「非核三原則発言」が、小笠原諸島返還問題についての国会答弁のなかで出てきたことと、後述する「非核三原則」の国会決議が沖縄返還協定審議中に議決されている点がポイントです。

　前述したように小笠原諸島返還の際、小笠原における核兵器の存続を問う質疑のなかで佐藤首相の「非核三原則発言」が繰り返されました。「非核三原則」が政府方針になるのだから、返還される小笠原は「本土並み（＝核は撤去される）」になるというロジックが展開

非核三原則発言
衆議院予算委員会での佐藤首相「非核三原則発言」の報道です。思ったより扱いが小さいですね。　（1967年12月11日 朝日新聞）

されたわけです。そして当時、小笠原諸島の復帰は、その後に続く沖縄復帰に連なる問題として議論されていました。つまり小笠原の核の議論は「沖縄返還の際、核兵器は撤去されるのか」という点につながっていったのです。

　1971（昭和46）年10月に召集された臨時国会は、沖縄返還協定（同年6月調印）批准が最大のテーマでした。当時、返還協定に対する抗議運動が沖縄だけでなく本土でも高まりをみせており、その中心の1つは沖縄の基地問題、とりわけ「核貯蔵」問題でした。そうしたなかで、自民党は特別委員会で批准の強行採決をおこないました。強行採決に反発する野党により本会議の審議が中断するなど批准の道筋がみえなくなりはじめたため、政府・自民党は野党がかねてから要求してきた「非核三

原則の国会決議」を受け入れたのです❹。

　以上のことから「沖縄返還」と「非核三原則」は、切っても切れない関係にあることがおわかりになったと思います。

非核三原則は遵守されているのだろうか？

　佐藤首相の「非核三原則発言」当時から、アメリカ軍による核兵器の持ち込み疑惑がマスコミや国会で取り上げられました❺。しかし政府は、「アメリカが核を持ち込む場合（寄港・領海通過を含む）には事前協議をおこなうこととなっており、事前協議がない以上、核の持ち込みはない」との答弁を繰り返しました。

　2009（平成21）年、民主党政権が発足しました。岡田克也外務大臣は就任直後に、

　(1)1960（昭和35）年、安保条約改定時の核持ち込みに関する「密約」

　(2)1960年、安保条約改定時の朝鮮半島有事の際の戦闘作戦行動に関する「密約」

　(3)1972（昭和47）年、沖縄返還時の有事の際の核持ち込みに関する「密約」

　(4)1972年、沖縄返還時の原状回復補償費の肩がわりに関する「密約」

の４つの「密約」について、内部調査するよう命じました。その調査を受けて11月には、「いわゆる『密約』問題に関する有識者委員会」（以下、「有識者委員会」）を設置し、内部報告書の精査と検証、評価を求めました。

　外務省の内部報告書と有識者委員会の検証報告書には、新事実が含まれています。たとえば、1968（昭和43）年、政府が核兵器搭載の疑いのあるアメリカ艦船の寄港・通過を黙認する立場を固め、その後の歴代首相や外相❻らが説明を受けたことを示す極秘メモです。

❹決議と引きかえに公明・民社両党が本会議出席を決め、11月24日の衆院本会議で批准などは自民党の賛成多数で可決されました（社会党・共産党は欠席、公明・民社両党は反対）。引き続き、自民・公明・民社3党共同提案の「非核兵器並びに沖縄米軍基地縮小に関する衆議院決議」が全会一致で可決されました（社会党と共産党は引き続き欠席）。その決議中には「政府は、核兵器を持たず、つくらず、持ち込ませずの非核三原則を遵守するとともに、沖縄返還時に適切なる手段をもって、核が沖縄に存在しないこと、ならびに返還後も核を持ち込ませないことを明らかにする措置をとるべきである」との文言があり、国権の最高機関である国会も「非核三原則」を認めたことになります。
❺代表的な例として、1981年、ライシャワー元駐日大使が「(1)核の『持ち込み（introduction）』とは、日本の領土内に核兵器を陸揚げし、あるいは貯蔵することを指している、(2)米艦船や航空機が日本領海・領空を通過すること（transit）は持ち込みとはまったく別の問題であり、日本政府の政策に反するものではない。この点に関する日米両政府間の口頭了解が私の大使就任前にできている、(3)核搭載艦船（戦略ミサイル搭載原子力潜水艦を除く）の寄港は『持ち込み』に当たらない、(4)私の大使在任中に、大平外務大臣に一度、口頭了解にもとづいた見解を示すよう申し入れたことがある」などの発言を新聞社のインタビューでおこないました。
❻佐藤栄作・田中角栄・鈴木善幸・中曽根康弘・竹下登各首相・宮澤喜一・安倍晋太郎・宇野宗佑各外相ら20人以上の名前が記載されていました。

最終的に検証報告書などは、(1)については「暗黙の合意という『広義の密約』があった」、(2)については「日本側に密約との認識があったのは確実で、非公開文書も確認された」、(3)については「非公開の合意議事録は発見されたが、必ずしも密約とはいえない」、(4)については「非公表扱いの合意があり、これは『広義の密約』に該当する」としました。この調査では、署名入りの「討議記録」や、あるはずの会談記録などがみつからなかったとさ

核密約 歴代首相ら黙認
外務省 極秘メモ公開

持ち込み 米軍出撃 肩代わり 有識者委認定

核密約の極秘メモ
青色で囲った部分には歴代首相や外相の名前が記されており、いつ、誰に説明したかがわかります。　　(2010年8月10日 朝日新聞)

れています。有識者委員会は核持ち込みについても「解明できないところが残った」と指摘し、文書の「不自然な欠落がみられるのは遺憾」などと報告しています。

コラム ## 沖縄が抱える問題

　核以外にも沖縄は様々な問題を抱えています。沖縄が本土に復帰した1972年当時、全国の米軍専用施設面積に占める沖縄県の割合は約58.7%でした。しかし、本土では米軍基地の整理・縮小が進み、現在では、国土面積の約0.6%しかない沖縄県に、全国の米軍専用施設面積の約70.6%が集中しています。その総面積は1万8609haで、東京23区の13区分の面積です（2017年1月1日現在）。また、沖縄県の周辺には、水域27カ所と空域20カ所の米軍訓練区域があり、漁業や航空経路の制限などがあります。その規模は、水域が約5万4938km^{3}で九州の約1.3倍、空域が約9万5416km^{2}で北海道の約1.1倍です。さらに、米軍関係の航空機関連事故数は709件（うち墜落47件）、米軍構成員などによる犯罪検挙件数は5919件です（沖縄の本土復帰<1972年>から2016年末まで）。さらに近年、米軍基地周辺の地下水から、国内法で使用が禁止されているDDTなどの化学物質が検出されています。このように、核以外にも解決すべきことが多いのです。

第一次世界大戦後、なぜ女性参政権が認められたのだろうか？

世界でいち早く女性参政権が確立した国は？

第1問　次の国のなかから、一番早く女性参政権が確立した国を選びなさい。答えは下の注にあります❶。
　　　ドイツ　フランス　日本　イギリス　アメリカ

引き続き第2問です。

第2問　第1問で答えた国より早く女性参政権が確立した国をすべて選びなさい。答えは下の注にあります❷。
　　　ニュージーランド　フィンランド　アイスランド　ソビエト連邦

　第1問の5カ国はいわゆる「先進5カ国（G5）」ですね。市民革命発祥の地イギリス、独立戦争を闘ったアメリカ、大革命を断行したフランスを抑えて、なぜドイツでいち早く女性参政権が確立したのでしょうか？　その答えは、ヴァイマル憲法の制定です。ご存じのように1919年に制定され、歴史上はじめて社会権❸を規定したことで有名な憲法です❹。社会権など現代的権利だけでなく、第22条で男女普通選挙権を規定しています。その意味でも現代憲法の先駆けとなった憲法だといえます。

　第2問の答えも驚きませんでしたか？　女性参政権が世界でいち早く権利として

❶答えはドイツ（1919年）です。ドイツ以降は年代順に、アメリカ（1920年）、イギリス（1928年）、フランス（1944年）、日本（1946年）の順番です。
❷答えは「すべて」です。当時は自治領だった国もありますが、年代順にニュージーランド（1893年）、フィンランド（1906年）、アイスランド（1915年）、ソビエト連邦（1917年、当時はロシア）の順番です。
❸ヴァイマル憲法「第151条第1項　経済生活の秩序は、すべての者に人間たるに値する生活を保障する目的を持つ正義の原則に適合しなければならない。この限界内で、個人の経済的自由は、確保されなければならない。」が代表的条文です。それまでの自由権（＝国家からの自由）中心の保障にかわり、社会的弱者への国家の保護を強く要請したものでした。ただしこの規定は、立法者に対する指針（プログラム規定）であったため、実際的意義を持つものではありませんでした。しかし、憲法にこのような社会国家の理念が宣言された歴史的意義はきわめて高く、その後の各国憲法などに大きな影響を与えています。

規定されたのはニュージーランド❺なのです。引き続きフィンランドなど北欧諸国、そして社会主義国として成立したソ連などが続きます。なぜニュージーランドが早かったのでしょうか？　ニュージーランドで女性参政権運動の中心人物は、イギリスから移住してきたケイト＝シェパードです。当時、男性の過度な飲酒が社会問題化し、禁酒による社会改革と女性や子どもの福祉のために女性参政権を要求する請願署名運動が始まり、そのリーダーでした。1891年、賛同の署名者（女性）は約9000人でしたが、93年には同国の国会史上最多の3万2000人の署名が集まりました。そのため国会もその要求を無視できなくなり、同年9月、新しい選挙法が成立したのです。世界初の女性の投票率は約65％（女性人口比）だったと記録されています。

コラム　ケイト＝シェパード（1847 〜 1934）

　ケイト＝シェパードはイギリスで生まれ、1868年にニュージーランドへ移住しました。彼女は、請願や公開会議を組織化したり、報道機関に手紙を書いたり、政治家との交流を深めたりして、女性参政権獲得を促進しました。女性参政権法案は何度も否決されましたが、最終的には投票直前に2名の議員が賛成へ方針転換をしたため僅差で可決されます。その2カ月後の総選挙で女性の投票がはじめて実現しましたが、女性の国会議員が誕生したのは、それから40年後のことです。また女性がはじめて首相になったのは1997年でした。
　ニュージーランドの10ドル札には、ケイト＝シェパードの肖像が印刷されています。ニュージーランドに行ったときは、是非手にとってください。

その後、女性参政権が拡大していく理由は？

　その後、1919年にはドイツ・オーストリア・オランダ・ポーランド・スウェーデンが、1920年にはアメリカ（州によってはそれ以前より）、カナダ（1918年に

---

❹社会権を「権利」として憲法に明記したのはヴァイマル憲法がはじめてですが、男女普通選挙はヴァイマル憲法制定直前から始まっています。1918年11月9日、のちにヴァイマル共和国の首相に就任するフィリップ＝シャイデマンが共和国の建国を宣言します。その3日後の11月12日、シャイデマンらによる臨時政府は、男女普通選挙権の導入を決定します。そして1919年1月19日の憲法制定会議員選挙は、はじめて女性有権者が参加した選挙となりました。女性有権者の80％以上が投票し、423人中37人の女性議員が誕生しました。このように憲法制定会議員選挙から普通選挙に移行していたのです。日本国憲法を審議した「憲法議会」前、公職選挙法を改正して男女普通選挙を実施した日本の歴史と重なります。
❺ニュージーランドといえばこんなエピソードがあります。1996年に国際司法裁判所（ICJ）で「核兵器の威嚇または使用の合法性に関する勧告的意見」が出されます。その勧告的意見は国連総会が求めますが、各国の国連大使にその判断をICJに求めるよう働きかけたのは国際法廷プロジェクトでした。そして、そのプロジェクトのスタートがニュージーランドのキッチンからだったといわれています（NHKスペシャル「核兵器はこうして裁かれた」<1996年2月15日放送>）。

軍需工場で働く女性達（イギリス）

は制限選挙だった）が、1928年にはイギリス（1918年には制限選挙だった）が女性参政権を規定しました。ヨーロッパ諸国や北米アメリカで、なぜこの時期に集中して女性参政権が確立したのでしょうか？

　答えは、第一次世界大戦で女性の発言権が向上したからです。まず、第一次世界大戦の特徴を考えましょう。第1に、主要な大国のほとんどすべてが参加しました。第2に、約4年半の長期間におよびました❻。第3に、戦争の長期化により革命が勃発しました❼。第4に、科学技術の発展で、戦闘機や戦車、化学兵器、機関銃などの新兵器が投入され、あわせて4000万人近くの死者・負傷者を出しました❽。最後に、過去の戦争と違って国民全員が参加する初の「総力戦」となり、社会のあり方を根底から変えました。総力戦とは国家の総力を結集した戦争と定義されます。それまでの戦争のように軍隊だけが戦うだけでなく、第一次、第二次世界大戦では、交戦国はたがいにその経済、文化、思想、宣伝などあらゆる部門を戦争目的のために再編し、国民生活を統制して国家の総力を戦争目的に集中して、国民全体が戦闘員化していきます。総力戦は消耗戦となり、国民総動員の名のもとに老人、女性、年少者まで生産、輸送などに動員される一方、戦闘員、非戦闘員の区別のない戦略爆撃などがおこなわれたため、それまでの戦争に比べて戦争被害も甚大なものになりました。

女性参政権の拡大　ーイギリスを例としてー

　1914年、第一次世界大戦が勃発します。前述したように、短期間で終わると思っていた戦争は長期化し「総力戦」となっていきます。「総力戦」は「物量戦・消耗

❻19世紀、ヨーロッパでは短期間の戦争がほとんどでした。たとえば、1866年のプロイセンとオーストリアとの戦争はわずか7週間で終わったため、「7週戦争」とも呼ばれています。そのような戦争が多かったため、第一次世界大戦が始まった当初、戦地におもむくイギリスの兵士たちは「クリスマスまでには帰ってくる」と家族にいって出征したといわれています。
❼少なくとも4つの帝国（ドイツ帝国、オーストリア＝ハンガリー帝国、オスマン帝国、ロシア帝国）が崩壊しています。
❽戦死者1600万人、戦傷者2000万人以上といわれていますが、正確な数字はいまだわかっていません。

戦」ですから、特に軍需工場から出征した男性工場労働者の補充は緊急の課題でした。他にも、電車やバスの車掌、トラックの運転手、農業まで人手が足りなくなりました。それらの穴を埋めたのが女性であり、結果的に女性が戦争を支えることになります。

イギリスは長いあいだ、熟練労働者中心の労働組合が強い影響力を持っていましたが、出征した熟練労働者のかわりに未熟練労働者の採用や女性労働者が軍需生産を担っていくようになります。女性の大量受け入れに対し、年齢制限や雇用規定が見直され、女性職工長の任命が決まり、女性専用手洗い所や更衣室が設置されました。1914年には17万人だった女性労働者は、1917年には44万人にふくれあがっていきます。このように「戦争を支える女性たち」は、その対価として「発言力＝選挙権」を求めるようになっていくのです。

その結果、第一次世界大戦中の1918年、第4回選挙法改正で、「戸主または戸主の妻である30歳以上の女性」に選挙権が付与されました。これがイギリスで最初の女性参政権です。ただし当時、男性は21歳以上の普通選挙権でしたので、男女間にはやはり差があったことに注意してください。男女平等の成人普通選挙権が成立するのは10年後の1928年の第5回選挙法改正を待つことになります。

コラム　アメリカが18歳選挙権になった理由

1965年から1973年までのあいだ、アメリカがベトナム戦争に介入し、何百万人ものアメリカ兵が徴兵、または志願によりベトナムに送り込まれました。そのような状況下で、「徴兵年齢が18歳なのに、選挙権年齢が21歳であるのは不公正である。徴兵されるのに十分な年齢である者は軍隊のあり方を含め政治に意見を述べることが認められるべきだ」との主張がなされ、「戦うのに十分な年齢、投票するのに十分な年齢 (old enough to fight, old enough to vote)」とのスローガンが掲げられて、選挙権年齢引き下げ運動が展開されました。その後1971年、憲法が修正され18歳選挙権が実現していきます。女性参政権の拡大に似た歴史が読みとれると思います。アメリカ憲法の改正手続きは、日本国憲法以上に厳格です。手続きを調べていただくと同時に、そのような膨大な手続きを踏んでも18歳選挙権にした点に注意してください。

SDGsとMDGsの相違点は？

SDGsやMDGsは何から始まったのだろうか？

　近頃、ニュースなどでよく聞く「SDGs（Sustainable Development Goals、持続可能な開発目標）」。下のロゴマークもみかけますね。そのもとは「MDGs（Millennium Development Goals、ミレニアム開発目標）」でした。なぜこのような国際的な行動が求められるようになったのでしょうか？

　第二次世界大戦後の世界各国は、物質的な豊かさを求めて「資源は無限である」という前提のもとで経済成長を進めてきました。しかし1960年代以降、先進国で公害が社会問題となり、資源の枯渇も意識されるようになりました。1972年、ローマ・クラブが「成長の限界」と題した報告書を発表し、「このまま人口増加や環境汚染などが続けば、資源の枯渇や環境の悪化により、100年以内に地球上の成長が限界に達する」と警鐘を鳴らしました。

　1987年、国連の「環境と開発に関する世界委員会」が「地球の未来を守るために（ブルントラント報告書）」という報告書のなかで、「持続可能な開発❶」という

SDGsの17のゴール

❶「将来の世代の欲求を満たしつつ、現在の世代の欲求も満足させるような開発」と定義されます。

概念を提唱し、国連環境開発会議の開催を要請しました。

　そして1992年に、ブラジルのリオデジャネイロで「国連環境開発会議（地球サミット）」が開催され、持続可能な開発を実現するための行動計画（アジェンダ21）が採択されました。このアジェンダ21が「持続可能性（Sustainability：サスティナビリティー）」という言葉を世界的に普及させるきっかけとなり、環境問題に国際社会が連携して取り組む枠組みができあがりました。このように環境問題に国際社会が連携して取り組むことや、1990年代に国連・OECD・IMF・世界銀行が策定した開発に関する国際目標を取りまとめたものが、後述する国連ミレニアム宣言（MDGs）です。そして、これらの動きが2012年の「国連持続可能な開発会議（リオ＋20）」で提唱されるSDGsにつながっていきます。

MDGsとは？

　SDGsのもとになっているといわれるMDGsは、2000年のミレニアムイヤーに開催された「国連ミレニアムサミット」で「国連ミレニアム宣言」が採択されたことから始まります。国連ミレニアム宣言は、「平和と安全」「開発と貧困撲滅」「環境」「人権とグッド・ガバナンス（よい統治）」「アフリカの特別なニーズ」などを課題としてあげ、21世紀の国連が果たすべき役割の方向性を示しました。

　この国連ミレニアム宣言と、それまでの国際会議で採択されてきた国際開発目標を統合し、1つの共通の枠組みとしてまとめられたものがMDGsです。MDGsは、「極度の貧困と飢餓の撲滅」「普遍的初等教育の達成」「乳幼児死亡率の削減」「妊産婦の健康の改善」「環境の持続可能性確保」など、2015年までに達成すべき8つの目標（ゴール）を掲げ、これらの目標のもとに、より具体的なターゲットと達成状況を測定するための指標が設定されています❷。

　MDGsは成果をあげたのでしょうか？　かなりの成果をあげたといってよいと思います。たとえば、発展（開発）途上地域における栄養不良の人々の割合は、1990年と比べるとほぼ半分に減少しましたし、「極度の貧困」とされる1日1.25ドル未満で生活している人の割合は、47％から14％まで減少しました。これは、10

---

❷MDGsが掲げられた理由には、当時の国際的な課題が大きく関わっています。たとえば、
・1990年現在、発展（開発）途上国の半数に近い人口が、一日1.25ドル未満で生活している
・発展（開発）途上国における小学校の児童の就学率が低い
・予防可能な疫病によって多くの幼児が亡くなっている　・妊産婦の死亡率が高い
・性別による教育や労働の不平等がおきている
・HIV/エイズや結核・マラリアといった感染症の蔓延によって多くの人が命を落としている
などです。このような問題は、特に発展（開発）途上国において深刻でした。そのため、国連が中心となり国際的な目標として掲げたのです。

MDGsの8の目標

億人以上の人々が極度の貧困から救われたことになります❸。

　反面、改善すべき課題も指摘されました。MDGsの報告書には次の5点があげられています。

　⑴男女間の不平等

　⑵「最貧困層と最富裕層」「都市部と農村部」における格差

　⑶気候変動と環境悪化

　⑷紛争の脅威

　⑸飢餓と貧困の問題❹

MDGsからSDGsへ

　前述したようにMDGsは多くの成果をあげましたが、一方で課題も残しました。この課題解決のために2015年の国連サミットで採択されたのが「持続可能な開発のための2030アジェンダ（＝SDGs）」です。2030年までに持続可能でよりよい未来を実現することをめざし、17の目標と169のターゲットが明記されました。

---

❸その他の成果を列挙します。1990年から2011年にかけて東南アジアの5歳未満の乳幼児死亡率は、出生1000人あたり69人から29人へと低下しました。1992年から2012年にかけて東南アジアの妊産婦死亡率は63％減少しました。1990年から2011年にかけて東南アジアでは、改良水源の利用率が71％から89％へと伸びました。東南アジアでは全人口に占める栄養不良者の割合が、1990〜1992年の29.6％から、2010〜2012年には10.9％へと低下しました。

❹5点目だけ説明を補足しておきます。2015年時点で、約8億人がいまだに極度の貧困のなかで生活し、飢餓に苦しんでいました。また、5歳未満の子どもが、毎日約1万6000人のペースで亡くなっており、まだ予防可能な病気から救える命は多く存在すると考えられていました。

　MDGsとSDGsにはどのような違いがあるのでしょうか。これまで示した2つの
ロゴを比較しながら確認してください。
　(1)MDGsよりもSDGsの方が目標やターゲットの数が多い。
　(2)取組主体の幅が広がった⑤。
　(3)対象国に先進国も加わった⑥。
　(4)気候変動対策など環境分野に重点がおかれている。
　さて、日本の取組はどうなっているのでしょうか？　SDGs達成度の世界ランキ
ング（2023年）⑦で、日本は166カ国中21位でした。その順位が高いか低いかは
別として、2017年以降に順位を下げていることに注意してください。

私たちにできることは？

　SDGsは国際目標ですが、私たちも参加できます。それは日頃の生活でできるこ
とばかりで、目標達成につながるのです。たとえば、
・節電につとめたり、エアコンの設定温度（冷房28度・暖房20度）を工夫したり
　することで、目標7「エネルギーをみんなに、そしてクリーンに」に貢献するこ
　とができます。
・フェアトレードや地産地消の商品を買うことで、目標8「働きがいも経済成長も」
　に貢献することができます。
・家庭ゴミや食品ロスを減らすことで、目標12「つくる責任、つかう責任」に貢献
　することができます。
・徒歩や自転車、公共交通機関で移動することで、目標13「気候変動に具体的な対
　策を」に貢献することができます。
・エコバッグやマイボトル持参などでプラスチックを削減して、目標14「海の豊か
　さを守ろう」に貢献することができます⑧。
　いかがですか？　毎日の生活を「少し」変えてみませんか？

---

⑤MDGsは国連や政府がメインで取り組んでいましたが、SDGsは政府や自治体だけではなく企業
　や個人の行動も求めています。
⑥目標14「海の豊かさを守ろう」や目標15「陸の豊かさも守ろう」などは、先進国もめざすべき目
　標です。
⑦出典はSustainable Development Report 2023（https://dashboards.sdgindex.org/profiles/
　japan　最終閲覧2024年1月22日）
⑧企業もSDGsへの取組が求められています。たとえば食品業や製造業では、目標12「つくる責任、
　つかう責任」への取組が可能です。
・生産過程を見直して産業廃棄物を減らす　・包装や冷凍技術を工夫して賞味期限を延長する
・商品の容器を回収し、リサイクルしてつくった容器を新たな商品に使用する
・捨てられる食材をアップサイクルして商品化する、などが考えられます。

ジェンダーは
なぜ議論されるのだろうか？

ジェンダーとは？

　ジェンダーとは、日本語では「社会的性差」と訳されることもありますが、日本語として適切な訳がないため「ジェンダー」とカタカナ書きすることが一般的です。社会的・文化的につくられる〈男らしさ〉〈女らしさ〉のことで、「男の子は泣かないものだ」「女の子みたいにめそめそしてはいけません」と叱られたり、「男の子は青、女の子はピンク」といわれたり、「お父さんは会社で働いて、お母さんは家で家事をする」社会のなかで生きていくことによって、「ジェンダー」観を身につけ、それに従ってふるまうことで形成されるといわれています。実存主義作家のボーボワールが『第二の性』（1949年）のなかに「人は女に生まれない、女になるのだ」という有名な言葉を入れたことは、その先駆的意識の現れだったと思います。

　そのジェンダーが議論になる理由は「男だから」「女だから」という決めつけが、男女間の偏見や差別、不平等を生むと認識されるようになったからです。「男の子だけでサッカーしている時に女の子を入れてあげない」「女の子だけで人形遊びをしている時に男の子を入れてあげない」ことで困ったり苦しんだりする人がいます。女の子がサッカーをしても、男の子が人形遊びが好きでも、それはその人の個性であって何もおかしいことではありません。同じように、女性が政治家や社長になっても、男性が家事や育児に専念してもおかしくないはずです。このようにジェンダーによって好きなことや得意なことを制限されてしまわない世界をつくること、それは偏見や差別、不平等をなくすことにつながっていくのです。

　国連が掲げるSDGs❶の目標5は「ジェンダー平等を実現しよう」でした。なぜジェンダーがSDGsの目標に掲げられたか、ここまでの説明でおわかりになったと思います。

　発展途上国などに目を向けると、サッカーや人形遊びのレベルではありません。18歳未満での結婚を「児童婚」と呼びますが、ユニセフによると、子どものうちに結婚する女の子の数は世界で年間約1200万人、現在約6億5000万人の女性が18歳前に結婚したと推定されています（2019年）。これは女性（少女）の地位が低く、

❶本書現代の政治テーマ10「SDGsとMDGsの相違点は？」38～41頁参照。

意思決定の権利が制限される弱い立場におかれていることが1つの要因とされています。世界各国の議会で、女性議員の割合は26.1％にすぎず（2022年）、国際労働機関（ILO）は2022年、世界の女性の賃金は男性より平均で約20％低いと発表しました。学校に通えない女の子は約1億3200万人といわれています（ユニセフ2018年）。

　これらの現状に対して、SDGsの取組がおこなわれていますが、2022年、国連本部が「現在の進歩のペースでは、法的保護での格差を解消し、差別的な法律を廃止するのに最長で286年、職場で管理・幹部職に就く男女が同数となるには140年、各国議会で男女の議員数が同数となるには40年以上かかる」と発表し、衝撃を与えました❷。

日本のジェンダーの現状は？

　さて、ジェンダーに関して日本には課題はないのでしょうか？　実は状況は深刻です。毎年、世界経済フォーラム❸が「ジェンダー・ギャップ指数」を公表してい

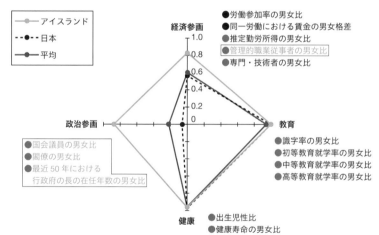

日本のジェンダー・ギャップ指数
日本とジェンダー平等第1位のアイスランドとの比較です。黒で囲った項目に注意してください。
（内閣府資料より作成）

❷報告書は要因として主に4点あげています。(1)新型コロナウイルス感染症のパンデミックとその余波、(2)ロシア・ウクライナ戦争をはじめとする世界各地の紛争、(3)気候変動、(4)「リプロダクティブ・ヘルス／ライツ」といわれる「女性の性と生殖に関する健康と権利」に対する反発です。
❸グローバルかつ地域的な経済問題に取り組むために、政治、経済、学術などの各分野における指導者層の交流促進を目的とした独立・非営利団体です。主な活動は、年次総会（ダボス会議）、「世界競争力報告書」、「世界ジェンダーギャップ報告書」などの調査・報告です。

政治参画のジェンダー・ギャップ
左が2019年発足のフィンランドの内閣です。中央がサンナ=マリーン首相（34歳）で、現職で世界最年少の首相です。内閣の構成は女性12人、男性7人です。右が発足当時の岸田内閣です。内閣21人中女性は3人です。

ます。ジェンダー・ギャップ指数とは、「経済」「教育」「健康」「政治」の4分野のデータから男女格差をはかって作成され、0が完全不平等、1が完全平等を示し、男女格差を数値化して示したものです。まず日本の順位（2022年は146カ国を数値化しています）と数値を予想してください。

　2022年の日本の順位は146カ国中116位（2021年は156カ国中120位）、総合スコアは0.650でした（世界平均は0.681）。前年と比べて、スコア・順位ともに、ほぼ横ばいで、先進国のなかで最低レベル、アジア諸国のなかで韓国や中国、ASEAN諸国より低い結果です❹。少なくとも「教育」や「健康」の面で、日本では男女格差を感じない方がほとんどでしょうから、この結果には相当驚かれたのではないでしょうか？　日本の順位を確認すると、「教育」では146カ国中1位（前年は92位）、「健康」では146カ国中63位（前年は65位）と世界の上位である一方、「経済」では146カ国中121位（前年は156カ国中117位）、「政治」では146カ国中139位（前年は156カ国中147位）と、相当下位になっているのです。

　総合1位のアイスランド（0.908）と前頁のグラフで比較してみましょう。

　いかがでしょうか。日本の教育は「100点満点」にあたる1.000ですし、健康はアイスランドと遜色ない0.973です。しかし政治参画では、国会議員の男女比、閣僚の男女比、最近50年における行政府の長の在任年数の男女比のスコアが低いことが順位を大きく下げている原因となっています。また経済参画も世界平均を下回っており、管理的職業従事者の男女比の項目が低くなっています。

---

❹タイは0.709で79位、ベトナムは0.705で83位、インドネシアは0.697で92位、韓国は0.689で99位、中国は0.682で102位でした。日本の順位の前後は、ブルキナファソが0.659で115位、モルディブが0.648で117位でした。

　このような現状に対し、国内でも法整備が進められ、1986（昭和61）年には男女雇用機会均等法⑤が施行されました。また、内閣府に設置された「男女共同参画局」で、ジェンダー平等への法律や政策の整備が進められています。代表的な法律には、1999（平成11）年に施行された「男女共同参画社会基本法」、2001（平成13）年に施行された「配偶者からの暴力の防止及び被害者の保護等に関する法律」、2015（平成27）年に施行された「女性活躍推進法」などがあります。ここでは、男女共同参画社会基本法を補足します。男女共同参画社会基本法は、社会活動全般に関する法律です。男女が対等の立場で、個人としての能力を十分に発揮し、家庭生活と仕事などを両立させていく社会をめざした内容で、その実現のための責務を政府や自治体にも求めています。特に同法第2条には、「積極的改善措置」（いわゆる「ポジティブ・アクション」）が規定されています。具体的には、「クオータ制」（性別を基準に一定の人数や比率を割り当てる手法です。たとえば選挙の際、立候補者の一定数を女性にすることを定めます）、「ゴール・アンド・タイムテーブル方式」（女性の参画拡大に関する一定目標と達成までの期間の目安を示してその実現に努力する手法です。たとえば、プライム市場の上場企業の女性役員比率を2030年までに30%以上とする目標を掲げます）などがあげられます。他にも、「女性を対象とした応募の奨励、研修、環境整備など（たとえば、大学入試の「女性枠」）」や「仕事と家庭の両立支援、子育て支援」なども効果があると考えられています。

　ジェンダーギャップ向上の取組としては、政治だけでなく、企業⑥や社会全体の取組が必要です。これから私たちはどのような社会をめざすのか考えていく必要があるでしょう⑦。

⑤男女雇用機会均等法は、雇用に関してのみ規定している法律です。具体的には募集・採用・昇進など、雇用に関して男女間の差別を禁止する法律で、制定時は差別禁止事項の多くは「努力目標」でしたが、1997年の改正で禁止に強化されて現在に至っています。ただし、均等法制定と同時に、労働基準法の「女性労働者の保護規定（深夜労働の禁止、残業時間の制限など）」が廃止されていることに注意してください。

⑥女性管理職比率を上げることによって、企業にはどのようなメリットがあるのでしょうか。(1)人事評価の透明性が高まり社員のモチベーションが向上する、(2)ダイバーシティの意識が高まり多様な働き方が促進される、(3)労働環境が改善される、(4)社会的評価の向上や優秀な人材の採用につながる、(5)ESG投資で投資家から選ばれやすい企業になる、などがあげられています。

⑦ここでは「社会的性差」に注目してジェンダーを説明しましたが、現代ではこの他に、ジェンダーフリー・ジェンダーレス・LGBTQなども取り上げられています。時間のある時に調べていただきたいと思います。

国際政治

国際連盟や国際連合
設立の目的は？

国際社会の特質とは？

　国際社会とは、主権国家❶のあいだに成立する関係（国際関係）によって形成される社会を指し、国際社会において展開される政治を国際政治と呼んでいます。国家は「個人」が構成単位ですが、「国際社会」は主権国家が構成単位です。また、世界政府のような統合権力が存在しないため、主権国家間で国益の実現をめざす協調や対立が生まれやすくなります。

コラム　国際社会のアクターの変化

　18世紀までの国際社会（政治）のアクターは政府（国家）だけでした。19世紀に入ると国民主権のもと、国民も国際政治に関与できるようになりました。20世紀に入ると国際連盟（連盟）や国際連合（国連）だけでなく国際労働機関（ILO）などの国際機関が設立され、アクターが増えていきます。20世紀の後半には、主権国家の枠組みを超える動き（EUなど）、NGOの活動、世界的規模の多国籍企業の出現、国際機関の発展などがみられます。そのため国際社会の構成単位は、主権国家だけとはいえない現象がみられるようになっています。

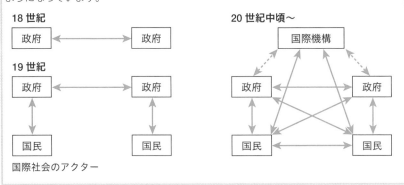

国際社会のアクター

---

❶一定の領域（領土・領空・領海）とそこに住む国民を有し、他国からの支配や干渉を受けずに自国のことを自主的に決定できる（「主権を持つ」という意味です）国家を指します。1648年、三十年戦争を終結させるために開催されたウェストファリア会議以降成立したとされています。同会議で神聖ローマ帝国が事実上解体し、ドイツ諸邦の主権確立などが決まりました。それ以前は、神聖ローマ帝国（ローマ教皇が歴代ドイツ皇帝に「ローマ皇帝」の帝冠を授けていた）が超国家的な理念のもとに西ヨーロッパを支配しており、王権の上に「キリスト教の帝国」が存在していました。その意味で、それまでの国家は主権国家ではなかったのです。

安全保障の考え方は？

　主権国家に比べ、国際社会はルールの制定（国際法）や司法制度確立の遅れ、強制力（警察力など）がないなどの理由で、特に絶対主義時代は国家間の紛争が絶えませんでした。それらの紛争を前に、カントはその主著『永遠の平和のために（永久平和のために）』（1795年）のなかで、国際平和機構の必要性を説きました❷。この考え方は国際連盟の成立に大きな影響を与えたといわれています。

　これまでは自国の安全と平和を守るための理論として、勢力均衡方式と集団安全保障方式という2つの考え方が主張されてきました❸。前者が同盟間の軍事力を均衡させて紛争を防ごうとする考え方、後者が対立国を含めた国際機構を組織して、侵略戦争などをおこす国家へは集団で対処するという考え方です。第一次世界大戦までの国際社会では勢力均衡方式が採用されていましたが、「サラエボの一発」の銃弾で❹、それまでの戦争と全く異なる第一次世界大戦が始まります。第一次世界大戦の被害に驚いた世界は、集団安全保障方式を採用した組織＝連盟を結成します。

国際連盟（League of Nations）とはどのような組織か？

　ウィルソン米大統領による14カ条の平和原則提案を受け、1919年のパリ講和会議で国際連盟規約が作成され、1920年に原加盟国42カ国で発足しました。史上初の国際平和機構であると同時に、集団安全保障方式を採用した機構です。14カ条の平和原則を補足すると、1918年、第一次世界大戦終結のために、ウィルソン米大統領がアメリカ連邦議会での演説を通じて発表した平和原則を指します。この提案がドイツの降伏を引き出し、1919年のパリ講和会議におけるアメリカの中心的な主張となりました。その内容は主に、秘密外交の廃止・海洋自由の原則・関税障壁の撤廃・軍備縮小・国際平和機構の設立・民族自決・植民地問題の解決などです。国際平和機構は国際連盟として結実しました。しかし、パリ講和会議ではドイツに対して過酷な賠償を科すこととなり、ナチスドイツの台頭を生むことになります。

❷6つの予備条項（常備軍の廃止・他国への不干渉・敵対行為の禁止など）と3つの確定条項（共和制の必要性・自由な国家による国際法と平和連合の必要性・世界公民法の制定）が提言されています。
❸2つの安全保障方式の違いについては、本書国際政治テーマ3「国連憲章にない国連平和維持活動（PKO）はなぜ生まれたのだろうか？」57頁用語解説参照。
❹第一次世界大戦前夜、勢力均衡方式のもと、世界の大国はほぼ全て「三国協商」と「三国同盟」にわかれていました。サラエボで皇太子を殺害されたオーストリア＝ハンガリー帝国がセルビアに宣戦布告したことで、ロシア、ドイツ、フランスへとまたたくまに同盟国全部が巻き込まれて「世界」大戦となりました。その被害はそれまでの戦争と桁外れだったために「大戦」と呼ばれたのです。大戦については、本書現代の政治テーマ9「第一次世界大戦後、なぜ女性参政権が認められたのだろうか？」34～37頁参照。

連盟の主要機関は、総会・理事会⑤・常設国際司法裁判所・国際労働機関⑥・事務局⑦です。しかし、連盟は3つの欠陥から第二次世界大戦を防げませんでした。その3つとは、下記の3点です⑧。

(1)採決が基本的に全会一致方式であったため、1カ国でも反対する国があると何ごとも決定できませんでした。

(2)集団安全保障方式をめざした組織でしたが、アメリカが未加盟、ソ連の加盟が遅延しその後除名、ドイツが加盟遅延、日本・ドイツ・イタリアが脱退するなど、戦争をおこす国が加盟していませんでした。

(3)紛争をおこした国に対し、制裁が経済制裁のみで軍事制裁をおこなえず、制裁手段が不十分でした。

国際連合（United Nations）とはどのような組織か？

連盟の反省を踏まえ、(1)基本的に多数決方式を採用、(2)大国を含むほとんどの国家が参加、(3)軍事制裁も可能な国際機構として発足しました。「国際連合（United Nations：連合国）」という名称は、第二次世界大戦中にローズベルト米大統領が考え出したものです。その言葉が最初に使われたのは、1942年にワシントンで26カ国政府の代表が枢軸国に対してともに戦うと誓った「連合国宣言（Declaration by United Nations）」のなかででした。そして中国・ソ連・イギリス・アメリカの代表が1944年にワシントンに集まっておこなった国際組織成立に関する審議（ダンバートン・オークス会議）に続き、1945年4月、サンフランシスコに50カ国の代表が集まって「国際機関に関する連合国会議」が開催されました。会議では「戦争の惨害」を終わらせるとの強い決意のもとに国際連合憲章（Charter of the United Nations）が起草され、1945年6月26日に署名されました。同年10月24日、原加盟国の大半が国連憲章を公式に承認したことを受けて、国際連合⑨が正式に誕生しました⑩。

---

⑤イギリス・フランス・イタリア・日本の4常任理事国と4非常任理事国で始まり、のちにドイツ・ソ連を加えた6常任理事国と9非常任理事国となりました。非常任理事国は任期3年、総会で選出されます。

⑥国際労働機関（ILO）は連盟時代に設立され、のち国連に引き継がれていきます。常設国際司法裁判所（PCIJ）も国連の国際司法裁判所（ICJ）へと発展していきます。

⑦連盟結成当時、日本は常任理事国であり、国際連盟事務局次長には新渡戸稲造が選ばれているなど貢献しています。

⑧第二次世界大戦の原因としてこの他にも、ドイツへの巨額の賠償金でナチスの台頭を招いた、世界大恐慌後のブロック経済により植民地が少ない日本やドイツが植民地の再分割を求めたことなど多くの要因があげられます。

国連は「世界政府」なのだろうか？

　国連を「世界政府」だと考えている方も多いと思います。国連は「諸国家の議会」と称されることもありますが、超国家機関でもなければ、各国政府の上に立つ政府でもありません。各国とその国民を代表するのはあくまでも政府です。国連はどの国の政府も国民も代表するものではありません。国連はすべての加盟国を代表し、加盟国が決めたことだけを実行する組織です。ただし、国連の活動を方向づける国連憲章があり、ある国が国連に加盟するということは、国連憲章の目的と原則を受け入れるということであることに注意してください。

　国連は「世界政府」ではありませんが、国際平和を含む地球的な課題に関心を持ち、解決しようと努力しています。その活動は、地域・民族紛争に対して武力を用いない国際平和維持活動（PKO）、国際人権規約や女子差別撤廃条約などの人権問題に関する国際条約の締結、包括的核実験禁止条約（CTBT）などの軍縮推進、国連貿易開発会議（UNCTAD：アンクタッド）などによる南北問題の解決、気候変動に関する政府間パネル（IPCC）などによる地球環境問題への対応、国連難民高等弁務官事務所（UNHCR）などによる難民支援など多岐にわたります。そして、それらの諸問題を総合的にとらえたものがSDGs（持続可能な開発目標）なのかもしれません。

> **コラム　中国代表権問題とは？**
>
> 　台湾はなぜ国連に加盟していないのでしょうか。中華民国（現在の台湾政府）は国際連合の設立メンバーであり、安保理の常任理事国でした。1949年に国共内戦で国民党が敗れて台湾に逃れた後も、その地位は変わりませんでした。しかし、台湾だけを支配する中華民国が常任理事国であることに対し、ソ連などは中国の代表権を中華人民共和国（現在の北京政府）に変更すべきであると主張します。それに対してアメリカなどは台湾支持を続けました。これを「中国代表権問題」と呼んでいます。アメリカは代表権の変更を、総会で重要議案（議決に3分の2以上が必要）に指定し、台湾追放を阻止しようとします。しかし、1960年代に独立したアフリカ諸国などの国連加盟により少数派に転落し、ついに1971年の総会で代表権が変更され、事実上台湾が国連から追放されることになったのです。

---

❾国連本部ビルは、アメリカ・ニューヨーク市にあります。ロックフェラーが土地の購入費用を提供して建設されました。ガイド付のツアーが毎日実施されており、来館者は国連や関連組織の仕事などについて説明を受けながら、安保理の会議室や総会ホールなどを見学します。筆者もツアーに参加したことがありますが、写真でしかみたことがない会議室などに入ったことは、貴重な経験になりました。ツアーの終わりに「郵便部門」があり、国連切手を貼ったはがきを送ることができます。この切手は国連からしか郵送できませんので、訪問した際は記念に是非どうぞ！

❿10月24日は、「国連デー」として記念行事がおこなわれています。原加盟国は51カ国で、現在の加盟国数は193カ国です（2023年）。バチカン市国、PLOはオブザーバー参加、台湾は未加盟です。

国連安全保障理事会の常任理事国に、なぜ「拒否権」があるのだろうか？

一票の価値とは？　何かを決める時の方法は？

　文化祭でクラスの出し物を多数決で決める時、生徒は1人1票を投じます。同じようにアメリカなど大国と独立したばかりの南スーダンも同じ主権国家ですから、主権国家の集まりである国際連合（国連）総会では、一国一票の原則で採決がおこなわれます。しかし国際通貨基金（IMF）❶では、加盟国には出資割合に応じて議決権が割り当てられています。重要事案の決定には全体の85％以上の同意が必要となるため、17％強のシェアを持つアメリカが事実上の拒否権を持っています。同様に、サッカー部の公式戦でレギュラーを決める時は、顧問やキャプテンの発言権が強いのではないでしょうか？　このように、「一票の価値」や「決め方」には様々な方法があります。その方法の1つが国連の安全保障理事会（安保理）の常任理事国が持つ拒否権❷です。

国連には大国の参加が必要なのだろうか？

　国連発足時の状況を考えてみます。前身の国際連盟（連盟）は、設立時からアメリカが参加していませんでしたし、その末期にはほとんどの大国が連盟の外にいました❸。そのため第二次世界大戦を防げなかったとの反省があります。その反省のうえに、国連設立当初から大国の参加が必要だと認識されたのです。さらに、アメリカ・イギリス・ソ連・中国・フランスの5大国は、第二次世界大戦では「連合国」の中心として戦争を遂行しており、戦後の国際機関もこの大国の協力の上に築こうとするのは自然の成り行きだったのです。

---

❶IMFについては本書国際経済テーマ3「IMF体制（固定相場制）はどのように設立されたのだろうか？」182〜187頁参照。
❷ただし、拒否権は無制限ではありません。国連憲章第27条第3項但し書には、常任理事国は自国が当事者である国際紛争の平和的解決に関する提案の表決には棄権しなければならないと規定されています。また手続き事項には拒否権は使用できず、15カ国中9カ国の賛成で決定されます。
❸当初ソ連は、資本主義国中心に発足した連盟に反発して加盟しませんでしたが、1930年代にドイツでナチスが台頭するなどの国際情勢の変化を受けて、1934年に加盟しました。しかし1939年、ソ連軍のフィンランド侵攻により「当事国を除いた全会一致」で除名されました。全会一致の除名は、連盟の歴史上、この一例だけです。1933年には満州国建国を認められなかった日本が脱退、同年、軍縮会議で軍備平等論が認められなかったことを口実にドイツが脱退するなど、第二次世界大戦の主要国は連盟の外にいました。

安保理議場
後方の絵は、ノルウェーの画家、ペール＝クロフが描いた油彩壁画です。

国連発足時の情勢から拒否権を考えると？　―連盟の反省その1―

　安保理の常任理事国に拒否権が認められている第1の理由は、連盟が採用していた全会一致方式では、何かを決定するのに時間がかかるどころか、決められないことが多く、それが第二次世界大戦を引きおこしたと考えられていたからです。はじめに示した文化祭のクラスの出し物ですが、「全員一致」を採用した場合、出し物を決めることはできるでしょうか？　ましてや利害関係が複雑に絡む国際社会の問題です。そのため侵略戦争がおきても連盟の対応が遅れてしまい、紛争解決ができなくなったのです。この「全会一致」方式は、たとえば連盟理事会の非常任理事国にも「拒否権」があるのと同じだと考えられませんか？　そのように考えると、連盟理事会の非常任理事国の拒否権を廃止したのが国連安保理の拒否権だと考えることができます❹。このように、国連のなかで安保理が国際平和維持の第一義的機関であることを考えると、国際平和を迅速に確立する必要にせまられた時、国際平和および安全の維持が大国の主要な責務であることを確認するために、常任理事国のみ「拒否権」が残ったと考えることができます❺。

❹国連憲章を討議したサンフランシスコ会議で、イギリス代表が「我々が新しい機構の憲章を企画しはじめた時、連盟規約の下で連盟を支配していた全会一致の原則を放棄する方が良いと考えた。現在提案中の理事会（「安保理」のこと。筆者注）がより広範な権限を与えられている点に鑑みて、迅速かつ有効に行動しうることが望ましいと考え」たと述べ、安保理が軍事的措置の権限を行使する際に、連盟のような全会一致は障害になると考えていたことがわかります。
❺ただし安保理常任理事国の拒否権以外、国連が基本的に多数決を採用している理由は、「主権平等」であることに注意してください。

国際政治

国連発足時の情勢から拒否権を考えると？ ―連盟の反省その２―

　第２の理由は、ソ連とアメリカへの対応です。注❸で示したように、最終的には連盟からソ連は除名されてしまいました。この歴史的経過を考えると、第二次世界大戦末期にローズベルト米大統領が同じ連合国の大国であるソ連に国連への参加を打診した時、連盟による除名処分のように西欧諸国が一致してソ連に圧力をかけてきた際の単独抵抗権（＝拒否権）を、スターリンが要求したことは当然といえるでしょう❻。このようにソ連という大国を国連につなぎとめるためにも拒否権は必要だったのです。

　アメリカに目を向けましょう。アメリカ上院（元老院）は伝統的に「孤立主義」が強いといわれています❼。また条約の批准には、上院の３分の２以上の賛成が必要で、アメリカの国連加盟にとって上院の同意はハードルが高いものでした。そのためたとえば、アメリカの国内事項の留保権も含めて「国際社会に拒否を宣言できる権限（＝拒否権）」を有していることを上院に示し、国連加盟申請を容易にしようとしたのです❽。このようにアメリカが国連に参加するためにも拒否権が必要だったのです。

サンフランシスコ会議での議論は？

　1945年４月から６月にかけてのサンフランシスコ会議で、国連憲章の討議がおこなわれました。自国に拒否権が与えられていなかったため、５大国以外の国から主権平等を根拠に激しい反対がおこりました。しかし、戦時中であり、またアメリカ・イギリスなどの大国が国連不成立の不利益を説得したため、拒否権は改訂されずに連合憲章が採択・調印されました。ただし、総会の一般規定の追加（連合憲章10条）を中心に総会の地位が強化されたり、また経済社会理事会の権限も拡充されて信託統治理事会とともに国連の「主要機関」に昇格しています。つまり、アメリカ・イギリスなどの大国は第二次的な問題ならば譲歩する用意があったといえます。

---

❻ヤルタ会談でスターリンが「1939年のフィンランド戦争中に、イギリスとフランスがソ連を連盟から追放しようと煽動したこと、さらに両国が世界中に反ソ世論を動員して、それを十字軍とまでいいふらしたことを忘れることはできない」と発言し、チャーチルは「再びこのようなことがおこらないような保証」としてソ連が拒否権を求めていると理解したと述べています。

❼アメリカのヨーロッパへの政治的不介入とヨーロッパのアメリカへの干渉を認めないという、アメリカの伝統的な外交姿勢を指します。1823年にモンロー米大統領による「教書」で示されたためモンロー主義ともいわれています。

❽アメリカは国際刑事裁判所（ICC）から脱退していますが、その大きな理由は、「アメリカは国際平和の維持に特別の責務を負い、多くのアメリカの部隊が海外活動しているが、そのような部隊の要員がICCによる政治的な捜査・訴追の対象となるおそれがある」というものです。

拒否権の行方は？

現在、この常任理事国の「拒否権」も含めて、安保理改革（広い意味では「国連改革」）が議論されています。具体的には、安保理における冷戦期のアメリカとソ連の拒否権の使い合いや、2022年、ウクライナからのロシア軍の即時撤退などを求める決議案がロシアの拒否権によって否決されたことなどが原因です。

そのため1993年、国連総会決議により安保理改革に関する作業部会が設立されています。その後、1997年、常任理事国を5カ国、非常任理事国を4カ国増やす改革案が示されました。改革案のなかには拒否権について「新常任理事国は15年後のレビューまで拒否権を行使しない」「全常任理事国が行使を抑制する（たとえば、2カ国以上の拒否権がないと効力がないなど）」「拒否権については、旧来の常任理事国と新常任理事国に差があってはならない」など、様々な提案がおこなわれています。

しかし、ほぼ全ての国が改革自体には賛成していますが、各論では既得権の喪失をおそれた大国が反対したり、新たに近隣国が常任理事国入りすることをおそれた国が反対したりと、議論は進展していません。また、安保理について定めている国際連合憲章を改正するには、まず総会の3分の2以上で採択される必要があるため、改正をめざす国や反対する国で激しい多数派工作がみられます。具体的には先進国・新興国から発展途上国にODAや経済援助を実施し、見返りに賛成を取りつけるなどをしています。

コラム	安保理常任理事国の拒否権行使に説明を求める決議採択

2022年4月27日、国連安保理でロシアのウクライナ軍事侵攻をめぐる決議案がロシアの拒否権によって否決され、安保理の機能不全が指摘されました。そのため、常任理事国が拒否権を行使した際には、その理由を国連総会で説明するよう求める決議が、国連総会で採択されました。

同年6月9日、国連安保理で拒否権を行使した常任理事国が説明をおこなうはじめての国連総会が開かれ、弾道ミサイルの発射を繰り返す北朝鮮への制裁決議案に拒否権を行使した中国とロシアが、それぞれの立場を正当化する発言をしました。これに対して、アメリカや日本などが北朝鮮の挑発行為を容認するものだと非難した他、各国からも拒否権の乱用によって安保理が機能不全に陥っているとの批判が相次ぎました。

この拒否権行使の理由説明が、拒否権行使の抑制につながるのか、今後も注目していきたいと思います。

国際政治

国連憲章にない国連平和維持活動（PKO）はなぜ生まれたのだろうか？

そもそも国連の目的は？

　少し大きな話から始めますが、国際連合憲章（国連憲章）に掲げられている国際連合（国連）の第1の目的は、世界平和と安全の維持（下記に示した国連憲章第1章第1条第1項）です。この目標は、第二次世界大戦の反省から生まれてきたことは想像できると思います。第2に、人権の尊重です（下記に示した同条第2項と第3項）。戦争は一番の人権侵害ですから、これもよく理解できます。第3は、平和な生活には経済・社会的基盤が必要ですから、経済的・社会的・文化的・人道的な国際協力推進（下記に示した同条第3項）が掲げられています❶。

> **国連憲章第1章第1条（抄）**
> 国際連合の目的は、次のとおりである。
> 1. 国際の平和及び安全を維持すること。
> 2. 人民の同権及び自決の原則の尊重に基礎をおく諸国間の友好関係を発展させること。
> 3. 経済的、社会的、文化的又は人道的性質を有する国際問題を解決することについて、人権及び基本的自由を尊重するように国際協力を達成すること。

　さて、どのように国連の目標である国際平和を維持するのでしょうか？　ポイントは、集団安全保障方式を採用し、国際平和の第一義的な責任を安全保障理事会（安保理）に負わせていることです。安保理は、国際平和を危うくする国家などについて、交渉・調停・司法的解決・地域的機関などの平和的手段による解決を求め、さらに非軍事的措置（たとえば、経済制裁）、軍事的措置（たとえば、軍事制裁）などの強制措置を国連加盟国に要請することができます。

平和維持（構築）の試みは？

　このような安全保障制度を有して国連は設立されたのですが、紛争や戦争に対応

❶この連合憲章からおわかりになるように、国連はその活動全体を通して平和を推進する機関だといえます。国連については、本書国際政治テーマ1「国際連盟や国際連合設立の目的は？」48～51頁参照。

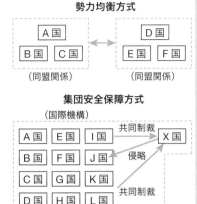

用語解説　勢力均衡方式と集団安全保障方式

　2つとも、自国の安全と平和を守るための考え方です。

　勢力均衡（せいりょくきんこう）方式は、政策や利害を同じくする国同士で同盟関係を結ぶことで敵対国との軍事力のバランスをとり、仮想敵国に対抗して攻撃を未然に防ごうとする方式です。反面、軍事力の均衡がとりにくく、その不均衡を理由に軍備拡張競争や同盟国獲得競争となり第一次世界大戦につながったといえます。

　集団安全保障方式は、対立関係にある国家を含めて、関係国すべてが加盟する国際機関を組織し、相互に武力を使わないことを約束し（戦争の違法化）、紛争がおきそうな場合は話し合いで解決をすることを定め、このルールに反する国が出てきた場合は、集団で対処して平和を維持する方式で、国際連盟や国際連合の基本原理です。

できていたでしょうか？　例として1950年に始まった朝鮮戦争を考えてみましょう。典型的な東西冷戦を背景とした戦争ですから安保理が介入しようとしても、アメリカの提案にはソ連が、ソ連の提案にはアメリカが拒否権を使い、安保理は機能不全に陥ってしまいました。そのため「平和のための結集決議❷」が国連総会で採択されます。朝鮮戦争では、不完全なかたちで国連軍が組織され❸、朝鮮半島で戦いました。しかし、その後の経過を考えると、この国連軍による軍事的直接介入はマイナス評価にならざるをえません。

❷拒否権の使い合いで安保理が機能しない時は、総会が3分の2以上の特別多数で軍事行動を含む集団的措置を安保理に勧告したり、総会の会期中以外では24時間以内に緊急特別総会を開き、平和の危機に対処できるという決議です。朝鮮戦争の際は緊急特別総会は開かれませんでしたが、これまで11回開催されています。直近では、ロシアによるウクライナ侵攻をめぐり2022年に開催されています。

❸ソ連が欠席している安保理で朝鮮国際連合軍が派遣されることが決定されましたが、実質的にはアメリカ軍が国連軍の名称を使用したものでした。またこの「不完全な」国連軍は、戦争を止めるどころか拡大してしまいました。そのため国連の歴史にとってはこの朝鮮国連軍の投入は、「軍事的介入」をおこなう際の「トラウマ」になったといってもよいと思います。

❹エジプトのスエズ運河国有化宣言から始まった第2次中東戦争は、エジプト・イスラエルだけでなく安保理常任理事国であるイギリス・フランスも当事国であったため、拒否権の行使で安保理が機能しない可能性がありました。しかし、イギリス・フランスの拒否権行使を退けてアメリカ・ソ連が安保理で緊急特別総会開催要請をおこない、特別総会が開催されました。背景には、戦争でスエズ運河の通行ができなくなることへの国際社会の強い危惧がありました。

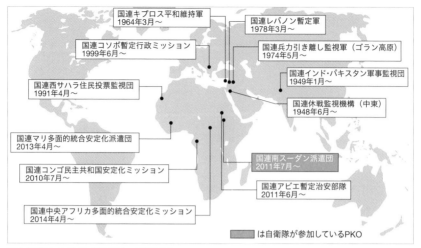

国連キプロス平和維持軍
1964年3月～

国連コソボ暫定行政ミッション
1999年6月～

国連西サハラ住民投票監視団
1991年4月～

国連マリ多面的統合安定化派遣団
2013年4月～

国連コンゴ民主共和国安定化ミッション
2010年7月～

国連中央アフリカ多面的統合安定化ミッション
2014年4月～

国連レバノン暫定軍
1978年3月～

国連兵力引き離し監視軍（ゴラン高原）
1974年5月～

国連インド・パキスタン軍事監視団
1949年1月～

国連休戦監視機構（中東）
1948年6月～

国連南スーダン派遣団
2011年7月～

国連アビエ暫定治安部隊
2011年6月～

　　　　は自衛隊が参加しているPKO

現在展開中のPKO（2022年4月現在）

（外務省資料より作成）

　「平和のための結集決議」により、はじめて緊急特別総会が開催されたのは、1956年10月に始まった第2次中東戦争（スエズ危機）でした❹。総会では、朝鮮戦争の「トラウマ」もあり、強制措置（軍事制裁）ではなく関係国の同意をもって展開する国連主導の兵力引き離し部隊が提案され、同年11月、第1次国際連合緊急軍（UNEF I）の設立・派遣が決定されました。このUNEF Iが現在に近い形態の平和維持活動❺のスタートとされています❻。初期のミッションは、停戦維持と情勢の安定化を中心とする活動に限られていました。そのため多くのミッションは非武装の軍事監視員と軽武装の兵員からなり、主として停戦監視や信頼醸成の役割を果たしていました。

　初期のミッションが大きく変更されたのは、冷戦の終結からです。冷戦終結で、世界に平和が訪れるという期待が高まりましたが、むしろ地域・民族紛争などは増

---

❺ここまでの説明でおわかりと思いますが、国連憲章にPKOについての規定はありません。そのためPKOは、国連憲章第6章の「紛争の平和的解決」と第7章の「強制措置」の中間にあたる活動という意味で「第6章半活動」といわれることがあります。さらに、国連憲章にPKOの明文上の規定がないため、その活動の合法性が問題となります。この点について国際司法裁判所は、(1)総会が平和維持軍を組織する旨を決定する場合であっても、それは安保理の主要な責任に属する強制措置に係る権限を侵害するものではなく、国際の平和および安全の維持に関連する勧告を具体化するための措置であり、(2)安保理や総会に求められている平和維持遂行という「推論された権能」にその法的基礎を求めることができるとの勧告的意見を出しています。

❻第1次中東戦争後の1948年に派遣された国連休戦監視機構（UNTSO）をPKOのスタートとする考え方もあります。ただし、活動が監視目的だったこと、定員も数百人だったこと、さらに派遣された軍事監視員は非武装だったことから、本書では現代的PKOの始まりをUNEF Iにしました。

コラム **「ブルー」ヘルメットと「白い」車**

　ニュースや新聞をみると、PKO要員は迷彩服を着ていますが、ヘルメットやベレー帽は鮮やかなブルーです。このような色ではかえって「目立つ」ことになると思いませんか？　しかし、それこそがブルーにする目的だといわれています。たとえば、PKOは紛争当事者のあいだに中立性を維持しながら割って入るように展開します。その際、「目立つ」ブルーヘルメットは紛争当事者に「敵ではない」ことを伝えるメッセージだと考えられているのです。

カンボジアでのPKO
上の写真ではわかりづらいですが、隊員が被っているベレー帽はブルーで車両は白です。

　同様に、車両が白色に塗装されている理由も、誤って襲撃されることを防ぐために、あえて目立つように白く塗装されているとのことです。

えたのです❼。そのため、PKOの任務が多様化しました。停戦や軍の撤退等の監視などの伝統的任務に加えて、元兵士の武装解除・動員解除・社会復帰や現地の警察改革、信頼できる選挙の実施、基本的人権の確立や法の支配などの分野での支援、政治プロセスの促進、紛争下での文民の保護などがPKOの任務に加えられました。そのためPKOはエコノミスト・警察官・法律専門家・選挙監視員・広報担当などの専門家を含むようになります。同時に派遣数も増加しました。しかし1990年代半ばには、戦闘状態が続く地域にPKOが派遣され撤退などが続き❽、それらの反省をもとに、PKOの再構成がおこなわれます。

　21世紀に入ってからは、初期のミッション以上にPKOは多次元の活動が求められています。今後、PKOはどのような役割を果たすべきか、人員・役割・資金なども含めて検討する時期にあります。

❼地域・民族紛争が増えた理由などについては、本書国際政治テーマ10「冷戦終結後、地域・民族紛争が多くなったのはなぜだろうか？」84～89頁参照。
❽旧ユーゴスラビア・ルワンダ・ソマリアなどへの派遣が典型例です。

なぜ社会主義が魅力的にみえたのだろうか？　また第三世界はなぜ生まれたのだろうか？

資本主義・社会主義・共産主義とは？

　まず用語を整理しましょう。一般的には、社会主義＝共産主義と考える方が多いと思いますが、経済学的には異なります。

　資本主義とは、生産手段❶を資本として私有する資本家が、自己の労働力以外に売るものを持たない労働者から労働力を商品として買い、それを上回る価値を持つ商品を生産して利潤を得る経済体制です。自由競争や私有財産制などがキーワードとなります❷。

　社会主義とは、社会的不平等の根源を私有財産制に求めてそれを制限し、生産手段の社会的所有（社会的公有）に立脚する社会をつくろうとする思想または経済体制です❸。共産主義の前段階とされています。

　共産主義とは、私有財産制を否定し、生産手段・生産物などすべての財産を共有（社会的公有）することによって貧富の差のない社会を実現しようとする思想や運動を指します。マルクス主義では共産主義段階に達すると階級は消滅し、生産力は高度に発達して、各人が能力に応じて働き、必要に応じて受けとり消費できるようになるとされます。

　この説明から、資本主義はすべてのモノが私有、社会主義は生産手段が公有（自分の家などは私有財産として残ります）、共産主義はすべてのモノが公有である社会と定義できます。

---

❶モノを生産する過程で必要な物的要素を指します。原材料・土地・鉱石などの労働対象と道具・機械・工場などの労働手段にわかれます。
❷後述する世界大恐慌以来、ほとんどの資本主義国では、貧困・失業・恐慌など資本主義経済の弊害を国家の積極的な経済への介入などで緩和しようとするケインズ理論を採用しており、この定義のような古典的な資本主義国はほぼ存在しません。ケインズ理論については、本書現代の経済テーマ1「経済学とは？」116 ～ 123頁参照。
❸現在では、社会主義国を自称する国は、中華人民共和国（中国）・北朝鮮・ベトナム・ラオス・キューバの5カ国です。改革・開放経済以来、特に中国は市場経済を取り入れ、株式会社まで設立できますので、上記のような古典的な定義の社会主義国とはいえないかもしれません。中国経済については、本書国際経済テーマ13「今後の中国経済は？」228 ～ 231頁参照。

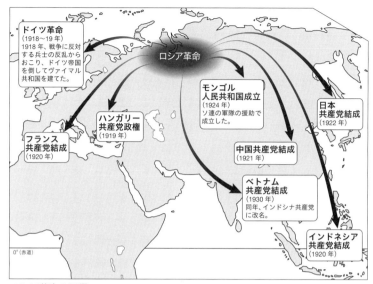

ロシア革命の影響

社会主義は魅力的なのだろうか？

　このテーマを2点にわけて考えたいと思います。1点目は、世界初の社会主義国ソビエト連邦（ソ連）の建国（1922年）は、(1)労働者や貧農の利益や固有の権利を宣言した、(2)民族自決権を世界に広め、植民地に大きな影響をもたらした④、(3)社会権（生存権だけでなく、労働基本権なども含みます）を新しい人権として定着させる大きな契機となったなど、歴史的な転換点となりました。これらの内容は、労働者や小作人には魅力的にみえたことは間違いありません。そのため、またたくまにロシア革命は世界各地に飛び火していきます⑤。

　さらに追い打ちをかけたのは、1929年から始まった世界大恐慌です。アメリカでは、1932年の鉱工業生産指数は50％近くまで下がり、翌33年には失業率が約25％（失業者約1283万人）となりました⑥。そのなかで第1次五カ年計画中のソ連だけが経済成長を続けたのです⑦。欧米の失業者たち⑧は、理論的には失業などない

④この点は、後述する「第三世界」の台頭にも関係してきます。
⑤革命の飛び火をおそれた欧米列強は、1918年、革命政府への反乱軍を支援する名目でシベリアに出兵します。アメリカ・イギリス・フランスなどは合計2万人余りを派遣しましたが、日本はアメリカと合意した10倍近い7万人を派遣しました。最終的に1922年に撤兵しますが、この出兵で日本は約3500人の死傷者を出し、10億円もの戦費を費やしたとされています。
⑥失業者がここまで増えると、当然、失業した人は低賃金でも職を確保したいわけですから賃金は下がります。実質賃金は、1929年を100とすると1932年には86まで下落しています。

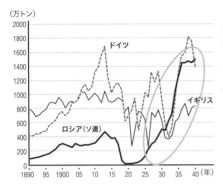

（万トン）

ソ連工業の推移（銑鉄生産量）

もともとロシアは工業国ではありませんでした。ロシア革命の混乱後、世界大恐慌にまったく影響を受けないような重工業化が進んでいることが、グラフの青の囲みからわかります。
（B. R. ミッチェル編『マクミラン新編世界歴史統計』より作成）

社会主義国ソ連を羨望（せんぼう）の目でみていたのではないでしょうか？

　2点目は、宗主国（そうしゅこく）からの独立や社会主義国家建設をめざす指導者達にとって、ソ連は理想的な国家にみえたと考えられることです。その1期目は、これまで説明してきたソ連建設の時期です。ソ連は「民族自決」を掲げたと前述しましたが❾、すべての民族の独立と民族自決権の承認を対外政策の基本におきました。このことは世界に衝撃を与え、民族解放運動の高まりを生みます。具体的には、中国の「五・四運動」や中国共産党の結成、イギリス領インドの非暴力・不服従運動、オランダ領東インド（インドネシア）ではスカルノがインドネシア共産党を結成、フランス領インドシナ（ベトナム）ではホー＝チ＝ミンらがベトナム共産党を結成するなど、各地で民族独立などの動きがおこりました。2期目は、東西冷戦下でソ連の軍事的・経済的支援を受けた国々です。たとえば、ベトナム戦争では、ソ連や中国の軍事的・経済的バックアップなしには北ベトナムの勝利はありえなかったでしょう。また、農業国だったロシアが社会主義革命後、人工衛星ではアメリカを追い越し、核などの軍事力でもアメリカに肩を並べただけではなく、資本家と労働者という階級格差のない社会、労働者が主役の国家となったことが、新興独立国や後述する第三世界の国々に理想とされたことは想像できることです。

❼ただしその陰で、1931～32年の凶作では100万～500万人もの餓死者が出たり、スターリンによる粛清で800万～1000万人もの犠牲者が出たりしたと推定されていることも忘れてはならないと思います。
❽社会保障制度が曲がりなりにも存在する現代と異なり、大恐慌当時は失業保険や生活保障制度などはほぼありませんでした。つまり、「失業」＝「その日から食べるものがない」ことに注意してください。その背景がわかると次頁の写真が理解できると思います。
❾1917年には「ロシア諸民族の権利宣言」で帝政ロシア下にあったすべての民族に、ロシアから分離し、独立国家を建設する自由を認めました。ソ連建国後はそれを実行に移し、フィンランド・ポーランド・バルト3国（エストニア・ラトビア・リトアニア）を独立国として分離しました。さらに、帝政ロシアが他国に押しつけた不平等条約を破棄し、秘密協定を公表しました。

失業者向けスープキッチン（アメリカ）

世界大恐慌当時、アメリカなどには失業保険制度などがありません。そのため職を失った人々は、その日から食べる物もなくなりました。写真は、失業者向けのスープキッチンに列をなす人々の写真です。店の看板には「失業者のための無料のスープ、コーヒーおよびドーナツ」と書いてあります。このような場所では、配給の順番を待つ人々が建物を二重、三重に取り巻きました。

第三世界（非同盟諸国）はなぜ生まれたのだろうか？

　第三世界とは、西側諸国にも東側諸国にも属さない国々を指し、冷戦時代に使われた言葉です。アメリカ、日本、西欧諸国とその同盟国（西側諸国）を「第一世界」、ソ連、中国とその同盟国（東側諸国）を「第二世界」と呼ぶことからつくられた用語です⑩。

　1954年、中国の周恩来首相とインドのネルー首相が会談し、平和五原則⑪を発表し、これを受けて翌55年、インドネシアのバンドンで第1回アジア・アフリカ会議（バンドン会議）が開催され、平和五原則を発展させた平和十原則⑫が打ち出されました。さらに独自の社会主義をめざしていたユーゴスラビアのティトー大統領やエジプトのナセル大統領の呼びかけで、1961年にユーゴスラビアの首都ベオグラードで第1回非同盟諸国首脳会議が開催され、核兵器禁止や植民地主義打破をめざして共同していくことを宣言しました⑬。アジア・アフリカで新たに独立した諸国が反植民地、反侵略戦争を掲げて結束し、その国際的な動きは東西冷戦構造を揺り動かす積極的な意味合いをもっていました。同時に、新興独立国の増加（＝第三世界の国々の増加）は、国際連合の「多数派」を変えていくことになります。そのような構成の変化が、たとえば発展途上国の発言力の強化（国連貿易開発会議<UNCTAD>の設置など）につながっていくのです。

⑩ 1952年にフランスの雑誌で、社会主義のソ連圏や資本主義のNATO（：ナトー）圏に属さない国々を指して「第三世界」という言葉を使ったことが始まりとされています。言葉としては、フランス革命前のフランスの3つの身分になぞらえたものだといえます。
⑪ 領土・主権に対する相互の尊重、相互不可侵、相互の内政不干渉、平等と互恵、平和共存です。
⑫ 基本的人権・国連憲章の原則を尊重、すべての国家の主権と領土保全の尊重、すべての人種・すべての国家の平等、内政不干渉、自衛権の尊重、大国による集団的防衛の利用と他国への圧力行使の阻止、侵略行為・侵略の威嚇の回避、国際紛争の平和的解決、互恵・協力の増進、正義と国際義務の尊重の10原則です。
⑬ 1961年以来、3〜5年ごとに開催されています。2024年1月、アフリカのウガンダの首都カンパラで第19回非同盟諸国首脳会議が開催されました。ユーゴスラビアで開催された第1回首脳会議の参加国は25カ国でしたが、現在では121カ国が参加しています。

核抑止力とは？
また核不拡散条約（NPT）
再検討会議はなぜ重要なのだろうか？

核兵器はどのようにしてつくるのだろうか？

　まず、核兵器とはどのようなものか確認しましょう。ウランやプルトニウムの原子核に中性子をあてて人工的に壊すと、大量のエネルギー（高い熱や人体に危険な放射線）が放出されます。原子核が壊れることを「核分裂」といい、このエネルギーを兵器として利用したのが原子力爆弾（原爆）です。核分裂は、ウランなどが一定量（臨界量）以上あるとおこります。たとえば、ウランを臨界量より少ない2つの塊にわけておき、爆薬を使ってぶつけ合わせることにより、一瞬のうちに臨界量以上になるようにつくられているのが原爆です❶。

　核兵器をつくる際の課題は、核兵器に利用できるウランやプルトニウムの製造方法です。天然に存在するウランは、核分裂がおきにくいウラン238が99.3％を占めており、核分裂がおきるウラン235はわずか0.7％しか存在しません。そのため、核分裂に反応がおきるよう濃度を高める必要があり、その作業を「ウラン濃縮」と呼びます❷。また、プルトニウムは天然には存在しません。原子炉内で生成され、使用済み燃料から再処理によって回収することができます❸。

核抑止力とは？

　東西冷戦の中心は、軍事的対立です。そして第二次世界大戦終結当時、原爆を保有するのはアメリカだけでした。その意味で、ソ連は軍事的劣勢に立たされていた

❶破壊力の大きい核兵器が製造され続けています。本書現代の政治テーマ7「第五福竜丸以前の原爆報道はどのようなものだったのだろうか？」で記述した核実験は、広島型原爆の約1000倍の水素爆弾を使用し、海底に直径約2キロメートル、深さ73メートルのクレーターができました。
❷濃縮作業とは、ウラン238を遠心分離機で分離、抽出して濃度を高める作業です。イランがそれをおこない、核兵器への転用可能な濃縮ウランの備蓄を増やしていることが、核不拡散条約に反するとされるのはこのような理由からです。国際原子力機関（IAEA）はウラン235が25kg、あるいはプルトニウムが8kgあれば核爆発装置が作成可能と考えています。
❸日本の原子力発電所の使用済み核燃料からもプルトニウムが出ます。日本が備蓄するプルトニウムは約46t（単純計算で原爆5700発分）もあります。さらに青森県六ヶ所村の再処理工場が全面稼働すれば年間約7tのプルトニウムが取り出されることになります。原発再稼働や新しい原発建設の議論から見落とされているテーマです。

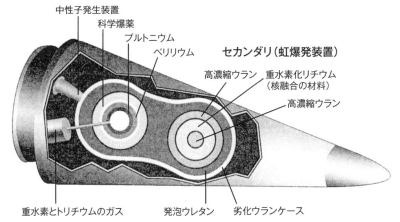

プライマリ（一時爆発装置）
中性子発生装置
科学爆薬
プルトニウム
ベリリウム
セカンダリ（虹爆発装置）
高濃縮ウラン　重水素化リチウム（核融合の材料）
高濃縮ウラン
重水素とトリチウムのガス　発泡ウレタン　劣化ウランケース

核弾頭の模式図
この模式図からプルトニウムやウランを「ぶつける」という説明がよくわかると思います。
（フランク・フォン・ヒッペル他（著）鈴木達治郎（監訳）冨塚明（訳）『核のない世界への提言―核物質から見た核軍縮―』
　法律文化社、2017年39頁）

わけです。その後、ソ連は核開発を急速に進め、1948年には核実験に成功します❹。
続いてイギリスが1952年、フランスが1960年、中国が1964年に原爆実験に成功、
それに並行して水爆実験も続き、東西冷戦のもとでの核開発競争がおこなわれてい
きます。
　さて、どうして核開発競争がおきるのでしょうか？　それは「核抑止論❺」が軍
事大国のあいだで支配的な考え方になっているからです。核抑止とは、核兵器を使
用しようとした時、自国も相手国から核兵器による報復攻撃を覚悟しなければなら
ず、そのため核兵器の使用を思いとどまるという論理です❻。双方に核の使用によ
る壊滅的な損害への恐怖が生まれ、それが「恐怖による平和」をもたらすとされた
のです。次頁の地図と表でわかるように、徐々にアメリカの「核の優位」は崩れ、そ
の後のミサイル開発競争になっていきます。
　この核抑止論は、現代でも安全保障における主要な考え方であり、北朝鮮がミサ
イル発射実験を繰り返す理由となっています。

❹予想外に早かったソ連の原爆開発成功に衝撃を受け、トルーマン米大統領は原子爆弾を上回る破
　壊力を持つ水素爆弾の開発を進める決定をしたといわれています。
❺核抑止はデタレンス（deterrence）、すなわち核兵器を使うぞといって「脅してやめさせる」とい
　う意味の「deter」を婉曲な日本語に訳したものとされています。
❻イギリスのチャーチル首相が述べた「恐怖の均衡」という言葉にもとづいています。

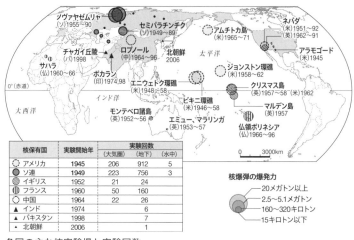

核保有国	実験開始年	実験回数		
		(大気圏)	(地下)	(水中)
◌ アメリカ	**1945**	206	912	5
● ソ連	**1949**	223	756	3
◍ イギリス	1952	21	24	
◫ フランス	1960	50	160	
◌ 中国	1964	22	26	
▲ インド	1974		6	
▲ パキスタン	1998		7	
▲ 北朝鮮	2006		1	

核爆弾の爆発力

- 20メガトン以上
- 2.5～5.1メガトン
- 160～320キロトン
- 15キロトン以下

各国の主な核実験場と実験回数

（Our World in Data より作成）

NPT再検討会議はなぜ重要なのだろうか？

　まず核不拡散条約（NPT）から説明しましょう❼。前述のように、核兵器保有国が増えたため核戦争勃発の危険性が増えました。また、原子力の民生利用（原子力発電など）が進み、注❸で示したように使用済み核燃料からの核物質や核燃料の軍事目的への転用が懸念されました。さらに、キューバ危機で世界は核戦争の可能性に直面しました。1968年、そのような理由を背景にNPTが締結されました。NPTは、(1)その時点で核兵器を持っていたアメリカ・ソ連（ロシア）・イギリス・フランス・中国の５カ国に核兵器を持つことを認めるかわりに❽、核軍縮の交渉に誠実に取り組むことを義務づけました。(2)他の締約国には核兵器をつくることや取得することを禁じています。これが「核不拡散」です。(3)締約国は、原子力発電所などの「原子力の平和利用」が認められています。この核軍縮、核不拡散、原子力の平和利用がNPTの３本柱です。

　NPT再検討会議は、５年ごとに締約国が集まる会議です。NPTで核兵器の保有が

---

❼本来ならば、核軍縮の歴史を説明したいところですが、字数の関係でできません。69頁の年表を参考にしながら米ソ（ロ）間の動きを調べてください。

❽このような意味で、NPTは核兵器を保有してよい国とよくない国に異なる義務を課す不平等条約です。そうした不平等性を緩和するために、核兵器保有国には核軍縮を誠実に交渉することを義務づけています。その意味で再検討会議では、核を持たない国は核保有国に軍縮をせまるべきでしょう。またそのため非核兵器国には原子力の平和利用を「奪いえない権利」として認めているわけです。

> **コラム　ミサイル開発競争**
>
> 　1960年代以降、ミサイルの開発競争がおきたのは、核兵器を運搬する（つまり敵地に落とす）手段として、当初は爆撃機と短距離ロケットしかなかったからです。その2つの運搬手段では、相手に脅威を感じさせられません。爆撃機は撃ち落とされる可能性があり、当時のミサイルの射程では、相手国の首都などへ脅威を与えることができないからです。そのため大陸間弾道ミサイル（ICBM）などの長距離ミサイル開発競争がおこなわれたのです。
>
> 　同時に核抑止論によると、相手国からの報復攻撃をおそれて攻撃をおこなわないのですから、先制攻撃で相手の報復能力を壊滅すればよいことになります。そのため相手のミサイル発射施設（地下のことが多い）へ正確に到達する精密性の競争もおきます。さらに、原子力潜水艦の存在がクローズアップされます。潜水艦発射弾道ミサイル（SLBM）はICBMより射程が短いものの、相手に気づかれることなく水中から接近し、近距離から核ミサイルを発射できるようになるからです。
>
> 　1962年のキューバ危機では、ソ連がキューバに配備する予定だったミサイルは最大射程約4000kmでした。このミサイルが配備されるとアメリカ本土のほぼ全域を攻撃することが可能になります。アメリカにとっては核抑止の根幹を揺るがすできごとです。そのため海上封鎖を含む、「全面核戦争一歩手前」の状態にまでなったのです。

認められている5カ国がきちんと核軍縮を進めているかどうかや、核兵器を持たない国が核兵器を持つことを防ぐ手立てが機能しているかなどをチェックします。つまり、NPTが実行されているかを検証する会議であり、その意味でNPTを支える重要な会議です。

　NPT発効から25年後の1995年に、条約を延長するかが検討され、一定の条件があるものの、条約の無期限延長が決定されました。2010年の会議では、オバマ米大統領による「核兵器のない世界」への機運が高まるなかで、「核兵器のいかなる使用も人道上、破壊的な結果をもたらすことを深く憂慮（ゆうりょ）する」と核兵器の非人道性が明記された核軍縮に向けた64項目の行動計画を柱とする最終文書が採択されました。2020年に予定されていた会議は、新型コロナウイルス感染症拡大のため2022年に延期されました。この会議は、ロシアによるウクライナ侵攻を巡る対立が会議に大きな影を落とし、最終日にロシアが反対❾したことによって最終合意文書が採択できないまま閉会しています。

---

❾最大の争点となっていたのは、ロシア軍が掌握し砲撃が相次いでいるウクライナ南東部のザポリージャ原子力発電所をめぐる扱いで、ロシアとウクライナやヨーロッパの一部の国のあいだで対立が続いていました。

INFとSTARTは
なぜ画期的だったのだろうか？

核軍縮のあゆみを振り返ってみよう！

　冷戦期、世界は絶えず全面核戦争の危機におびえていました。そして、人類絶滅の危機感から反核運動も始まります。発端は、第五福竜丸事件❶であり、日本から始まった原水爆禁止運動でした。

　さて、核軍縮のあゆみを簡単に振り返ってみましょう。1963年にアメリカ・ソ連・イギリスが部分的核実験禁止条約（PTBT）❷に調印しました。地下を除く大気圏内、宇宙空間および水中における核爆発を伴う実験を禁止しています。

　1968年には核拡散防止条約（NPT）❸が国連総会で採択され、1970年に発効します。条約では核保有国（アメリカ・ソ連〈ロシア〉・イギリス・フランス・中国）の他国への核兵器の譲渡禁止と核軍縮交渉が義務づけられています。また核非保有国の核兵器の製造・取得を禁止し、国際原子力機関（IAEA）による核査察の受け入れが義務づけられています。

　アメリカとソ連の戦略兵器の数と質を制限し、戦略兵器開発競争に歯止めをかけることを目的として、戦略兵器制限条約（SALT：ソルト）が調印されます。1972年調印のSALT Iは、弾道ミサイルと戦略的攻撃兵器の数量制限が中心でした。1979年に調印されたSALT IIは、戦略核兵器とその運搬手段の上限（両国ともに2250基）と質的な規制（MIRV化❹の規制）が定められました。

---

❶第五福竜丸事件については、本書現代の政治テーマ7「第五福竜丸以前の原爆報道はどのようなものだったのだろうか？」26 ～ 29頁参照。
❷1962年のキューバ危機で核戦争の危機に直面したアメリカとソ連が核実験の制限に合意し、イギリスも参加した条約です。「部分的」の意味は、地下核実験を除外しているからです。そのため、大国の核開発を抑止する効果は限定的でした。その後1996年、爆発を伴うすべての核実験を禁止する包括的核実験禁止条約（CTBT）が国連総会で採択されますが、アメリカと中国が批准しないなど発効の見通しはたっていません。キューバ危機と次の注❸のNPTについては、本書国際政治テーマ5「核抑止力とは？　また核不拡散条約（NPT）再検討会議はなぜ重要なのだろうか？」64 ～ 67頁参照。
❸フランス・中国は1992年にようやく加盟、インド・パキスタン・イスラエルは未加盟ながら核保有国です。また北朝鮮が2003年に脱退し、核開発を進めています。核拡散を防ぐ条約ですが、現実には核保有国の核軍縮は進んでおらず、事実上、国連安保理常任理事国が核兵器を独占することを認めたことになり、さらに非加盟国に対しての規制がないなどの批判があります。
❹MIRVとは、1つのミサイルに複数の核弾頭を装備し、それぞれが違う目標に攻撃ができる弾頭搭載方式です。しかしSALT IIは、ソ連のアフガニスタン侵攻などにより、アメリカが批准を拒否したため1985年に失効し、SALT体制は崩壊しています。

年・月	主な事項
1945・7	米、最初の原爆実験
8	広島（6日）、長崎（9日）に原爆投下
49・8	ソ連、最初の原爆実験
50・3	ストックホルム・アピール（世界平和委員会、核兵器禁止の訴え）
52・10	英、最初の原爆実験
53・8	ソ連、水爆実験
54・3	米、ビキニ水爆実験（第五福竜丸被害）
55・7	ラッセル・アインシュタイン宣言（核戦争による人類全滅の危険を警告）
8	第1回原水爆禁止世界大会（広島）
57・7	第1回パグウォッシュ会議（核兵器廃絶を目的とする世界の科学者の集まり）
60・2	仏、最初の原爆実験
63・8	米英ソ、部分的核実験禁止条約（PTBT）調印①
64・10	中国、最初の原爆実験
67・2	ラテンアメリカ核兵器禁止（トラテロルコ）条約（発効は68年）
68・7	核拡散防止条約（NPT）調印　（発効は70年）②
70・4	米ソ、戦略兵器制限交渉（SALT）　（72.5成立）
74・5	インド、最初の原爆実験
78・5	第1回国連軍縮特別総会開催
79・8	SALTII調印
82・6	米ソ、START（戦略兵器削減交渉）開始
85・8	南太平洋非核地帯（ラロトンガ）条約　（発効は86年）
87・12	米ソ、中距離核戦力（INF）全廃条約調印
91・7	米ソ、戦略兵器削減条約（START）調印③
92・3	中国、NPT加盟
・8	仏、NPT加盟
93・1	米・ロシア、STARTII調印
94・12	START発効（核軍縮の実質的始まり）
95・5	NPT無期限延長
・12	東南アジア非核兵器地帯条約（バンコク）調印
96・4	アフリカ非核兵器地帯（ペリンダバ）条約調印
96・9	包括的核実験禁止条約（CTBT）調印④
98・5	インド、続いてパキスタンが核実験
2002・5	米・ロシア、戦略攻撃戦力削減条約（SORT）調印
06・10	北朝鮮が核実験
09・9	安保理で「核兵器のない世界」をめざす決議を採択
10・4	米・ロ、新START調印
・5	NPT再検討会議で行動計画を採択
17・7	核兵器禁止条約採択
18・5	米、イラン核合意離脱
19・8	米・ロシア、INF全廃条約失効
21・2	米・ロシア、新START延長
23・2	ロシア、新STARTの履行停止を表明

軍縮と核兵器をめぐる
あゆみ

① 大気圏内外の空間および海中での核爆発実験が禁止されたが、地下核実験は対象外であった。

② 核兵器保有国の増加防止を目的とし、核保有国から非核保有国への核兵器や核開発技術の移転を禁止する。核保有国の核兵器を合法化し、非核保有国とのあいだの差別を固定化するものとの批判が強い。

③ 米ソ両国が戦略核弾頭数の上限を定めるとともに、戦略核兵器の削減を決めた画期的な条約。

④ 部分的核実験禁止条約では除外されていた地下核実験を含め、すべての核実験を禁止する条約。

これまでの条約とINF、STARTはどこが異なるのだろうか？

前項では、代表的な核軍縮条約を説明しましたが、たとえばSALTは、アメリカとソ連が核兵器とその運搬手段の「上限（＝この数までは持ってよい）」を定めた条約でした。それに対して中距離核戦力（INF）全廃条約と戦略核兵器削減条約（START：スタート）は、「全廃（＝すべてなくす）」「削減（＝この数まで減らす）」する取決めです。その点が「画期的」だったのです。

INF全廃条約は、1987年に調印、1988年に発効します。同条約は、射程が500～5500kmの地上発射型の弾道ミサイルおよび巡航ミサイル（搭載される弾頭が核

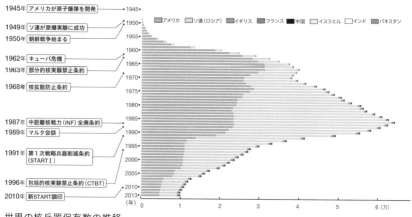

1945年	アメリカが原子爆弾を開発		1945
1949年	ソ連が原爆実験に成功		1950
1950年	朝鮮戦争始まる		1955
			1960
1962年	キューバ危機		1965
1963年	部分的核実験禁止条約		1970
1968年	核拡散防止条約		1975
			1980
1987年	中距離核戦力(INF)全廃条約		1985
1989年	マルタ会談		1990
1991年	第1次戦略兵器削減条約(START I)		1995
			2000
			2005
1996年	包括的核実験禁止条約(CTBT)		2010
2010年	新START調印		2013

凡例:アメリカ／ソ連(ロシア)／イギリス／フランス／中国／イスラエル／インド／パキスタン

世界の核兵器保有数の推移
核兵器はずいぶん少なくなった印象を持つかもしれませんが、まだ「1万発」を超えています。
(Bulletin of the Atomic Scientists vol.69より作成)

弾頭であるか通常弾頭であるかは問わない)を3年以内に全廃することを定めています。条約の履行期限である1991年6月1日までに、アメリカとソ連であわせて約2700基のミサイルが廃棄されました⑤。INF全廃条約は、アメリカとソ連が特定のカテゴリーの兵器だけにせよ「全廃」に合意した歴史的な条約であり、冷戦終結への重要な布石となりました。また、現地査察⑥などを含む詳細な検証メカニズムを導入し、その後に続く軍備管理・軍縮の検証制度に先鞭をつけた条約でした。

1991年に調印、1994年に発効した第1次戦略兵器削減条約(START I)は、保有する戦略核弾頭数を6000発までに削減することなどが規定されていました⑦。2001年、アメリカとロシア両国は、START I にもとづく義務の履行完了を宣言しています。この結果、アメリカとロシアの戦略核弾頭数は冷戦期の約60%となりました。START I の発効前の92年には、アメリカとロシアのあいだで第2次戦略兵器削減条約(START II)の基本的枠組みが合意され、93年には戦略核弾頭数を2003年1月までに3000〜3500発以下に削減すること、そのうちSLBMに装着される核弾頭数を1700〜1750発以下にすること、さらにICBMを単弾頭にする(具

⑤条約の対象は地上配備の中距離ミサイルのみであり、海洋配備や爆撃機搭載のものは含まれていません。2019年2月、トランプ政権はロシア側の条約不履行を理由に条約破棄をロシアに通告し、ロシアも条約履行義務の停止を宣言したため、同年8月に失効しています。
⑥この条約では、INFの破壊を確認するため、たがいに軍隊の装備を査察することが許されました。敵対国の軍人を基地内に入れてチェックさせるなど、冷戦下では考えられない行為です。
⑦その他、両国が配備する大陸間弾道ミサイル(ICBM)、潜水艦発射弾道ミサイル(SLBM)および重爆撃機の運搬手段の総数を、条約の発効から7年後にそれぞれ1600基(機)へ削減することが規定されています。また同条約は、ロシアの保有している重ICBM(多弾頭化されたICBMのことです)の上限を154基としました。

体的には、多弾頭ICBMおよび重ICBMを全廃する）などを規定したSTART IIが署名されました❽。

　ここまでの説明で、INFとSTARTが「画期的」な条約だったことがおわかりになったことと思います。ただし、アメリカとロシアのあいだで唯一残る核軍縮協定である新STARTは、ロシアのウクライナ侵攻を発端にして査察や協議の拒否などが続き、新STARTが期限切れを迎える2026年以降に、新たな核軍縮条約が結ばれるかについては不透明になっています❾。

コラム　核兵器禁止条約

　2017年7月、国連総会において核兵器禁止条約が採択され、各国の批准が進み、2021年1月22日に発効しました。

　条約の前文では、「あらゆる核兵器の使用から生ずる壊滅的で非人道的な結末を深く憂慮し、したがって、いかなる場合にも核兵器が再び使用されないことを保証する唯一の方法として、核兵器を完全に廃絶することが必要であることを認識し」、「あらゆる核兵器の使用は、武力紛争の際に適用される国際法の諸規則、特に国際人道法の諸原則及び諸規則に反することを考慮」することなどが記され、国際人道法の視点からの「核廃絶」が示されています。この条約は、核兵器の開発、実験、製造、備蓄、移譲、使用、さらに威嚇としての使用などを禁止することに法的拘束力を持たせ、核兵器に関して総合的な廃絶をめざしています。ただし、原子力の平和利用については対象としていません。

　この条約の推進には核兵器廃絶国際キャンペーン（ICAN：アイキャン）が大きく関わり、その功績から2017年にノーベル平和賞を受賞しています。ICANがノーベル平和賞を受賞した際に、授賞式でサーロー節子さんが演説しました。サーローさんは、13歳の時に広島で被曝し、大学卒業後にアメリカへ留学して世界各地で被曝体験を語り、多くの外交関係者などの心を動かしたといわれています。国連本部で核兵器禁止条約が採択された時には、会場で満場から拍手を受けていました。

　日本政府は、人道的立場から核兵器に反対するが、北朝鮮の核兵器開発や使用の脅威があるなかで、アメリカの核兵器によって守られている現実があるという理由から、ただちに核兵器を禁止することは安全保障上認められないため批准しないと説明しています。しかし、日本は戦争で核兵器による被害を受けた唯一の国であり、核兵器禁止条約の批准を求める声が内外に強くあります。

---

❽アメリカは1996年に批准しましたが、ロシアは批准しませんでした。1997年にはSTART IIの発効後に両国の核弾頭数を2000〜2500発にすることなどを内容とするSTART IIIの交渉開始を合意しましたが、START IIが発効しなかったため、START IIIの交渉は進展しませんでした。その後、2002年にモスクワで戦略攻撃力削減条約（モスクワ条約、SORT）が調印されたり（2003年発効）、2009年に失効したSTART Iの後継条約となる新START（2010年調印、2011年発効、また2021年に5年間延長）などが締結されたりしています。

❾ロシアのプーチン大統領は、たびたび「（核戦争がおこる）脅威は増している」と、ウクライナでの「核使用」をちらつかせています。ウクライナでの苦戦が続くことから、国際社会ではロシアが核兵器の使用に踏み切るのではないかとの懸念は消えていません。

アメリカは、なぜベトナムから 撤退したのだろうか？

ベトナム戦争前のベトナムは？

　19世紀後半から、インドシナ半島（ここでは現在のベトナム・カンボジア・ラオスと考えてください）は、フランスの植民地でした。第二次世界大戦でフランスがドイツに降伏したことを受け、1940年9月に日本軍は北部仏印❶に、ついで41年7月に南部仏印に進駐しました。

　現在のベトナムにあたる地域では、ホー＝チ＝ミン❷が日本の占領下でベトナム独立同盟（ベトミン）を組織して抵抗運動を続け、日本降伏後の1945年9月2日にハノイでベトナム民主共和国の独立を宣言します。しかしフランス

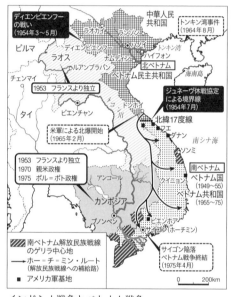

インドシナ戦争とベトナム戦争

は独立を認めず、1949年にベトナム国を発足させ、ベトナム民主共和国と交戦状態になります❸。しかしフランスは、1954年のディエンビエンフーの戦いで大敗北を喫し、同年にジュネーヴ休戦協定❹を結んでインドシナから撤退し❺、フランスのベトナム（インドシナ）支配は終わりを告げました。

---

❶日本ではフランス領インドシナ連邦を「仏印」と呼んでいました。
❷ベトナムの独立運動の指導者であり、ベトナム戦争では北ベトナムを率いて勝利に導いたことから、ベトナムでもっとも敬愛されている指導者です。1911年にヨーロッパに渡り、1919年のヴェルサイユ講和会議では、ベトナムの自由を訴えました。パリでマルクス主義者のグループに加わり、グエン＝アイ＝クォック（阮愛国）の名でフランス共産党の創立大会（1920年）に参加します。コミンテルンの指示によって中国の広東に渡り、1925年に広東でベトナム青年革命同志会を組織しました。1930年、中国でベトナム共産党の結成に関わります。1940年、日本軍の北部仏印進駐を受けベトナムに戻り、1941年5月、ベトナム独立同盟を結成しました。
❸第1次インドシナ戦争、またはインドシナ戦争と呼んでいます。

　ジュネーヴ協定に調印しなかったアメリカは、フランスにかわってアジアの共産化阻止を掲げます⑥。そして1955年には東南アジア条約機構（SEATO：シアトー）を結成して介入を強め、親米の南ベトナム共和国（ゴ＝ディン＝ジェム政権）を樹立しました。それに対して北ベトナムは南ベトナムの武力解放の方針を決定し、1960年、南ベトナム解放民族戦線（ベトコン）を結成します。1961年、アメリカ大統領に就任したケネディが南ベトナムへの積極的な軍事支援を開始し、南ベトナムではベトコンとアメリカ軍の小規模な衝突が始まっていきました⑦。

ベトナム戦争の経緯は？

　その後、アメリカの派遣兵力は1969年には54万人にふくれあがり、ベトナム全土を戦場として泥沼化していきました。アメリカ軍はベトコンのゲリラ戦術に悩まされます。そして後述するように、1968年頃からアメリカ国内や世界各地でベトナム反戦運動が盛り上がると同時に、戦争の正当性に対する疑問がアメリカ内外でおこっていきました。

　1969年に就任したニクソン大統領は、ベトナム反戦運動の高まりのなかでベトナムからの撤兵を決定します⑧。その後、1973年1月27日、ベトナム和平協定が締結され、アメリカ軍は撤退します。和平協定締結後も南ベトナムではサイゴン政権とベトコンの戦闘は続きますが、1975年4月30日に首都サイゴンが陥落して南ベトナム政府は崩壊し、南北統一とベトナムの独立が実現しました。

アメリカがベトナムから撤退した理由は？

　アメリカがベトナムから撤退した理由を、ここでは大きく2点にわけて説明したいと思います。

---

④関係9カ国が締結した協定です。ベトナムに関する主な内容は、(1)北緯17度線を暫定的な休戦境界線とする、(2)休戦境界線は国境ではない、(3)1956年、国際委員会の管理下で南北統一選挙を実施し、統一ベトナム政府を樹立することなどでした。
⑤1953年、ラオスとカンボジアもフランスから独立します。
⑥アメリカはベトナムの共産化は東南アジア全体の共産化につながっていくという「ドミノ理論」を根拠として介入していきます。
⑦ベトナム戦争は「宣戦布告なき戦争」でした。そのため開戦時期については諸説あります。ベトナム戦争を「米軍と北ベトナム（ベトコンも含む）の本格的な戦争」ととらえるならば、「北爆（米軍による北ベトナムへの大規模爆撃）」の本格化とアメリカ地上軍20万人が南ベトナムのダナンに上陸した1965年を、ベトナム戦争の開始とすることが一般的だと思います。
⑧ただし、アメリカは停戦協定を有利に進めるため、1970年にホー＝チ＝ミン・ルートの遮断を目的にカンボジアに侵攻し、さらに1971年にはラオス愛国戦線（パテト・ラオ）の勢力拡大を阻止するため、ラオスに空爆をおこなっています。その状況から考えると、1972年のニクソン訪中や続く訪ソも、ベトナムを支援する両国からベトナムの孤立化をはかったとみることもできます。このあいだもニクソンは和平交渉を有利に進めようと、北爆を激化させています。

1点目は、軍事費の増大も問題ですが、アメリカ軍の海外派遣（最大の海外派遣がベトナムへの派遣）によるドル流出が巨額になったため、金ドル本位制の維持が困難になってきたことです。もともと冷戦構造のなかで、アメリカの軍事費は増大を続けていました❾。右の図のようにベトナム戦争の拡大により国防費（軍事費）が増えていき、財政収支を悪化させることはドルの信用度を下げることになります。しかしそれ以上に問題となるのは、50万人以上（世界のア

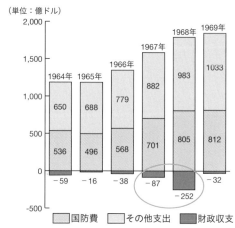

（単位：億ドル）

ベトナム戦争の戦費とアメリカ財政
グラフから、1965年の本格介入から国防費（軍事費）が伸びているだけでなく、68年をピークに財政赤字が深刻化していくことも読みとれます。
（油井大三郎『世界史リブレット　ベトナム戦争に抗した人々』より作成）

メリカ軍基地を入れると100万単位）のアメリカ兵がベトナムにいることはドル流出を進め、ドル不安やドル危機の要因となることです。このことは、戦後国際経済を支えてきた金ドル本位制の崩壊を意味しますので、なんとしても避けたいと考えるのは当然です❿。

　2点目は国内外の世論です。1968年当時、世界では若者を中心とした社会運動がわきおこっていました。新しい社会運動はニューレフト（新左翼）と呼ばれ、中国の文化大革命への共感、社会的なマイノリティへの着目など、国境線を越えた共通点がありました⓫。このような若者たちの運動の1つとしてベトナム戦争への批判が始まるのです。それはアメリカ国内でも同じでした。特に、1967年10月21日の「国際反戦デー」では、ワシントンで大規模な反戦集会が開かれ、デモ隊が国防総省（ペンタゴン）を包囲しました。当時のジョンソン政権は、警察・州兵・空挺部隊まで動員してデモ隊を排除します。いわゆる「10・21ペンタゴン大行進」と呼ばれる行動です。さらに学生らはみずから徴兵カードを燃やし、徴兵を拒否するように

❾軍事費などの増大がアメリカの財政を圧迫していた点については、本書国際政治テーマ8「アメリカとソ連は冷戦をなぜやめたくなったのだろうか？」76〜79頁参照。
❿詳細は本書国際経済テーマ3「IMF体制（固定相場制）はどのように設立されたのだろうか？」182〜187頁参照。
⓫アメリカの公民権運動やウーマン・リブ、日本も含めた大学紛争、チェコスロバキアの「プラハの春」などもその1例です。

沖縄の嘉手納基地からベトナム爆撃（北爆）に向かうB52

返還前とはいえ、このような出撃を目の前にした人々は、日本がベトナム戦争に加担していると考え、ベトナム戦争反対闘争を繰り広げます。1960年代後半に日本では、学生運動が広がりましたが、そのテーマの1つが「反戦」でした。

ベトコンに内通していたとされた村に火を放つアメリカ兵

このような写真の他にも、南ベトナム政府軍の将校が、ベトコンの捕虜を射殺している映像などが世界を駆けめぐりました。

なっていきました。

　またベトナム戦争は「宣戦布告なき戦争」でしたので、報道は比較的自由でした。そのため衝撃的な映像や写真が報道され、世界に大きなショックを与えます。その報道により、アメリカ世論はそれまでの「この戦争は、アジアの共産化を防ぐための正しい戦争である」という支持から、「戦争の大義」に疑問を持つだけでなく「ベトナム戦争反対」に変わっていくのです⑫。

　このように経済的にも政治的にも、アメリカはベトナム戦争を続けていくことはできなくなり、撤退へと追い込まれていくのです。

　大国アメリカが東南アジアの小国ベトナムに事実上敗れたことは、国際社会におけるアメリカの政治・経済的影響力を低下させます。同時に、1960年の「アフリカの年⑬」以来、新興国が増加し第三世界の発言力が強まっていくと、それまでのアメリカとソ連中心の東西冷戦の時代から、「多極化」と呼ばれる新しい時代へと移行していくのです。

---

⑫1969年11月に、南ベトナムのソンミ村でアメリカ軍が民間人約500人を虐殺した事件が報道され、大きな衝撃が走りました。多くのベトナム帰還兵が虐殺を証言、ジェノサイドの疑いが深まるとともに、帰還兵のPTSD（精神的後遺症）も深刻となりました。さらに6月13日には、ニューヨークタイムズが国防総省の機密文書『ペンタゴン・ペーパーズ』をスクープして、歴代政権のベトナムへの不当介入が明らかにされ、ニクソン政権は窮地に追い込まれていきました。
⑬1960年、アフリカに17カ国もの独立国が誕生しました。そのことから1960年は「アフリカの年」といわれています。

アメリカとソ連は冷戦を
なぜやめたくなったのだろうか？

冷戦（冷たい戦争）とは？

　まず、「冷戦」を定義しましょう。冷戦とは、武力による戦争を「Hot War（熱い戦争）」と呼ぶのに対し、武力衝突には至りませんが、アメリカとソ連が激しく対立する国際的な緊張状態（にらみ合い）を「Cold War」と呼び、その直訳です。資本主義と社会主義というイデオロギーの対立でもあります❶。

　第二次世界大戦では、同じ連合国側だったアメリカとソ連ですが、徐々に対立を深めるようになります。ソ連は、ドイツから解放された東欧諸国（ポーランド・ハンガリー・ルーマニアなど）で社会主義政権の樹立を支援し、自国の勢力圏を拡大させていきました。それに対して、アメリカは「マーシャル・プラン（ヨーロッパ経済復興援助計画）」を発表して、戦争で疲弊したヨーロッパ諸国に経済援助をすることで❷、ソ連の影響力の拡大を阻止しようとしました。こうして、西側の資本主義陣営と東側の社会主義陣営とが敵対するようになっていきました。

　東西冷戦が「Hot War（熱い戦争）」になった代表例は、朝鮮戦争とベトナム戦争です。朝鮮半島は第二次世界大戦後、北緯38度線を境にアメリカとソ連により分割管理されたあと、大韓民国（韓国）と朝鮮民主主義人民共和国（北朝鮮）の南北2国家にわかれました。1950年に朝鮮戦争が勃発し（この戦争がHot Warです）、1953年には休戦協定が結ばれますが、南北の分断は続いています。ベトナムでは、宗主国フランスの撤退後、南北ベトナムで内戦が始まり、アメリカが介入します。しかし、1973年にアメリカ軍が撤退すると南北は統一されました❸。

　この他、1962年におきた「キューバ危機」では、核戦争の一歩手前まで事態は緊迫しました❹。キューバ危機のあと、いわゆる「デタント（緊張緩和）」の時代もありましたが、1979年に内戦が続いていたアフガニスタンに親ソ政権が成立する

---

❶一般的には、戦後のヨーロッパについて話し合いが持たれたヤルタ会談（1945年2月）で始まり、後述するブッシュ米大統領とゴルバチョフソ連書記長が冷戦終結を宣言したマルタ会談（1989年12月）で終結したとされています。
❷直接的な表現ですが、「この援助を受けるならばソ連側につくな」という意味を持っていました。
❸ベトナム戦争については、本書国際政治テーマ7「アメリカは、なぜベトナムから撤退したのだろうか？」72〜75頁参照。
❹キューバ危機については、本書テーマ国際政治5「核抑止力とは？　また核不拡散条約（NPT）再検討会議はなぜ重要なのだろうか？」67頁コラム参照。

と、ソ連は軍事侵攻し、親ソ政権を支持します。これにアメリカは強く反発して、第
2次冷戦（第二次冷戦）が始まりました。

> **コラム　ベルリンの壁**
>
> 　東西冷戦の象徴は「ベルリンの壁」でしょう。第二次世界大戦後のドイツは、アメリ
> カ・イギリス・フランスとソ連の共同管理下におかれ、ベルリンも4分割されて占領さ
> れていました。「マーシャル・プラン」以来、東西冷戦は深刻となり、1948年にソ連が
> ベルリン封鎖に踏み切り（112頁注❶参照）、事実上ドイツは東西に分裂します。1949
> 年9月7日に西側管理地域にドイツ連邦共和国（西ドイツ）が成立、対抗して10月7日
> にソ連管理地域にドイツ民主共和国（東ドイツ）が成立し、ドイツは分断国家となりま
> した。そして1961年、東ドイツは自国民が西側に亡命するのを防ぐため、西ベルリンを
> 取り囲む壁＝「ベルリンの壁」を築いたのです。壁の建設後も、その壁を乗り越えよう
> とした東ドイツ市民もいましたが、多くは射殺されその犠牲者は136人にのぼっていま
> す。ソ連のペレストロイカなどの影響を受けて、1989年10月頃から東ドイツ市民は反
> 政府デモをするようになり、ついに11月9日の夜、「ただいまをもって東ドイツの国民
> は自分の好きな所へ旅行してもよくなった」との発表をきっかけに、ベルリンの壁が崩
> 壊したのです。

冷戦をやめたい理由　―アメリカ―

　1960年代からアメリカは財政悪化が進みます。主な原因は、(1)冷戦下で同盟国、
特に独立したばかりの発展途上国への経済援助を増やし続けたこと、(2)特に1965
年からのベトナム戦争への出費が増大したこと、(3)ジョンソン大統領が「偉大な社
会」を掲げ、社会保障費を増大したことの3点があげられます。そのうち(1)と(2)の
2点は「冷戦」が要因です。

　さらに1980年代に入ると、アメリカは「双子の赤字」と呼ばれる貿易収支の赤
字と財政赤字を抱えます。貿易収支の赤字化は第1次石油危機後の1976年から常
態化しますが、急拡大するのはレーガン大統領時代の1982年からであることが次
頁のグラフから読みとれます。特に1982年はマイナス経済成長にもかかわらず貿
易赤字が拡大しています。さらに1984年には貿易赤字が1000億ドルを突破し、
1987年には1596億ドルと戦後最悪を記録しました。1988年から貿易赤字は減少
しますが、それでも1000億ドルを下回るのは90年になってからでした❺。またレ

---

❺ 1982年以降、貿易収支と同じく経常収支も赤字が続きますが、1991年に37億ドルの黒字になり
　ます。これは、中東諸国や日本などが湾岸戦争への資金協力として、アメリカに438億ドル支払
　ったためです。しかし、経常収支の赤字化が常態化したため、1980年に3608億ドルを記録した
　アメリカの対外純資産は、1986年に362億ドルのマイナスになり、戦後はじめてアメリカは純債
　務（借金）国に転落しました。

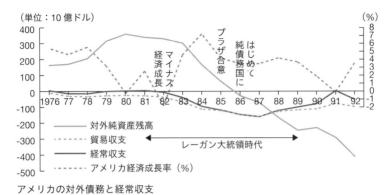

（単位：10億ドル）

（％）

プラザ合意
純債務国に
はじめて
経済成長
マイナス

レーガン大統領時代

対外純資産残高
貿易収支
経常収支
アメリカ経済成長率（％）

アメリカの対外債務と経常収支

（経済産業省資料などより作成）

ーガン大統領は、経済政策では新自由主義を採用し、「小さな政府」を掲げて減税や規制緩和を進めますが、一方で「強いアメリカ」の再現を掲げて軍事費を増大し、巨額の財政赤字を招きます。この「双子の赤字」に象徴されるアメリカ経済を救うために、1985年にプラザ合意❻がなされると、レーガン大統領も対ソ強硬路線の修正（＝軍事費の削減）をよぎなくされます。つまり、ソ連との対立（＝冷戦）どころではなくなってしまったのです。そこにソ連でもゴルバチョフが登場し、マルタ会談につながっていくのです。

| コラム | アメリカの貿易赤字の原因は？ |

　レーガン時代の貿易赤字の原因は「ドル高」です。レーガンが大統領に就任した1981年のインフレ率は10.3％と前年の13.6％に続き2桁でした。そのため、アメリカの中央銀行にあたるFRBがインフレ抑制のために高金利政策をとったため、世界の資金がアメリカに集まりドル高現象がおきました。さらにレーガン大統領は、大規模減税と軍事費増大を実施したため財政収支を悪化させます。アメリカはこの財政赤字を海外資金（アメリカ国債の国外消化）でまかなおうとして、高金利政策をとったこともドル高を進めます。急激なドル高の結果、輸出は停滞し輸入が急増して、大幅な貿易赤字につながったのです。プラザ合意により、1986年以降ドル高は急速に修正されますが、貿易赤字拡大のスピードが止まるのは2年後の1988年に入ってからです。為替レートが変化しても貿易収支が変化するまで結構時間がかかるのです。

❻詳しくは、本書現代の経済テーマ9「バブル経済の原因がプラザ合意だといわれるのはなぜだろうか？」156～161頁参照。

冷戦をやめたい理由　―ソ連―

　一方のソ連も軍事費の負担に苦しみま
す。1980年代、ソ連はアメリカとの軍備
拡張競争のために、国内総生産（GDP）
の約4分の1を軍事費にあてていました
❼。またその頃、重要な外貨獲得手段だ
った原油価格が低下しはじめます。さら
に、ソ連は世界的な技術革新の流れから
取り残されたことで、経済は停滞し、生
活物資まで不足するようになります。つ
まりアメリカ同様、対立（＝冷戦）どこ
ろではなくなってしまったのです。この
ような状況のなかで、1985年にゴルバ
チョフ❽が共産党書記長に就任します。
ゴルバチョフは「新思考外交」と呼ばれ
る外交を展開し、アメリカを含む世界の
国々との共存をめざし、軍事費を縮小し
ていきます。この「新思考外交」がマル
タ会談につながっていくのです。

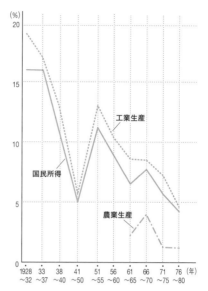

ソ連の経済成長率
ソ連の経済成長や工業生産の伸びは1950
年代前半をピークとして下降していること
が読みとれます。
（宮崎犀一ほか編『近代国際経済要覧』より作成）

冷戦の終結　―マルタ会談―

　1989年12月、ブッシュ米大統領とゴルバチョフソ連共産党書記長が、地中海の
マルタ島沖で会談をおこない「冷戦の終結」を宣言しました。こうして第二次世界
大戦後、約半世紀にわたって世界を支配してきた「冷戦」は終わりを迎えたわけで
す。

　ここまでの説明で、アメリカ（資本主義）は冷戦当初に比べ経済力が弱まり、ソ
連（社会主義）も経済効率などの面で経済が自壊していて、1980年代には社会主
義対資本主義というイデオロギー対立の図式は維持できなくなっていたことがおわ
かりになったと思います。

❼ソ連は国防費以外の予算項目にも軍事費が含まれているため、実際には予算全体の半分程度、
　GDPの約4分の1が国防費だったといわれています。
❽ゴルバチョフについては、本書国際政治テーマ9「ソ連はなぜ崩壊したのだろうか？」80～83頁
　参照。

ソ連はなぜ
崩壊したのだろうか？
―ゴルバチョフとエリツィン―

ゴルバチョフの登場

　1982年11月にソ連共産党書記長のブレジネフが死去し、アンドロポフが書記長に就任しました。アンドロポフは自身と同じ改革派であるゴルバチョフを側近とします。1984年2月にアンドロポフが死去すると、アンドロポフによる後継指名にもかかわらず、ゴルバチョフは書記長に選出されませんでした。53歳のゴルバチョフは若すぎて経験不足であること、また改革派すぎることが理由だったといわれています。かわりにチェルネンコが新書記長に選出されますが、病弱であったため翌年3月に死去、その死去を受けてゴルバチョフは書記長に就任します。54歳という若い最高指導者の登場でした。

　他のテーマで説明してきましたが、少なくとも1970年代以降、ソ連は世界的な技術革新の流れから取り残されたことで経済は停滞し、生活物資まで不足するようになります。さらに、東西冷戦下で軍事費が財政を圧迫します。そのため、書記長になったゴルバチョフの最初の仕事は、崩壊寸前だったソ連経済の再生でした。そして経済改革を進めるために、共産党そのものの抜本的な改革から着手します。それが「ペレストロイカ❶（「再建」「建て直し」）」であり、「グラスノスチ❷（「情報公開」）」でした。

　ゴルバチョフの改革は、1987年のINF全廃条約の締結・冷戦の終結・中ソ国交正常化など国際面では成功したといえます❸。しかし国内、特に経済面では、社会主義体制を維持しようとする保守派の抵抗もあり、市場経済への移行は中途半端とな

❶ソ連国内では言論の自由・情報公開・複数政党制などを進め、市民の権利と自由が保障されました。対外的には、デタントと軍縮の新思考外交を展開しました。
❷1986年のチョルノービリ原発事故で、ソ連共産党などではびこっていた官僚主義などのために、ゴルバチョフのもとに情報が届かなかったことが発端とされています。ペレストロイカと表裏一体をなし、秘密主義を廃止して、開かれた政治や経済を展開しようとしたことを指します。
❸一連のゴルバチョフがおこなった外交理念を「新思考外交」と呼びます。INF全廃条約については、本書国際政治テーマ6「INFとSTARTはなぜ画期的だったのだろうか？」68～71頁参照。また冷戦の終結については、本書国際政治テーマ8「アメリカとソ連は冷戦をなぜやめたくなったのだろうか？」76～79頁参照。

ります。そのため、それまで曲がりなりにも国内の物資を流通させてきたサプライチェーン④が切れ、食料などの生活必需品までが品不足となり、国民の生活がおびやかされる状況になってしまいます。また、1990年にはGNPの対前年比伸び率がマイナス2％と戦後はじめてマイナス成長となり、91年にはマイナス17％まで落ち込みました。さらに、財政赤字が急増し通貨を乱発したことによって、インフレが限界まで高まりました。そのなかで1991年、バルト3国の独立宣言などに対してゴルバチョフは「新連邦条約」締結で事態を収束しようとしました。しかし保守派は、その条約がソ連解体の第一歩となることをおそれ、同年8月にゴルバチョフの排除＝クーデタをおこします。

コラム **「書記長」は、なぜ政治のトップなのだろうか？**

なぜソ連では、共産党の「書記長」が政治のトップなのでしょうか？　大前提として、ソ連（だけでなく、ほとんどの社会主義国）においては、憲法で「共産党の指導的役割」が明記されていて、議会の議長や行政府の長より共産党の指導者が最高権力者となっています。さらに、ソ連共産党の初代書記長であったスターリンが最高権力者となったことで、結果的に書記長が共産党（国家）のトップとなったのが由来といわれています。1922年にスターリンが書記長になると、書記局がソ連共産党の人事権を握るようになり、共産党の決定に深く関わるようになりました。その結果、書記局はソ連共産党の最上位の組織になり、書記局の「長」である書記長が最高権力者となったのです。

エリツィンの登場

エリツィンは、アンドロポフ時代に頭角を現わし、ゴルバチョフ政権下ではモスクワ市第1書記となり、急進的改革派といわれていました⑤。その後1991年、ロシア共和国（当時はまだソ連を構成する1つの共和国です）の直接選挙で大統領に選出され、バルト3国同様、ロシアも国家主権を宣言します。そして前述したように、「新連邦条約」調印の前日（1991年8月19日）に保守派がクーデタをおこしました。クリミアの別荘で休養中だったゴルバチョフを病気として軟禁、国の統一と秩序の回復を訴えて全権掌握と非常事態をテレビで布告、モスクワには戦車部隊を展開しました。しかしこのクーデタは失敗します。

---

④サプライチェーンとは、製品の原材料や部品の調達・製造・在庫管理・配送・販売・消費までの一連の流れのことをいいます。ソ連は社会主義国でしたから、中央の計画機関が資財、資金、労働力の配置計画を立てて、その計画に従って生産などがおこなわれていました。具体的には、「○○共和国で採掘された石炭と△△自治共和国で採掘された鉄鉱石を◇◇共和国の製鉄所に運び…」などのように生産していたのです。しかし中央の指導力が弱くなったり、統一経済圏が崩壊したことにより、各部門や共和国・地域間の関連が崩れて生産力が急激に落ちていきました。
⑤1987年には、改革が緩慢すぎるとゴルバチョフを批判して解任されています。

クーデタの阻止を訴えるエリツィン
本文に書いたように、まさしく「戦車の上から演説する」エリツィンの写真です。
核保有国でクーデタがおきたことに世界は衝撃を受けました。

　19日昼、ロシア最高会議ビルに軍の戦車が近づいてくるとエリツィンは外に出て、戦車の上から「合法的な連邦大統領が失脚させられた。これは右翼反動勢力による非合法なクーデタだ」と演説をおこないました。この呼びかけに反応して、翌20日夕方には数万人の人々が最高会議ビルの周囲に集まり、国際社会もエリツィンに呼応して非常事態委員会は認めないとの厳しい態度を明らかにしました。モスクワでの抵抗が各地に広がるだけでなく、軍や治安部隊が命令を拒否する事態も相次ぎ、軟禁されていたゴルバチョフがモスクワに戻り、クーデタの参加者が逮捕され、わずか3日でクーデタは失敗に終わりました。

　その後、エリツィンはゴルバチョフにせまり、ソ連共産党を解党させ、同年12月、ロシア・ウクライナ・ベラルーシの3国で独立国家共同体（CIS）を創設してソ連を解体しました。ロシア共和国はロシア連邦と改称し、エリツィンは初代大統領としてロシア連邦の資本主義化、特に国営企業の民営化などを進めます。しかし、1992年だけで2600％というインフレが進行し、国民生活を圧迫してエリツィン改革に対する反発も強まります⑥。たびたび健康不安説が飛びかいますが、1999年にプーチンを後継者として指名し、政界から引退しました。

　以上のように、ソ連崩壊はゴルバチョフが引き金を引き、エリツィンが幕を引いたといえるでしょう。

コラム　ゴルバチョフは親日家？

　ゴルバチョフ大統領（このコラムでは「ゴルビー」の愛称で呼びます）は再三、日本を訪問しています、特に、政界引退後は各種団体やマスコミなどの招きで頻繁に来日し、テレビ番組への出演、地方都市や大学などで講演をおこなっています。「徹子の部屋」に出演していた時は度肝を抜かれました。

　ちなみに筆者は「一度でよいからゴルビーと握手したい」と思い、各地でゴルビーの「追っかけ」をしていました。ある講演会場ではゴルビーが退出する際、あと数メートルまで近づけましたがSPにあいだに入られてしまいました。それが一番近づけた時でした。また東急ハンズで、「ゴルビー人形」を買いました。いまでも大事に保存しています。

　2022年8月30日、死去。ソ連改革の指導者として、さらに冷戦終結の立役者（ノーベル平和賞を受賞しています）として、西側諸国ではきわめて高い評価を受けました。しかし、ソ連崩壊とその混乱の政治的・経済的責任により、ロシア国内での評価は低いものでした。

ゴルビー人形
「スーツを着たゴルビー」「革ジャンを着たゴルビー」「Gジャンを着たゴルビー」の3種類ありましたが、「Gジャンゴルビー」にしました。

❻賃金や年金などは増加しましたがインフレに追いつかず、特に年金生活者などが深刻な影響を受け、国民の生活水準は大幅に低下しました。国民の不満が高まり、賃上げストや反政府デモが頻発しました。また、財政・金融の引締め政策の結果、投資が前年の半分近くまで落ち込むと同時に、企業間や銀行への負債が急増し、1992年3月末には7800億ルーブル、7月末には3兆ルーブルに達しました。このため多くの企業が資金不足に陥り、倒産や生産縮小などに追い込まれていきます。このことは購買力の減少とあいまって、さらに生産の低下に拍車をかけ、1992年上半期の生産国民所得は対前年比で18％、鉱工業生産は13.5％減少しました。

冷戦終結後、地域・民族紛争が多くなったのはなぜだろうか？

冷戦終結で紛争の「重し」がとれた？

　冷戦終結後、地域・民族紛争が増えた理由をいくつか説明します。

　右のイラストをみてくだ
さい。ソビエト連邦（ソ連）
では、言論や結社の自由は
認められていませんでした
し、政党選択もできません
でした。つまり「全体主義」
だったわけです。ゴルバチ
ョフが進めたペレストロイ
カ（建て直し）とグラスノ
スチ（情報公開）により、
その「全体主義」が葬られ

ゴルバチョフの風刺画

たというイラストです。さて葬ったお墓から何が出てきましたか？　そうです、「民
族主義」です。これが冷戦終結後（ゴルバチョフ登場後）にソ連で地域・民族紛争
が増えた理由です。もともとソ連は、約190もの民族が存在する多民族国家でした。
冷戦時代のソ連では、民族紛争が表面化しないよう情報を統制したり、利益を調整
したりして紛争をコントロールしたりしていましたが、社会主義政権の力が弱まり
これにかわる調整システムがつくり出せなかったために、それまで眠っていた分離
独立❶の動き（ナショナリズム）が表面化したのです❷。チェチェン独立運動、アゼ
ルバイジャンとアルメニアのナゴルノカラバフ紛争やグルジアでの内戦などは、ま
さしくソ連崩壊前後に一気に吹き出しています。

---

❶世界的には、冷戦終結前からの分離独立運動も数多くあります。イギリスの北アイルランド紛争
　（イギリスからの分離とアイルランドへの併合を要求）やスコットランドの独立住民投票、フラン
　スのブルターニュ地方やコルシカ島、スペインのカタルーニャ地方やバスク地方では分離独立の
　動きがありました。また、カナダのケベック独立運動も歴史的に古い問題です。
❷それまで社会主義というイデオロギーでまとめられていた大きな輪がはずされ、かわって民族・
　宗教という小さな輪でのまとまり直し、因数分解のやり直しが始まったという表現があっている
　と思います。

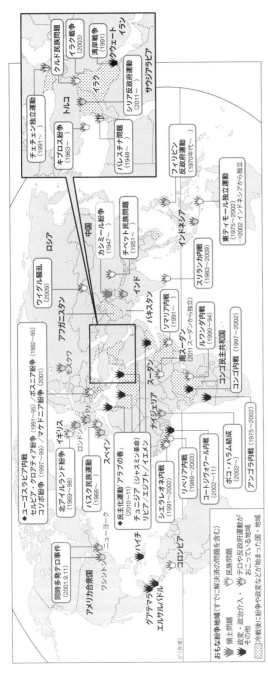

冷戦終結後の主な地域紛争とテロ

おもな紛争地域（すでに解決済の問題を含む）
〰 領土問題　〰 民族問題
◆ 政変・政治介入・　〰 テロや反政府運動が
リビア・エジプト/イエメン　　おこっている地域
その他　　地域

▨ 冷戦後に紛争や政変などが始まった国・地域

0°（赤道）

冷戦終結でアメリカとソ連の支援が途絶えて内戦勃発？

　冷戦の期間、アメリカとソ連はたがいに自分の勢力を拡大するために、新興独立国や発展途上国に経済的支援をしていました。しかし、冷戦が終了すると、アメリカとソ連にはその必要性が無くなり③、両国が手を引いたあとに残されたのは、民族間の激しい内戦だったという構造です。特にゴルバチョフ以降のソ連は、かつての衛星国（ソ連からの経済援助や軍事支援を受け同盟国だった国）への支援どころではありませんでした。資本主義が部分的に導入されたことにより、極端な物不足がおこり国民の不満が高まっていました。

　たとえば、コンゴ内戦があげられます。コンゴ民主共和国（旧ザイール）は1960年にベルギーから独立しました。ダイヤモンド・銅・コバルト・金・石油など、アフリカ最大の資源産出国です。1965年のクーデタで実権を握ったモブツ大統領の独裁政権下にありましたが、モブツ政権は反共政策を掲げたため、アメリカがこれを支援していました。しかし、冷戦終結とともにアメリカが支援を打ち切ります。政治的バックボーンを失ったモブツ政権は弱体化し、それまで抑えていた民族紛争が激化していきました。

　現在も続くアフガニスタン情勢も、冷戦終結によって引きおこされています。1979年、ソ連はアフガニスタンの親ソ政権を支援するため、アフガニスタンに侵攻します。1978年にアフガニスタンで、社会主義政党であるアフガニスタン人民民主党政権が成立しました。しかし、新政権に対抗する武装勢力のゲリラ活動が始まり、ほぼ全土が抵抗運動の支配下に落ちてしまいます。その劣勢を打開するため、1978年に調印した友好協力善隣条約にもとづいてアフガニスタン政府の要請があったとしてソ連が軍事侵攻したのです。その後、ソ連は最大12万人の兵士を投入しました。しかし、反政府ゲリラを抑えることができず、さらにソ連経済を圧迫したため、1989年にソ連軍は撤退します。ソ連軍の撤退によってソ連からアフガニスタン政府への「後ろ盾」がなくなると、激しい内戦となります。しかし、1994年に突如イスラム原理主義を掲げるタリバーンが台頭し、1996年に首都カブールを攻略して権力を握りました。またアフガニスタン内戦は、米ソの代理戦争という色彩も強くあります。ソ連は直接軍事介入しましたが、アメリカはゲリラ側へ武器などの軍事援助をするだけでなく、「ゲリラの訓練所」を設けて訓練をおこなっていたとされています。このようにアメリカは、アフガニスタンではイスラム教徒が多いゲリラに武器を与えてソ連軍と戦わせたわけですが、やがてそのなかから反米に走

③ソ連の経済状況については、本書国際政治テーマ9「ソ連はなぜ崩壊したのだろうか？」80〜83頁参照。

るイスラム過激派やタリバーンが成長するという皮肉な結果を生みました。

> ### コラム　その後のアフガニスタン情勢
>
> 　本文にあるように、1996年以降、タリバーンが政権を握ります。2001年の同時多発テロの実行グループ、ビン＝ラディンらが潜伏しているとして、アメリカなどはアフガニスタンを攻撃してタリバーン政権を倒します。アフガニスタンでは国連の調停で2002年に暫定政権が成立しますが、タリバーンの残存勢力もかなり残りました。タリバーン政権崩壊後、アメリカを中心として移行政権の発足、新憲法の採択・発布、大統領選挙、下院議会・県議会選挙などの統治機構を整備して民主化を進展させようとします。しかし2021年、バイデン米大統領は米軍のアフガニスタンからの撤退を実行しました。同年8月15日、その軍事的空白を縫うようにタリバーンが首都に入り暫定政府は崩壊、タリバーン政権が復活しました。同政権は、極端な原理主義改革はおこなわないとしていますが、女子教育を停止するなど、国際社会からの非難をあびています。

グローバル化が紛争を生む？

　1990年代以降、ロシアと東欧諸国が世界経済に参入すると、「経済のグローバル化」がさらに進みます。世界の貿易額は飛躍的に増え、1995年には新たな国際組織として「世界貿易機関（WTO）」が設立されます。そして国境を越えて、「人・モノ・カネ」が動き、情報もかつてないスピードで動きはじめました。

　しかし、経済のグローバル化が進んだことで、貧しいものと豊かなものとの経済格差がいっそう拡大したことも、紛争が増える原因だと考えられます。典型的な例は、アフリカでの紛争です。もとより、ヨーロッパの列強により民族性や文化を考慮せずに、緯線や経線でアフリカは分割されています。これによって多くのアフリカ諸国は、1つの民族が複数の国家に分断されたり、多くの民族が1つの国にまとめられているため、もともと民族紛争の下地がありました。さらに国家という巨大な権力装置を動かすには、人々のあいだで共通のルールをつくり、それを実行しなければなりませんが、その経験も組織もない（しかも多民族です）ところにグローバル化の波が押し寄せ、経済格差に苦しみます。つまり、経済的危機に陥った民族同士が、利権を争うことになっていくわけです④。

　その他にも、1991～95年におきた旧ユーゴスラビア紛争⑤も経済格差が原因として考えられます。経済先進地域（経済的に豊かな地域）であるスロベニアやクロアチアが、ユーゴスラビア連邦に自分たちが支払う負担金が、経済後進地域（経済

④スーダン内戦・ソマリア内戦・コンゴ内戦・ルワンダ内戦・アンゴラ内戦・リベリア内戦など多数にのぼります。個別の原因や現在の情勢などは、お調べいただければと思います。

的に苦しい地域）のコソボやマケドニアなどのために使われていることへ不満を持ち、スロベニアとクロアチアが独立宣言したことから、旧ユーゴ紛争が始まったと説明することができます。アフリカ諸国とは異なる「経済格差」だといえるでしょう。

その他の紛争の原因は？

　これまで説明してきた原因の他にも、紛争の原因は考えられます。たとえば、資源の奪い合いです。シエラレオネ内戦が例としてあげられるでしょう。1991年から始まった内戦は、ダイヤモンド鉱山をめぐって隣国リベリアの勢力も巻き込んで約10年間続きました。内戦中、反政府軍の武器調達の財源として取引されたダイヤモンドは「紛争ダイヤモンド」、「ブラッド・ダイヤモンド」と呼ばれ、2007年「ブラッド・ダイヤモンド」という題名の映画になっています。内戦により5万人が死亡し、1万人が手や足を切断され、100万人が故郷を追われたといわれています。

　歴史的な対立（特に土地争い）もあります。パレスチナ紛争⑥やカシミール紛争などがあてはまるでしょう。後者のカシミール紛争は、インドとパキスタン間のカシミール地方の帰属をめぐる両国の紛争を指します。カシミール地方は住民の大多数がイスラム教徒、藩王がヒンドゥー教徒でした。1947年、インドとパキスタンが分離独立する際、藩王はインドへの帰属を表明しましたが、イスラム教徒が反対して暴動が発生します。そしてインドとパキスタン両軍が出兵して、第1次インド・パキスタン（印パ）戦争に発展しました。その後、大きな紛争が3次にわたっておきています。そのため、いまだに国境線の画定ができていません。カシミール地方東側では、インドと中国が領有権を争っていることにも注意してください。

　また、独裁政権への反対闘争も内戦へと発展する場合があります。「アラブの春」に代表される内戦や、その後に続くシリア内戦がその例だといえます。「アラブの春」とは、中東・北アフリカ地域でおきた民衆運動を指します。1968年のチェコスロバキアでの「プラハの春」にならった名称です。2010年12月にチュニジアで発生した反政府デモを発端に、大規模な抗議デモや反政府集会が周辺の北アフリカ諸国に伝播していきます。その結果、2011年1月にチュニジアのベンアリ政権、同年2月にエジプトのムバラク政権、同年8月にリビアのカダフィ政権、同年11月にイエメンのサレハ政権など、長期独裁政権が相次いで崩壊しました。その他、民衆の民主化要求を受け入れて、バーレーン・ヨルダン・モロッコなどでは憲法が改正

---

⑤旧ユーゴスラビア紛争については、本書国際政治テーマ11「旧ユーゴスラビア紛争はなぜおきたのだろうか？」90～93頁参照。
⑥パレスチナ紛争については、本書国際政治テーマ12「パレスチナ紛争はなぜおきたのだろうか？」94～101頁参照。

されます。ただしシリアでは、アサド政権と反政府勢力との内戦が現在でも続いており、その内戦を逃れて大量の難民がヨーロッパに向かいました。それまできわめて限定的にしか政治参加できなかった一般の民衆が変革の原動力となった点が「アラブの春」の大きな特色で、経済的格差や独裁政権による統制、政治参加の制限などに対する民衆の不満の高まりがその背景にあります。反政府運動に参加した民衆はツイッターやフェイスブックなどのソーシャルネットワーキングサービス（SNS）や衛星放送などのメディアによって連帯と情報共有をはかっており、かつてないスピードで国境を越えて民主化運動が拡大していったことも特徴として指摘されています。現在の情勢としては、民主化を実現した国としてチュニジア、抗議デモをきっかけに混乱や内戦に陥った国としてリビア・シリア・イエメンなど、一時は民主化に向かうも強権的な政権に逆戻りした国としてエジプトがあげられるでしょう。

　最後に、「9.11以降の紛争」があげられます。同時多発テロ以来、イスラム原理主義者による紛争（「テロ」といってもよいと思います）が増えてきています。西アフリカのナイジェリアでは、イスラム原理主義を掲げるボコ・ハラムが、2014年に200人を超える女子生徒を誘拐しました。ボコ・ハラムはナイジェリア北西部地域で既に10年以上武力紛争を続けており、カメルーンやニジェールなどの周辺国を含め、甚大な被害を生んでいます。なぜイスラム原理主義が台頭するのか、考える必要があるでしょう。

コラム　同時多発テロ（9.11）

　「同時多発テロ」では、2001年9月11日、アメリカ国内で4機の旅客機がテロリストに乗っとられ、このうち2機がニューヨークの世界貿易センタービルに突入し、2つのビルが倒壊しました。別の1機はワシントンの国防総省（ペンタゴン）に突入し、さらにもう1機はペンシルベニア州で墜落しました。犠牲者は、確認されただけで約3000人にのぼっています。首謀者と断定されたビン＝ラディン容疑者は2011年5月、パキスタン国内でアメリカ軍特殊部隊に殺害されました。アメリカがなぜテロにねらわれたのでしょうか。アメリカからすれば「我々は何も悪いことをしていない」ことになるでしょう。しかしイスラム原理主義者からみれば、湾岸戦争以来、アメリカはサウジアラビアなどに軍隊を駐留させ、酒を飲み、女性兵士が肌をあらわにしていることは「イスラム教を冒涜している」と映ったのではないでしょうか？　その意味で「9.11」は、イスラム教とキリスト教の「文明の衝突」（ハンチントン）だという見方もできるでしょう。しかしブッシュ米大統領は、「この闘いは『民主主義対テロの闘い』」と位置づけ、対アフガニスタン戦争やイラク戦争を引きおこしていきました。

旧ユーゴスラビア紛争は なぜおきたのだろうか？

旧ユーゴスラビアはどこにあったのだろうか？

旧ユーゴスラビア連邦はバルカン半島に位置していました。ここではまず、14世紀以降のバルカン半島の歴史を少し復習しましょう。

バルカン半島周辺の地図
グレーの地域が、「通常」バルカン諸国といわれる政治的コミュニティです。青の実線で囲まれた地域が、「しばしば」バルカン諸国に含まれるとされる政治的コミュニティです。

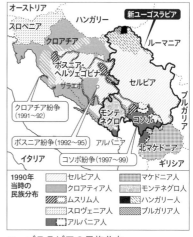

ユーゴスラビアの民族分布
旧ユーゴ連邦の6共和国と民族分布、紛争の地図です。これだけで複雑であったことがわかります。

14世紀以降、トルコ人のオスマン帝国が小アジア❶からバルカン半島に進出し、1453年にビザンツ帝国を滅ぼしました。その後、オスマン帝国により、バルカン半島のイスラム化が進んでいきます。18世紀以降はオスマン帝国の衰退に伴い、ゲルマン系民族とスラブ系民族が、それぞれ隣接するオーストリアとロシアの支援を受けてバルカン半島で衝突し、東方問題を引きおこします。さらにバルカン半島の国々も領土紛争をおこし、いわゆる「バルカン問題❷」に発展します。このように、

❶世界史上、小アジアはアナトリアともいわれ、現在のトルコ共和国のアジア部分にある半島部を指しています。もともと「アジア」とは、ローマ時代に現在の小アジア（アナトリア）西部の属州の名前でしたが、しだいにヨーロッパに対して東方世界全体を指すようになりました。そのため本来のアジアを「小アジア」と呼び、区別するようになったのです。

バルカン半島は民族や宗教が入り乱れていて、それらの境界線が国境と一致しないことから紛争が繰り返され、歴史的に「ヨーロッパの火薬庫」と呼ばれてきました。そして、「サラエボの一発❸」の銃弾で第一次世界大戦の引き金を引くことになるのです。

旧ユーゴスラビア連邦とは？

第一次世界大戦後、バルカン半島西部にセルビア王国主導でユーゴスラビア王国が誕生しました。第二次世界大戦でユーゴスラビア王国はドイツやイタリアなどに侵略されます。その侵略に対し、連合国の支援を受けたティトーが民族を超えたパルチザンを率いてドイツ・イタリアと戦いました。

その後、1943年に民主連邦ユーゴスラビアとして建国を宣言し、最終的には1963年にユーゴスラビア社会主義連邦共和国（ユーゴ連邦）と改称しました。連邦内には、マケドニア社会主義共和国、セルビア社会主義共和国、ボスニア・ヘルツェゴビナ社会主義共和国、クロアチア社会主義共和国、スロベニア社会主義共和国、モンテネグロ社会主義共和国の6つの国家がありました。またユーゴ連邦では、1974年憲法により国家連合に近い連邦制が確立されています。この憲法では、6共和国と2自治州（ヴォイヴォディナ・コソボ）が等しく「経済主権」を持つだけでなく、すべての共和国と自治州の平等が謳われています。この各共和国の権限の大きさと、民族構成のアンバランスがユーゴ内戦の引き金を引くことになります。

> **コラム**　**7つの国境、6つの共和国、5つの民族、4つの言語、3つの宗教、2つの文字、1つの国家**
>
> 上の言葉は、ユーゴ連邦の多様性を表す言葉です。7つの国境（イタリア・オーストリア・ハンガリー・ルーマニア・ブルガリア・ギリシア・アルバニア）、6つの共和国（スロベニア、クロアチア、セルビア、ボスニア・ヘルツェゴビナ、モンテネグロ、マケドニア）、5つの民族（スロベニア人・クロアチア人・セルビア人・モンテネグロ人・マケドニア人）、4つの言語（スロベニア語・セルビア語・クロアチア語・マケドニア語）、3つの宗教（正教・カトリック・イスラム教）、2つの文字（ラテン文字・キリル文字）、1つの連邦国家という意味です。さらに、「5つの民族」には含まれない主要民族としてボスニア・ヘルツェゴビナ、セルビア南西部やモンテネグロ西部に多いムスリム人、セルビア南部のコソボ自治州やマケドニア共和国西部に多いアルバニア人、セルビア北部のヴォイヴォディナ自治州に多いハンガリー人、またロマ人などが存在しています。

❷19世紀後半から20世紀にかけて、オスマン帝国の衰退に乗じておこったバルカン半島諸民族の独立運動と、西欧列強の介入とによる国際危機を指す言葉です。
❸本書国際政治テーマ1「国際連盟や国際連合設立の目的は？」49頁注❹参照。

旧ユーゴスラビア紛争の過程は？

　これだけ複雑な背景を持つ共和国などが「1つの連邦国家」としてまとまっていたのは、建国の英雄ティトーの存在がありました。しかし、1980年にティトーが死去し、1970年代末から1980年代を通じて経済が悪化するなかで、連邦制の危機が進行していきます。

　1991年6月、スロベニアとクロアチアが独立を宣言します❹。スロベニアが独立宣言をすると、すぐに国境の管理問題がおこり、スロベニア共和国軍とユーゴ連邦軍が衝突します。その後休戦協定が結ばれ、スロベニアは事実上独立することになります。比較的スムーズに独立できた背景として、スロベニアはスロベニア人が90％以上を占め、他民族がごく少数だったことがあげられます。しかし、クロアチアでは「少数者」となることを嫌うセルビア人（総人口の約12％、約60万人）とクロアチア共和国軍との戦闘が激しさを増し、ユーゴ連邦軍がセルビア人保護のために介入したため、1991年9月に内戦が本格化します。クロアチア内戦は3カ月の激戦後、国連の仲介により停戦し、1992年2月、国連保護軍（UNPROFOR）が派遣されます。セルビア人との内戦は続きましたが、1998年1月、現在のクロアチアとなっています。

　また1992年3月、クロアチア内戦の過程でユーゴ解体は不可避と判断したボスニア・ヘルツェゴビナが独立を宣言します。しかし、ボスニア・ヘルツェゴビナは、セルビア人、クロアチア人、ムスリム人の3民族が共存し、もっとも複雑な民族構成の共和国でした。クロアチア人とムスリム人はともに独立と連邦離脱を進めようとしましたが、セルビア人は独立反対・連邦残留を主張したため、内戦状態となります❺。このボスニア紛争では、特にセルビア人勢力によるムスリム人などに対する残虐行為（民族浄化(みんぞくじょうか)と呼びます）がおき、セルビア人およびセルビアのミロシェヴィッチ政権に対する非難が高まります❻。民族浄化に対してEC（当時）や国連などが仲介を試みるなかで、1995年8月末にはNATO（ナトー）空軍がセルビア人勢力に対する大規模な空爆を実施します。この空爆を契機に和平交渉が進み、1995

---

❹スロベニアとクロアチアの独立の理由については、本書国際政治テーマ10「冷戦終結後、地域・民族紛争が多くなったのはなぜだろうか？」87～88頁参照。

❺クロアチア紛争とボスニア紛争（ボスニア・ヘルツェゴビナ紛争とも呼ばれています）では、その4年間で20万人を超える死者、350万人の難民を生みました。ボスニア・ヘルツェゴビナではティトー時代に民族の混住が進み、セルビア人の家の隣がムスリム人の家、その隣がクロアチア人の家…となっており、隣人が隣人を殺すような惨状が生まれました。

❻内戦終結後、国連の安保理決議によって、民族浄化や集団レイプなどの国際人道法違反を訴追・処罰する「旧ユーゴスラビア国際刑事裁判所」が設置されます。合計161人が訴追（うち90人以上はセルビア人）されますが、被告の1人だったミロシェヴィッチは獄死します。

年11月にいわゆる「デイトン和平合意」が成立します。しかしNATO中心の監視は依然として継続しており、いまだに予断を許さない状態が続いています。

コラム　緒方さんが国連難民高等弁務官事務所（UNHCR）を変えた！

緒方貞子さん（1927～2019年）は、日本人ではじめての国連難民高等弁務官を、1991年から2000年まで務めました。緒方さんが高等弁務官に就任した1991年は冷戦が終結し、民族・地域紛争が増え続けていた時期でした。真っ先に直面したのはクルド難民問題でした。

湾岸戦争に伴いイラクのクルド人が武装蜂起し、制圧しようとするイラク軍から逃れるため180万人のクルド人が難民となりました。そのうち40万人がトルコに向かいましたが、トルコ政府が入国を認めなかったため国境地帯にとどまりました。

サラエボを訪問した緒方さん（1993年）
防弾チョッキを身につけているのがわかりますか？　緒方さんは支援が必要な紛争地帯を直接訪問しました。

いわゆる「国内避難民」です。当時、UNHCRでは国内避難民の保護は任務外とされていましたが、緒方さんは人道的視点から保護・支援を決断しました。この決断で緒方さんは、UNHCRに新しい支援の枠組みをもたらしたとされています。

1992年から始まったボスニア紛争では、支援物資の輸送をボスニアが妨害したため緒方さんは現地に入り、道路封鎖が続くならばボスニアにおけるすべての救援活動をただちに一時停止すると発表しました。この発表で、人道支援が政治的に利用されることが回避されたといわれています。

この他にも1994年におきたルワンダの虐殺で、ザイールのゴマに難民キャンプが設営されました。キャンプに逃れる難民のなかには武装集団にいた人々も混じっていたため、キャンプの治安維持が課題となると、緒方さんは、ザイールのモブツ大統領の親衛隊とアフリカ諸国の仕官に訓練をほどこし、難民キャンプの治安維持にあたってもらうことに成功しました。

このように緒方さんは「現場主義」をつらぬき、ヘルメットに防弾チョッキ姿で世界の紛争地を飛びまわる姿から「小さな巨人」と呼ばれ、それまでの難民支援の枠組みを大きく変えた人物として記憶されています。

国際政治

パレスチナ紛争はなぜ
おきたのだろうか？

パレスチナはなぜ重要なのだろうか？

　パレスチナ地方❶は、古くは「カナン」と呼ばれ、旧約聖書に「乳と蜜の流れる場所」と描写されるほど、潤った肥えた土地とされていました。そしてその地は、神がアブラハムの子孫に与えると約束した土地であることから、「約束の地」とも呼ばれています。

　パレスチナには、宗教都市イェルサレムが存在します。イェルサレムは、イスラム教・キリスト教・ユダヤ教❷にとって「聖地」であり、このことがイェルサレムの帰属をめぐる紛争の火種となってきました。

イェルサレムの聖地
手前の右側の壁が「嘆きの壁」、左上の円形のドームが「岩のドーム」です。この写真をみるとそれぞれの聖地がとても近いことがわかります。なお、聖地があるイェルサレム旧市街の広さは、わずか約0.9km²です。

---

❶パレスチナの位置については、本書国際政治テーマ13「アメリカは、なぜイスラエルの味方をするのだろうか？」102頁参照。
❷基本的に「五十音順」で記述していきます。

　イスラム教にとってイェルサレムは、ムハンマドが一夜のうちに昇天する旅を体験した場所とされ、「岩のドーム」はムハンマドが昇天した場所とされています。

　キリスト教にとってイェルサレムは、イエス＝キリストが教えを述べ、処刑され、そして復活した場所です。それらの遺跡とされる場所には、「聖墳墓教会」などが建っています。

　ユダヤ教にとってイェルサレムは、信仰を集めていたイェルサレム神殿がおかれていた聖地であり、神殿の外壁の一部とされる「嘆きの壁」があります。

　このようにイェルサレムは、それぞれの宗教にとって「聖地」なのですが、前頁の写真のように「岩のドーム」が建つ神殿の丘の南西の壁の一部が「嘆きの壁」であるように、聖なる場所が近いこともパレスチナ紛争の根幹に関わっています。

パレスチナ紛争の経緯は？　　ー第二次世界大戦終了までー

　パレスチナ紛争は、パレスチナ人[3]（アラブ人）とユダヤ人との歴史的土地争いということができます。当然、前述したように「聖地」の帰属問題でもあります。

　パレスチナの地には、紀元前10世紀頃にユダヤ民族によるイスラエル王国が、イェルサレムを中心都市として繁栄していました。その後イスラエル王国は南北に分裂し滅ぼされますが、その過程で「バビロン捕囚[4]」と呼ばれる民族的苦難を経験します。「捕囚」からの解放後、ユダヤ人はパレスチナに戻りますが、ローマ帝国の支配下におかれます。1世紀初頭、ユダヤ人はローマに抵抗を試みますが敗北し、ユダヤ人はパレスチナから追放されて各地に離散（ディアスポラ）していきます。ポイントは、約3000年前には、パレスチナにはユダヤ人の国家（イスラエル王国）があったという点です。ユダヤ人がパレスチナに自分たちの国を建設したいのは「約束の地」であると同時に、歴史的に自分たちの国家があった土地という意識があるからです。

　ユダヤ人の離散後、中東ではイスラム教勢力が勃興し、急速にイスラム化していきます[5]。その後、パレスチナの支配者は変わっていきますが、パレスチナ人が住み続けることになります。ポイントは、ユダヤ人の離散後、パレスチナ人が約2000

---

[3]パレスチナ地方に住んでいるアラブ人を、独立した民族としてとらえた場合の呼び名です。ここでは基本的に「パレスチナ人」を使います。
[4]ユダヤ民族のユダ王国が新バビロニア王国によって征服された際、多くの住民がバビロンへ強制移住させられた事件のことです。
[5]ただし、ユダヤ教徒やキリスト教徒はいなくなったわけではなく、人頭税を払うことによってその宗教を守ることが許され、イェルサレムはイスラム教・キリスト教・ユダヤ教にとっての聖地として存続し、彼らは混在して生活していました。

年間パレスチナの地に住んでいたという点です。前述したのユダヤ人の意識と比較してください。

　離散したユダヤ人は、特にヨーロッパでは差別や迫害に苦しみます❻。そのためユダヤ人は、普通の人がつかないような仕事につかざるをえませんでした。その代表例が金融業❼です。しかし産業が発達していくと、その金融業によりユダヤ人は富を握るようになります。また、教育にも力を入れていたため、知識人階級のなかで影響力を持つようになります。そのため、妬みもあるのでしょうが、ヨーロッパでは疫病などの災難がおきるとユダヤ人を迫害する、という歴史が繰り返されました。

　迫害が続くなか、19世紀にユダヤ人たちのなかで、かつて王国があったパレスチナの地に戻って自分たちの国を建設しようという「シオニズム運動❽」がおこります。この運動は第一次世界大戦で現実味をおびてきます。第一次世界大戦は、「総力戦❾」でした。兵器の生産などには莫大なお金が必要です。そのためイギリスは、ユダヤ系財閥のロスチャイルドに、戦後、パレスチナにユダヤ人国家の建設を約束して（バルフォア宣言）資金援助を求めます。一方、イギリスは、当時中東を支配していたオスマン帝国を破るためアラブ人にも、オスマン帝国と戦えば、戦後、独立国家の建設を約束します（フサイン・マクマホン協定）。さらに同盟国のフランスとは、戦後、中東を山分けする密約を結んでいました（サイクス・ピコ協定）。この3つの約束は相容れない内容で、歴史上、悪名高い「三枚舌外交」と呼ばれています。第一次世界大戦終了後、約束を破棄され失望したユダヤ人は、パレスチナへの移住を始めます。

　最後に、第二次世界大戦の時期にナチスドイツによるホロコーストがおき、600万人といわれるユダヤ人が虐殺されました。

　ここまでの説明で、歴史的にはユダヤ人が「被害者」であることがおわかりになったと思います。

❻イエス＝キリストはユダヤ教の聖職者たちと対立し、十字架にかけられました。のちにヨーロッパでキリスト教が広がると、ユダヤ人はキリストを処刑した人たちとみなされ、差別や迫害の対象になってしまいます。
❼中世ヨーロッパのキリスト教国の多くでは、お金を貸して利息をとることが卑しいこととされていました。シェークスピアの代表作の1つ「ベニスの商人」では、悪徳金貸しとしてユダヤ人のシャイロックが登場します。当時のユダヤ人観が背景にあると思います。
❽運動の創始者は、オーストリアのユダヤ系ジャーナリスト、セオドール＝ヘルツルです。シオンとはイェルサレムにある丘の名前で、長く宗教的迫害を受けてきたヨーロッパのユダヤ教徒にとって解放への希求も含んだ象徴的意味を持っていました。
❾詳しくは、本書現代の政治テーマ9「第一次世界大戦後、なぜ女性参政権が認められたのだろうか？」36頁参照。

パレスチナ紛争の経緯は？
― 第二次世界大戦終了後から現在まで ―

ナチスドイツによるホロコーストが明らかになると「ユダヤ人国家建設」というシオニズムがユダヤ人の悲願となります。そして、ユダヤ人は自力で続々パレスチナの地に向かい、そこで長年住んでいたパレスチナ人と軋轢が生じます。

1947年、国連はパレスチナにパレスチナ人とユダヤ人の２つの国家をつくるという「パレスチナ分割決議」を採択します。しかしその内容は、人口比率が約70％と多数を占めるパレスチナ系住民に約44％、人口比率約30％のユダヤ人に約56％の土地を与えるというもので、アラブ系住民と周辺のアラブ諸国から猛反発がおこります。パレスチナを統治していたイギリスは一方的に撤退し、1948年にユダヤ側はイスラエル建国を宣言しました。

第３次中東戦争後のイスラエルの占領地

第３次中東戦争で、イスラエルは領土を４倍近く増やすと同時に、新たにパレスチナ難民が100万人以上発生、そのほとんどがヨルダンに避難しました。

イスラエル建国宣言に反発したアラブ諸国はアラブ連合軍を結成し、イスラエルと戦争になります。これが第１次中東戦争です。この戦争に勝利したイスラエルは支配範囲を広げます。そのため約70万人のパレスチナ人が居住地を追われ、ヨルダン川西岸地区やガザ地区、そしてヨルダンなど近隣諸国に逃れ「パレスチナ難民⑩」と呼ばれるようになります。その後、イスラエルとアラブ諸国のあいだには、戦闘状態が続いていきます⑪。

1967年、第３次中東戦争⑫が勃発し、この戦争で圧勝したイスラエルは、ヨルダン川西岸地区と東イェルサレム、ガザ地区、シナイ半島およびゴラン高原を軍事占領しました。占領地では、1970年代に入るとイスラエルによる「入植地⑬」建設の

⑩国連パレスチナ難民救済事業機関（UNRWA）によると、パレスチナ難民数は2021年現在、約639万人と発表されています。
⑪第２次中東戦争については、本書国際政治テーマ３「国連憲章にない国連平和維持活動（PKO）はなぜ生まれたのだろうか？」56 〜 59頁参照。
⑫1967年６月５〜10日に繰り広げられた戦争です。短期間で終わったため「６日間戦争」とも呼ばれています。イスラエル空軍の奇襲で始まり、国連の停戦決議によって戦闘が停止されるまでの６日間に、イスラエルはパレスチナ全土だけでなく、シナイ半島やシリアの一部にも支配をおよぼすことになりました。
⑬軍事占領下の土地にユダヤ人が住みついて、イスラエルの土地として既成事実化したのが入植地です。ヨルダン川西岸地区を中心に約130カ所あり、40万人のユダヤ人入植者が住んでいると推定されています。パレスチナ人の住宅などをなぎ倒して土地を収用することもしばしばあったといわれています。占領地での入植活動は、国際法違反であることに注意してください。

インティファーダ
子どもが戦車に石を投げています。このような写真や映像が配信され、世界に衝撃を与えました。

第4次中東戦争と第1次石油危機（オイル・ショック）

　イスラエルとアラブ諸国とのあいだには、これまで4回、大規模な戦争がおきています。そのうち第4次中東戦争は、1973年10月6日、エジプト軍とシリア軍がイスラエル軍に奇襲攻撃を開始したことから始まります。不意をつかれたイスラエル軍は後退しますが、のち反撃に転じ、戦線は膠着化していきます。その後、国連安保理が停戦を提案、開戦後ほぼ1カ月で停戦となりました。第4次中東戦争では、「石油を武器とする」いわゆる石油戦略が発動されました。戦争勃発直後の10月17日に、アラブ石油輸出国機構（OAPEC）が、イスラエルが第3次中東戦争の占領地から撤退し、パレスチナ人の合法的権利が回復されるまで原油生産の削減をおこなうことを決定し、同時にイスラエルを支援する国に対する原油の販売停止または制限を始めます。さらに、石油輸出国機構（OPEC）は、原油価格を4倍に引き上げることを表明しました。これらの措置はイスラエルを支援する欧米や日本に大きな打撃を与え、第1次石油危機（オイル・ショック）と呼ばれます。

動きが強まり、パレスチナ人の危機感が高まりました。

　1987年、パレスチナ人の不満が爆発し、ガザ地区の難民キャンプから「インティファーダ」と呼ばれる反占領闘争が広がります。デモやストライキ、子どもなどによる投石、イスラエル製品の不買運動などの抵抗運動が世界中に報道され、世界中が占領の実態を知り、イスラエル国内でも占領の是非に関する議論がおこりまし

た。また1991年の湾岸戦争では、イラクのフセインは旗色が悪くなると「アラブの正義のためにパレスチナを解放する」とイスラエルにミサイルを発射しました。これらをきっかけに、国際社会ではパレスチナ問題の解決を求める声が高まります。

こうした状況を受け、1993年にノルウェーの仲介により、「(1)イスラエルを国家として、パレスチナ解放機構（PLO）をパレスチナの自治政府として相互に承認する。(2)イスラエルが占領した地域から暫定的に撤退し、5年にわたってパレスチナ自治政府による自治を認める。その5年間に将来について協議する。」というオスロ合意がイスラエルとPLOのあいだで調印されました⑭。1994年以降、オスロ合意を受けて、ガザ地区とヨルダン川西岸地区で自治が開始されました。しかし、パレスチナ側の武装組織によるイスラエルへの攻撃が続けられ、それに対しイスラエル側は激しい報復措置と自治区の封鎖をおこなって対抗しました。

2000年、イスラエルのシャロン元国防相が武装集団を引き連れてイェルサレムのイスラム教聖地を強行訪問し、パレスチナ人の怒りが再燃しました（第2次インティファーダ）。イスラエル側は重火器を投入してガザ地区などの一般市民を攻撃し、パレスチナ側は自爆攻撃で対抗しました。シャロンのたった数時間の無謀な行動が、それまでの地道な和平交渉を台無しにしたのです。それ以降、イスラエルはパレスチナ自治区へ戦車や戦闘機を投入して武力攻撃をおこなっています。

2005年、ガザ地区からイスラエル軍が撤退しました。しかし、パレスチナ自治区の選挙によって、ガザにそれまでのPLOではなくイスラム政党ハマス主体の政府ができて以降は、封鎖は更に強化されています。また西岸地区では、2002年から巨大な「隔離壁」（西岸地区とイスラエルを隔てるコンクリートや鉄条網の壁）建設が開始されています⑮。

ここまでの説明で、第二次世界大戦後はパレスチナ人が「被害者」であることがおわかりになったと思います。

---

⑭パレスチナ難民の問題や国境の画定などについては、暫定自治期間に協議するとして解決を先送りにしました。それが後日、オスロ合意が事実上棚上げされると、大きな問題となりました。

⑮隔離壁は、高いところで8m、全長は700kmにおよんでいます。また、1949年の停戦ラインを越えて建設され、ユダヤ人入植地や入植者専用のハイウェイも組み込まれたため、現在、パレスチナ自治区は飛び地状態になっています。国際司法裁判所は、この隔離壁がパレスチナの自治を阻害し、生活圏を分断するものであり国際法違反と裁定を下しましたが、壁の建設は続行されて西岸地区は取り囲まれています。そのためパレスチナ人がイスラエル側に働きに行く、病院に行くなど日常的な移動が制限されています。

コラム パレスチナ自治区

　本文にあるように、オスロ合意でパレスチナ側の交渉は「PLO（Palestine Liberation Organization）」が担い、ヨルダン川西岸地区などに自治政府を組織することが認められました。PLOは、イスラエルからのパレスチナの独立を目的に設立された主にパレスチナ難民の政治的統合機関です。1964年、アラブ連盟のもとに、パレスチナ難民を代表する合法的組織として創設されました。1974年、アラブ首脳会議でパレスチナ人の唯一の正当な代表として承認され、のち国連オブザーバーの資格を得ています。

　第2次インティファーダが始まった2000年から、イスラエル軍がガザ地区から撤退した2005年までの死者は、パレスチナ側3339人（うち子ども660人）、イスラエル側1020人（うち子ども117人）にのぼりました。2014年夏におこなわれたガザへの大規模な軍事侵攻では、パレスチア側に2200人以上（うち子ども450人）の犠牲者が出ました。2021年5月には11日間にわたって空爆が続き、民間人や子どもを含む約2500人が死傷しています。

　2006年1月、第2回パレスチナ立法評議会（PLC）選挙がおこなわれ、イスラエルを承認せず、対イスラエル武装闘争継続を標榜するハマスが過半数の議席を獲得し、3月、ハマス幹部であるハニヤを首相とする自治政府内閣が成立しました。イスラエルはハニヤ内閣との接触を停止（PLO主流派に属するアッバス大統領及びその周辺との接触は維持）するとともに、資金流入を凍結しました。現状は、ガザ地区に基盤を置くハマスと西岸地区に基盤を置くファタハの二元統治が続いています。

今後の展望は？

　2012年、パレスチナの国連へのオブザーバー加盟が圧倒的多数で承認され、国際社会のなかでパレスチナは国家として存在を認められました。しかし、パレスチナの状況は改善されてはおらず、その後もイスラエル軍によるガザへの大規模な軍事侵攻や空爆が続いています[16]。イスラエル国内では、パレスチナとの和平や交渉を望まない人が増え、排外的な政治が強まっています。こうした状況に国際社会は有効な手が打てておらず[17]、犠牲者は増える一方です。また、イスラエルとパレスチナの「二国家共存」構想も止まったままで、残念ながら楽観的な展望はありません。その意味で、イスラエルとパレスチナ双方に利害を持たない「中立国」日本の役割を考える必要があるでしょう[18]。

---

[16] 2018年、アメリカのトランプ政権が、アメリカ大使館をテルアビブからイェルサレムに移転しました。イェルサレムを将来の独立国家の首都と位置づけるパレスチナ自治政府は激しく反発し、各地で抗議行動をおこないました。この移転は、これまでの国連安保理決議を無視した行動だと国際社会からも批判されています。

[17] イスラエルは、アラブ諸国に外交攻勢をかけています。具体的には、1979年にエジプトと、1994年にヨルダンと平和条約を締結しました。また2020年には、アラブ首長国連邦（UAE）・バーレーン・スーダン・モロッコと国交正常化に合意しています。

| コラム | **2023年からのハマスとイスラエルの戦闘** |

　2023年10月7日、パレスチナ暫定自治区のガザ地区を実効支配するイスラム組織ハマスが突如、イスラエルへの攻撃を開始しました。イスラエル側も激しい空爆などで応酬し、双方の死者は増えるばかりです（イスラエル側は「少なくとも1400人以上」、ガザ地区側は「2万人以上」と報道されています。2024年1月18日現在）。

　まずガザ地区の現状です。ガザ地区は、イスラエル・エジプト・地中海に挟まれた全長41km、幅10kmの地域です。約230万人が暮らし、世界でもっとも人口密度が高い地域の1つです。ガザ地区の上空と海岸線はイスラエルが掌握しており、人とモノの移動をイスラエルが検問所で制限しています。ガザ地区の周囲には壁やフェンスが張りめぐらされ、「天井のない監獄」とも呼ばれています。ガザ地区の住民の約8割が国際的な人道支援を頼りに生活しており、日々の食料支援を必要とする人は約100万人いるといわれています。また、ガザ地区の失業率は47％、若者に限れば64％といわれています（2022年）。このような現状をまず知っておくべきなのでしょう。

　さて、ハマスとは、どのような組織なのでしょうか？　第3次中東戦争からガザ地区はイスラエルに占領されていましたが、イスラエルは占領地で、いわゆる教育や保健などの「市民サービス」を提供していませんでした。そのような社会福祉活動をおこなっていたのが「ハマス」の前身です。そのような社会福祉団体が、第1次インティファーダを受けて、1987年に実力行使部隊を伴って「ハマス」として形成されたのです。そして2000年代の中頃から、ハマスのなかで政治部門の主導が強くなり、選挙を通して自分たちの支持を獲得するという動きをみせていきました。その結果が2006年のパレスチナ自治政府の選挙で、ハマスが過半数の議席をとったことです。この段階で、ハマスには「3つの顔」ができたといわれています。(1)政党としての顔、(2)福祉団体としての元々の顔、(3)実力行使部隊としての軍事組織としての顔です。この3つのどの面が出てくるのか、どの面からみるかによって、ハマスのイメージは大きく変わります。現在は、軍事部門が突出しているとみるべきでしょう。

　今回のハマスによる攻撃で、イスラエル側に多くの死傷者を出て人質がとられていることは、許されるものではありません。しかし、これまでのイスラエルによる占領やガザ地区の封鎖が、今回の悲劇を招いたというのも事実です。パレスチナ問題は、世界が置き去りにしてきた問題です。その問題を放置していては、これからも混乱や対立の火種が残り続けるのです。国際社会はその現実と向き合う時期にあるのでしょう。

⑱2006年7月、日本は「平和と繁栄の回廊」構想を提唱しました。この構想は、イスラエルとパレスチナ間の和平には「二国家解決」の実現が重要であるとの前提に立ち、イスラエルやヨルダンなど近隣諸国とも協力した、持続的な経済開発をともなう健全なパレスチナ国家の樹立が不可欠であるとの考え方から提案されています。JICA（国際協力機構：ジャイカ）のHPなどから、日本の協力を調べてみてください。

アメリカは、なぜイスラエルの味方をするのだろうか？

イスラエルの隣国は敵ばかり？

　そもそも「パレスチナ」とはどこを指すのでしょうか？

　昔から、地中海の一番東の沿岸にある地域のことを「パレスチナ」と呼んでいました。地図で確認してみましょう。

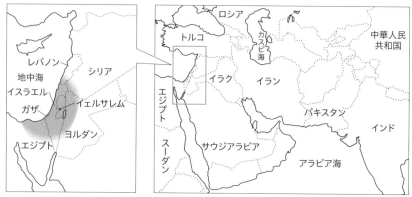

パレスチナの位置

右の地図が、アラビア半島、アフリカ大陸、地中海に挟まれているパレスチナの大雑把な位置、左が「パレスチナ」と呼ばれている地域の地図です。このように「パレスチナ」とは、もともと国境とは関係のない地域の名前です。

　第二次世界大戦終了後から現在まで、この地をめぐって「パレスチナ紛争❶」が続いています。簡単に説明すると、第二次世界大戦後、世界各地からユダヤ人がパレスチナに移住し、それまで住んでいたアラブ人（地名をとって「パレスチナ人」と呼びます）と軋轢を生みます。1947年、国際連合総会で、パレスチナ分割決議が成立しました。ユダヤ人はそれを受け入れて、1948年にイスラエルの独立宣言をおこないましたが、この決議案に反発したアラブ諸国はアラブ連合軍を結成し、イスラエルと戦争になります。これが第1次中東戦争です。この戦争に勝利したイスラエルは支配範囲を広げますが、それまで住んでいた土地を追われたパレスチナ

❶詳しくは、本書国際政治テーマ12「パレスチナ紛争はなぜおきたのだろうか？」94 ～ 101頁参照。

人たちは「パレスチナ難民」となり、現在に続く対
立関係が生まれたのです。

　さて右の地図をみてください。グレーの部分がイ
スラエルですが、南西のシナイ半島はエジプト、東
側はヨルダン、北側はレバノンやシリアです。つま
りイスラエルはまわりをすべてアラブ諸国（＝第1
次中東戦争の相手国）、つまり敵国に囲まれている
のです。

　このような状態で、イスラエルは自国の安全保障、
ひいては独立を守れるのでしょうか？　そのために
は強力な「後ろ盾」が必要となります❷。

イスラエルの周辺地図

アメリカの国内事情は？

　2016年、アメリカはイスラエルに対し、2019 ～ 28年の10年間で史上最大規模
となる380億ドルの新たな軍事援助をおこなうと約束しました。資金は新型戦闘機
や最新兵器の購入、ミサイル防衛網の向上にあてる予定と発表されています。国連
に目を移すと、安全保障理事会（安保理）でアメリカが拒否権❸を行使したのは82
回（2020年8月現在）、その半分以上が中東問題で、アメリカがイスラエルを擁護
するためのものでした。

　なぜアメリカはイスラエルをこれほどまでに支援するのでしょうか？

　最大の理由は、アメリカの選挙におけるユダヤ人とイスラエル支持者の票の行方、
そしてイスラエル・ロビー❹の強大な影響力です。

　アメリカ国内のユダヤ人は500 ～ 700万人と推定されています❺。アメリカの人
口が約3.3億人ですから2％前後です。組織力や投票率の高さもありますが、なぜこ

❷第1次中東戦争以降、イスラエルはだんだんとアメリカとの結びつきを深めていきます。
❸拒否権については、本書国際政治テーマ2「国連安全保障理事会の常任理事国に、なぜ『拒否権』
　があるのだろうか？」52 ～ 55頁参照。
❹ロビー活動とは、個人や団体がみずからの政治的影響を政治（家）におよぼすためにおこなう活
　動のことです。19世紀、ホテルのロビーでくつろぐグラント大統領に陳情をおこなったことが本
　格的ロビー活動の始まりといわれています。ロビー活動をおこなう団体には業界団体・財界団体・
　職業団体などがあり、それぞれの利益のために政治家や官僚などに陳情・圧力・献金などをおこ
　なっています。著名なアメリカのロビー団体として、ユダヤ系団体（イスラエル・ロビー）であ
　る「イスラエル公共問題委員会（AIPAC）」、アメリカライフル協会（NRA）などがあります。
❺調査によって異なります。以下を参照してください。JETOROアジア経済研究所『中東レビュー
　第2号』（https://www.ide.go.jp/library/Japanese/Publish/Periodicals/Me_review/
　pdf/201502_01.pdf　最終閲覧2024年1月22日）ちなみに、イスラエル本国の人口は約951万
　人です。（2022年）

の2%がアメリカの選挙を左右するのでしょうか？　答えの1つは政財界や学会、マスコミ関係者などアメリカの世論などを動かせる可能性が高い職業についているユダヤ人が多いからです⑥。またアメリカの大統領選挙がウィナー・テーク・オール方式をとっていること、連邦下院議会議員選挙も小選挙区、または事実上の小選挙区であるため、少数の票でも「確実な支持基盤」は重要となることもあげられます⑦。さらにユダヤ人票だけではありません。強烈なイスラエル支持勢力としてキリスト教の福音派⑧の人たちがいます。アメリカ全人口の約4分の1を占めており、基本的には聖書の教え通りに生きることに価値をおくため、旧約聖書の一節を「神がイスラエルをユダヤ人に与えた」と解釈し、「世界が終末を迎えるとき、イェルサレムの地にキリストが再来する」と考え、聖地イェルサレムを守るためにイスラエルを擁護すべきだと考えています。そのため選挙に大きな影響力を持つ福音派の人々による「イスラエル支持」の声を、立候補者たちは無視できないわけです。このような背景から、アメリカはイスラエルに軍事援助を続け、国際社会でも擁護の立場をとるのです。

用語解説　有権者登録

アメリカの選挙は、日本と違って「選挙権年齢になったら、自動的に投票ができる」わけではないのです。投票するためには、選挙人名簿に自分の名前を載せてもらうよう、自分が住む選挙管理委員会に申請をしなくてはなりません。これを「有権者登録」と呼びます。つまりアメリカでは「有権者登録」をしないと「選挙権の行使」ができないのです。政治意識が高く有権者登録を積極的におこなうユダヤ系の人たちが、立候補者のターゲットになっているのはそのような理由からです。

東西冷戦の狭間で

アメリカがイスラエルを支持するもう1つの理由は、東西冷戦です⑨。1950年代から1970年代にかけて、「アラブの盟主」であったエジプトにとってソビエト連邦

---

⑥「米国在住のユダヤ人は、総人口（約3億人）の約2%を占める。一方、米議会のユダヤ系議員は全議席の約5%。政財界の有力者も多く、昨年の米誌長者番付では、トップ50人のうち2割がユダヤ系だった。政治参加の意識の強さから、有権者登録、投票率ともに高いことで知られる。」（毎日新聞2016年7月10日）

⑦2000年の大統領選挙の一般投票では、全米ではゴアが約5100万票、ブッシュが約5050万票を獲得しました。しかし大統領選挙人の投票では、ブッシュが271票、ゴアが266票でブッシュが当選したのです。このように1票でも多く接戦州で票を得て、大統領選挙人を獲得することが重要なのです。

⑧キリスト教の潮流の1つで、聖書の記述を忠実に守り、伝道を重視し、積極的に行動することを旨としています。トランプ大統領の強力な支持基盤で、2016年の大統領選では白人福音派の8割がトランプに投票したとされています。その支持を強化するために、トランプ大統領はアメリカ大使館をテルアビブからイェルサレムに移したと報道されました。

（ソ連）は最大の支援国でした。エジプトは1952年、ナセル率いる軍部がクーデタで王政を倒し、共和制へ移行しました。1956年に大統領となったナセルは国内産業の振興をめざし、水力発電と農業用水確保のためにナイル川上流にダム建設を計画します。しかし、アメリカ・イギリス両国に資金援助を拒否されたため、費用捻出のためにスエズ運河の国有化を宣言し、第2次中東戦争が勃発します。戦後、アラブ社会主義[10]を奉じたエジプトはソ連との関係を深めていき、ソ連製兵器で軍備増強をはかります。さらに、ソ連の技術・資金援助によって念願のアスワン・ハイダムを1970年に完成させました。第3次中東戦争でイスラエルにシナイ半島を占領されるという敗北を喫したナセルは、次の対イスラエル戦争に備えて、ソ連からミサイルなどの軍事支援を受けていくことになります。

　このようにエジプト（およびその周辺のアラブ諸国）がソ連に接近したため、アメリカは対抗手段としてイスラエルへの軍事援助などを強化していったわけです。

用語解説　ウィナー・テーク・オール方式

　アメリカ大統領の選出方法です。アメリカ大統領を選出するのは、「大統領選挙人」です。しかし大統領選挙人は、一般の有権者の意思通りに大統領立候補者に投票しますので、「限りなく直接に近い間接選挙」といわれています。具体的には、各州などには人口に応じて「大統領選挙人」が割り当てられています。有権者の投票は州ごとにおこなわれ、それぞれの州で大統領立候補者の勝者を決め、州の勝者はその州の大統領選挙人をすべて獲得するため「ウィナー・テーク・オール方式（勝者総取り方式）」と呼ばれています。たとえば、カリフォルニア州で勝者となった大統領候補は、カリフォルニア州に割り当てられている大統領選挙人55人すべてを獲得します。このように最終的には全米に538人いる大統領選挙人の過半数を獲得した候補が次期大統領となるのです。

---

[9]詳しくは、本書国際政治テーマ8「アメリカとソ連は冷戦をなぜやめたくなったのだろうか？」76〜79頁参照。
[10]ナセルは民族主義的社会主義を掲げ、金融・商業・保険の国有化、重要企業の国有化などを進め、1964年までに農業を除く全生産手段の85％を公有化しました。その後、農業についても土地所有制限をおこなっていきます。

北方領土問題で２島返還論はなぜ
出てくるのだろうか？

北方領土問題とは？

　南千島（歯舞群島・色丹島・国後島・択捉島）をめぐる日本とソ連（ロシア）間の帰属問題を指します。なぜそのような問題が存在するのでしょうか？　ご存じかもしれませんが、日本とソ連（ロシア）の主張は相当食い違っています❶。そのため、ここでは日本・ロシアの両外務省が作成した資料から両国の意見が違っている部分を中心に抜き出してみます❷。このテーマの説明では、下の地図が重要になります。それぞれの島の位置関係などの確認をおこないながら読んでください。

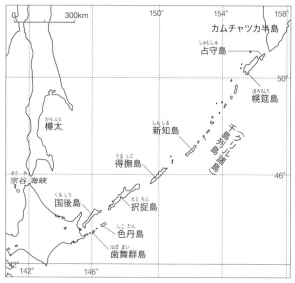

北方領土を中心とした地図

---

❶インターネットで調べるだけでも主張は食い違っていることが確認できます。同じ史料の解釈も違いますし、根拠として示す資料が違ってもいます。是非、ご自分で確認してください。

❷出典は、在ロシア日本国大使館HP（https://www.ru.emb-japan.go.jp/japan/JRELATIONSHIP/1992.html　最終閲覧2024年1月22日）。両国作成の資料ですから、かたよりが少ないと考えて提示しました。なお、読みやすくするために資料は一部改変してあります。また、波線は筆者が挿入しました。

この資料集は、日露両国国民が、日本とロシアとの間の「領土問題」を正しく理解するための一助として、日露両国外務省が共同で作成したものである。

(1) 1941年8月14日付の英米共同宣言（大西洋憲章、ソ連は同年9月24日に参加）においては、米国および英国は「領土的その他の増大を求めず、また『関係国民』の自由に表明せる希望と一致せざる領土的変更の行わるることを欲せず」と述べられている。

(2) 1943年11月27日付の米国、英国、中国のカイロ宣言（ソ連は1945年8月8日に参加）においては「同盟国は自国のために何等の利得をも欲求するものにあらず、また、領土拡張の何等の念をも有するものにあらず」と述べられている。同時に、同宣言では、連合国の目的は「暴力及び貧欲により日本が略取したる地域」から日本を駆逐することにある旨述べられている。

(3) 1945年2月11日、米英ソ三国の首脳により署名されたヤルタ協定は、ソ連の対日参戦の条件の1つとして「ソ連へのクリル諸島の引渡し」を規定した。ソ連は、ヤルタ協定により、択捉島、国後島、色丹島および歯舞群島を含むクリル諸島のソ連への引渡しの法的確認が得られたと主張していた。日本は、ヤルタ協定は領土の最終的処理に関する決定ではなく、また当事国でない日本は法的にも政治的にもヤルタ協定に拘束されないとの立場である。

(4) 1945年7月26日付のポツダム宣言（ソ連は1945年8月8日に参加）は、カイロ宣言の条項は履行されなければならず、また、日本の主権は本州、北海道、九州および四国並びに連合国の決定する諸小島に限られる旨を規定している。日本は、同年8月14日、ポツダム宣言を受諾し降伏した。

(5) 1941年4月13日署名の日ソ中立条約により、日ソ両国は領土保全と不可侵を相互に尊重しあう義務を負っていた。同条約はまた、5年間効力を有する旨、およびいずれの一方も有効期限満了の1年前に廃棄通告をしない場合には、自動的に5年間延長されたものと認められる旨、規定していた。

(6) 1945年4月5日のソ連による廃棄通告により、同条約は1946年4月25日に失効することとなった。ソ連は1945年8月9日、日本に対し宣戦布告をおこなった。ソ連は、8月末から9月初めにかけて択捉島、国後島、色丹島および歯舞群島を占領した後、1946年2月2日付の最高会議幹部会令で、これらの島々を当時のロシア・ソビエト社会主義連邦共和国に編入した。

(7) 1951年9月8日署名のサンフランシスコ平和条約は、日本がクリル諸島お

および南樺太に対する権利および請求権を放棄することを規定している。しかし、同条約は、これらの領土がどの国に帰属するかについては規定していない。ソ連は同条約に署名しなかった。サンフランシスコ平和条約で日本が放棄したクリル諸島の範囲については、日本の国会における西村条約局長の答弁（1951年10月19日）、森下外務政務次官の答弁（1956年2月11日）、同条約の起草国の1つである米国の国務省による対日覚書（1956年9月7日）等において言及されている。

(8) ソ連がサンフランシスコ平和条約に署名しなかったため日ソ間で別個の平和条約締結交渉がおこなわれたが、領土条項に関する立場の相違から合意に至らなかった。そこで1956年9月29日付の松本日本政府全権代表とグロムイコソ連第一外務次官とのあいだの往復書簡において、両国間の外交関係を回復した後に領土問題を含む平和条約締結交渉を継続する旨が了解された。上記書簡はまた、日ソ両国間の外交関係の再開と、日ソ共同宣言の署名への道を開いた。

(9) 1956年10月19日付けの日ソ共同宣言は、両国間の戦争状態を終結させ、外交・領事関係を回復させた。日ソ共同宣言においては、日ソ両国が正常な外交関係の回復後、平和条約締結交渉を継続すること、また、ソ連が平和条約締結後、歯舞群島および色丹島を日本に引き渡すことに同意することが規定されている。同年12月5日、日本の国会は日ソ共同宣言を承認した。同年12月8日、ソ連邦最高会議幹部会は日ソ共同宣言を批准<ruby>批准<rt>ひじゅん</rt></ruby>した。批准書の交換は、同年12月12日、東京においておこなわれた。

(10) 1960年、新日米安保条約❸の締結に際し、ソ連は歯舞群島および色丹島の返還の前提として、日本領土からの全外国軍隊の撤退という条件を新たに課した。これに対し日本政府は、両国の議会により批准された条約である日ソ共同宣言の内容を一方的に変更しえない旨反論した。その後、ソ連側からは、日本とソ連との関係における領土問題は第二次世界大戦の結果解決済みであり、領土問題はそもそも存在しないとの立場が述べられるようになった。

　波線部分を要約します（資料番号にあわせたため、番号が飛んでいます）。

(1) 大西洋憲章では、連合国は「領土的その他の増大を求めず、また『関係国民』の自由に表明せる希望と一致せざる領土的変更の行なわるることを欲せず」と述べ

---

❸新日米安保条約については、本書現代の政治テーマ5「60年安保闘争がおきる理由はわかるが、70年安保闘争はなぜおきたのだろうか？」18 ～ 21頁参照。

ています。

(2)カイロ宣言では、連合国には領土拡張の意思はないことの他に、連合国の目的は「暴力及び貪欲により日本が略取したる地域」から日本を駆逐することにあると述べています。

(3)ヤルタ協定では、ソ連の対日参戦の条件の1つとして「ソ連へのクリル諸島の引渡し」を規定していました。この協定では、ソ連はクリル諸島には4島が含まれていると主張し、日本はこの協定は領土の最終的処理に関する決定ではなく、また日本は当事国でないのでこの協定に拘束されないと主張しています。

(4)ポツダム宣言では、カイロ宣言の遵守のほかに、日本の主権は本州などと「連合国の決定する諸小島」に限られると規定しています。

(6)ソ連による日ソ中立条約廃棄通告後、ソ連は日本に対し宣戦布告をおこないました。ソ連は4島を占領後、ソ連に編入しました。

(7)サンフランシスコ平和条約は、日本がクリル諸島および南樺太に対する権利および請求権を放棄することを規定していました。しかし同条約は、これらの領土がどの国に帰属するかについては規定していませんし、クリル諸島の範囲について明確な規定はありませんでした❹。

(8)日本・ソ連間で平和条約締結交渉がおこなわれましたが、領土問題で合意できませんでした❺。

(9)日ソ共同宣言で、①戦争状態を終結させ外交関係を回復する、②外交関係回復後、平和条約締結交渉を継続する、③平和条約締結後、ソ連は日本に歯舞群島と色丹島を引き渡すことが規定されました。

(10)新日米安保条約締結に際し、ソ連は歯舞群島および色丹島返還の前提条件として日本領土からの全外国軍隊の撤退という条件を新たに課しました。日本政府は、

❹「（サンフランシスコ）平和条約の中で（日本は）『千島列島を放棄する』と約束させられました。この時、条約に署名した吉田総理も、これを補佐した外務省の西村条約局長も、放棄した千島の中には『国後・択捉』が入っていると思っていました。」NHK視点・論点「北方領土交渉の行方① 二島返還プラスαで平和条約締結を」（2018年12月17日放送）における東郷和彦京都産業大学教授（元外務省幹部）の解説です。解説中の（ ）は筆者が入れました。
❺合意できなかった最大の原因はアメリカからの圧力だとされています。日本政府は注❹の認識のもと（さらに後述するように、漁業権の確保の要望のもと）、2島返還を条件にソ連と平和条約締結交渉を開始し、ソ連側も2島「譲渡」として受け入れ、一時は平和条約締結がまとまりかけました。しかし、日ソ交渉が中断している最中の1956年8月19日、重光葵外相はダレス米国務長官から「もし日本が国後、択捉をソ連に帰属せしめたなら、沖縄を米国の領土とする」（松本俊一著『増補日ソ国交回復秘録』朝日新聞出版、2019年）と圧力をかけられたとされています。いわゆる「ダレスの恫喝」といわれる一幕です。これ以降、日本政府は一貫して「4島は日本領でありソ連に不当に占拠されている」と主張しています。アメリカが圧力をかけてきた理由は、当時の厳しい冷戦状況、つまりアメリカは日本が必要以上にソ連に接近することを好まなかったからでしょう。

日ソ共同宣言の内容を一方的に変更することはできないと反論しました。しかしその後ソ連は、日本・ソ連間の領土問題は第二次世界大戦の結果、解決済みであり、領土問題はそもそも存在しないとの立場をとるようになりました。

以上が歴史的経緯の要約です。これ以降、日本はソ連（ロシア）と返還交渉を続けますが、一進一退を繰り返します[6]。

2島返還論はなぜ出てくるのだろうか？

前述のように、日本政府は4島返還論に動きますが、4島返還を主張するならば理論的な裏づけが必要となります。根拠は大きく

(1)サンフランシスコ平和条約の条文解釈

サンフランシスコ平和条約で放棄したクリル諸島は得撫島以北であって国後島・択捉島はクリル諸島に含まれない。また、歯舞群島・色丹島は北海道の一部である。

(2)日本固有の領土論

歯舞・色丹・国後・択捉は一度も外国の領土になったことがない日本固有の領土である。

(3)カイロ宣言の解釈

カイロ宣言では領土不拡大の原則が宣言されている。

の3点があげられます。しかし3点ともソ連（ロシア）から反論されており、このままでは北方領土問題そのものが解決できなくなるため主張されるようになってきたものが、いわゆる「2島返還論」です。その主張は大きく2つあります。

(1)2島先行返還論

色丹島と歯舞群島の2島返還をまずめざし、残り2島の返還交渉も継続して進め、最終的に4島返還の達成を目標とする[7]。

(2)2島返還論

4島全部の返還は求めずに、歯舞群島と色丹島のみ返還を要求する[8]。

2島返還論の根拠は、色丹島と歯舞群島の陸地の合計面積は北方4島全体の7%にすぎませんが、200海里排他的経済水域（EEZ）[9]を含めるとその面積は、北方

---

[6] 交渉の経緯は、外務省HP（https://www.mofa.go.jp/mofaj/area/hoppo/hoppo_rekishi.html 最終閲覧2024年1月22日）をご覧ください。コンパクトにまとまっています。

[7] 鈴木宗男氏が主張していました。ただし、ロシアの対応を考えると、「4島全部の返還は不可能である」と分析できると思います。

[8] 元外務省の東郷和彦氏や佐藤優氏らの主張です。2島返還後は、残りの2島の返還はロシア側に求めない（＝択捉島・国後島の放棄）というもので、初期の日本政府の立場に近いと考えられます。

110

領土全体が返還された場合に比べて最低でも20％、最大で50％近くになることです。それに加えて、2島先行返還論は、過去に日本がアメリカとの返還交渉で、奄美群島（1953〈昭和28〉年）、小笠原諸島（1968〈昭和43〉年）、沖縄（1972〈昭和47〉年）と段階的に返還が実現したことを踏まえて、2島の先行返還を経て、段階的に4島返還が実現できるのではないかとの期待が持てるのです。

北方領土問題は解決するのだろうか？

　前提として、ロシアにとって北方4島（歯舞群島・色丹島・国後島・択捉島）の位置づけを考えざるをえません。ロシアにとって北方4島は戦略上、きわめて重要な位置にあります。ロシアはユーラシア大陸にまたがる広大な国土を持っていますが、北極海に面している北側は冬のあいだ、海が凍結して船の航行ができません。そこで、ロシアは歴史的に不凍港の獲得を重視してきました。バルカン半島・小アジア方面への勢力拡大をねらう帝政ロシアの伝統的政策（「南下政策」と呼んでいます）です。この政策のため、ロシア・トルコ戦争やクリミア戦争などがおきました。獲得をめざす不凍港の範囲は、西のヨーロッパ側はバルト海、ウクライナと接する南側は黒海、東はウラジオストック、そしてその東の北方4島です。北方4島はロシアにとって、ウラジオストックから太平洋に出るための重要拠点なのです。さらに、もし日本に引き渡したら、日米安全保障条約にもとづいてアメリカ軍が展開するのではないかと警戒するのは当然でしょう[10]。

　いずれにせよこの北方領土問題は、サンフランシスコ会議で最終的な領土問題を議論しなかった（先送りした）「つけ」が回ってきている問題だといえるでしょう。

[9]領海の外側にあって、沿岸国が生物資源および海底の鉱物資源を保有・管轄する権利を持つ一定水域を指します。国連海洋法条約で領海から200海里（1海里＝約1852m）までと定められています。この海域には、ウニ、サケなど豊富な漁業資源があります。ただし、北方4島のなかのどこで国境ラインを引くかで水域は変わることに注意してください。
[10]アメリカが率いる北大西洋条約機構（NATO）では、1999年にポーランド・チェコ・ハンガリーが、2004年にバルト3国やブルガリア・ルーマニア・スロバキアなどが正式に加盟するなど、いわゆるNATOの「東方拡大」が進みました。その動きに対しロシアは強く反発してきました（それが2022年のウクライナ侵攻に発展しています）。返還後の色丹島と歯舞群島へのアメリカ軍基地の設置は現実的ではないとしても、日米安全保障条約は日本の施政権下にある領域に適応されるため、有事においてもアメリカ軍が展開しないことを日本が文書で確約することは難しいと考えられています。詳しくは、NHK視点・論点「北方領土交渉の行方②　安全保障の観点から」（2018年12月18日放送）における兵頭慎治氏（防衛研究所）の解説を参照。

コラム　なぜ日本の占領はアメリカの単独占領になったのだろうか？

　この疑問に答える前に、日本同様、第二次世界大戦の敗戦国ドイツは「4カ国（イギリス・アメリカ・フランス・ソ連）による分割占領」であったことを確認しましょう。

　ドイツ降伏前の1945年2月、ヤルタ会談においてアメリカ・イギリス・ソ連の3国首脳は、フランスを加えた4カ国で戦後のドイツを分割管理する基本方針を決定します。会議後の4国宣言では、この占領はドイツを消滅させることではなく、また分割管理は固定されるものではなく、近い将来に1つの国家として主権を回復されるものとされていました。しか

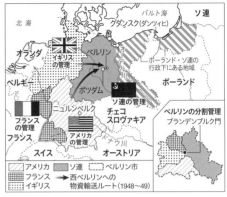

1948〜49年のベルリン

4カ国統治のラインは、ドイツ降伏時に4カ国が進撃していたラインに近く、またベルリンが分割されたのは、まさしく「首都」だからだといってよいでしょう。

し、冷戦の対立がドイツに持ち込まれ、資本主義経済を基本として経済復興をめざす西側と、社会主義化をめざすソ連との理念の違いがしだいに表面化します。1948年6月の西側の通貨改革強行を機にソ連がベルリン封鎖[11]に踏み切った時から、ドイツの東西分裂が事実上確定するわけです。

　実は第二次世界大戦末期に、連合国は戦後の日本占領方式について、日本政府を通じた間接統治案[12]、1国あたりが担当するコストを減らすためにドイツと同様に主要連合国による日本本土の分割直接統治案などが検討されていましたが、最終的にアメリカを中心とする間接統治に決まりました。その背景は[13]、アメリカがドイツの分割占領の失敗を繰り返したくなかったからだといってよいでしょう。その理由を少し詳しく説明すると、第1に、ドイツのように、ドイツとの戦闘をおこなった部隊と占領を担当する行政機構への移行が円滑にいかなかった場合、占領の目的遂行が困難になるからです。そのため、

---

[11]1948年6月〜49年5月まで、ソ連が西ベルリン市（アメリカ・イギリス・フランス3国が占領していた地域）と、のちの西ドイツの地域との交通を遮断した事件を指します。地図で確認していただきたいのですが、西ベルリン市はソ連が占領していた地域（のちの東ドイツ）のなかにある、いわば「陸の孤島」です。そのため、封鎖がおこなわれると食料をはじめとした物資の供給ができなくなります。しかし西側3カ国は、西ベルリン市へ大規模な空輸（「空の架橋」と呼ばれました）を開始し、最終的に封鎖は失敗します。1点注意していただきたいことは、「ベルリン封鎖」と「ベルリンの壁」は異なる点です。ベルリンの壁については、本書国際政治テーマ8「アメリカとソ連は冷戦をなぜやめたくなったのだろうか？」77頁コラム参照。

[12]敗戦前にアメリカ軍により占領されていた南西諸島（沖縄諸島や奄美諸島）や小笠原諸島はアメリカ施政権下におかれていましたから、「分割」だったということもできます。

[13]いろいろな説がありますが、ここでは有力で納得しやすい説明をしたいと思います。

アメリカはソ連などの対日分割占領要求を拒否しています⑭。また占領軍の構成でも、特にオーストラリアの強い希望で英連邦軍（イギリス軍・オーストラリア軍・ニュージーランド軍・インド軍など）が中国地方に派遣されますが、主に四国地方限定、しかも実質的にはアメリカ占領軍の一部としての戦力提供にとどまっていました。第2に、ドイツのように、複数国による占領がおこなわれると、占領国軍内での意見の一致が困難になるだけでなく、複数国での占領はソ連や他の連合国に対等性を求められ、アメリカの利益が損なわれるという懸念もあったと考えられます。

　このような事実上アメリカによる単独占領の要求を他の連合国が認めざるをえなかったのは、太平洋戦争初期はシンガポールなどでイギリスが、そしてインドネシアでオランダなどが日本と戦闘を交えましたが、太平洋戦争半ばから事実上日本とアメリカの戦争になったため、アメリカの発言権が大きくなったことがあげられます。また、すでに冷戦が始まっていたためソ連の主張は排除されましたし、パールハーバー以前から日本と戦っていた中華民国は、国共内戦で日本占領どころではなかったこともあげられるでしょう。

　いずれにせよ、ソ連をはじめその他の連合国の介入を抑えることによって、ドイツ占領にはみられなかったアメリカの単独占領が日本において実現しました。その後、ドイツや朝鮮半島が分断国家となったことを考えると、日本は幸運だったといえるかもしれません。ただし、その後の「逆コース⑮」など、対日占領政策の変更に日本はその後振り回されることになります。

---

⑭経緯をたどると、ヤルタ会談でソ連は対日参戦の見返りとして北方領土を占領することが認められていましたが、8月16日にスターリンは、北方領土だけではなく、北海道北東部（釧路―留萌を結んだ直線以北）の半分をソ連占領地とするよう、トルーマン大統領に求めました。8月18日、トルーマン大統領はスターリンの要求を拒否し、分割占領を回避することを勧告するアメリカ国務省案を承認しています。さらに8月22日、トルーマン大統領は、日本の間接統治方式を最終的に承認しました。
⑮アメリカの対日占領政策の転換に伴い、日本の民主化・非軍事化に逆行する政治・社会・風俗の動きを指します。1950年の朝鮮戦争の勃発以来、顕著になりました。具体的には、1950年の警察予備隊創設で再軍備への道が開かれたこと，レッド・パージや公職追放を受けた者の解除などで保守勢力が復活したこと、1952年の血のメーデー事件、破壊活動防止法・教育二法の制定や独占禁止法の緩和などもあげられるでしょう。政治だけでなく、社会や経済など各方面にみられます。

現代の経済

経済学とは？
―古典派、ケインズ、マネタリズム、合理的期待形成学派、ニュー・ケインジアン ―

「経済」「経済学」とは？

　まず定義をしましょう。「経済とは、ヒト、モノ、カネ、情報が生産され、取引され、消費され、さらにはそれを繰り返す関係のことをいいます。（そして）私たちの生活がどのような仕組みで成り立っているのかを、経済を通じて社会全体が形づくられていく過程を踏まえながら学んでいくのが経済学です」❶と説明されています。

　経済学の歴史を概観しましょう。近代経済学はアダム＝スミス（1723～90年）❷の『国富論（諸国民の富）』（1776年）から始まったとされています。補足になりますが、スミスの関心事は、国の総体としての国力であり、現在のマクロ経済学❸の課題と一致するところが多いといわれています。

> **コラム**　**「経済」の語源は？**
>
> 　「経済」の語源は２つあるといわれています。
> (1)economy：「economy」は古典ギリシア語の「οικονομια（oikosnomos、オイコスノモス＝「家政」）」に由来しています。「οικος」は家を意味し「νομος」は法や慣習を意味します。つまり、economyの本来の意味は一家の統治における財の扱い方です。近代になると、これを国家統治の単位にまで拡張し、さらに現代では国際経済を含めた「財の扱い」を指すようになったのです。
> (2)経済：明治初期、福沢諭吉が英和辞書を編纂しているとき、「economy」の訳語として、中国の「経世済民（もしくは経国済民）」（＝世界を治（経）め、民を救（済）う）から造語したとされています。もっとも古い使用例は、東晋の葛洪によって記された『抱朴子』です。

---

❶横浜国立大学経済学部HP（https://www.econ.ynu.ac.jp/about/economics/　最終閲覧2024年1月31日）。文中のカッコは筆者がいれました。
❷古典派経済学の創始者で、「経済学の父」と呼ばれています。主著は、本文にあげた『諸国民の富（国富論）』の他に、道徳哲学を論じた『道徳感情の理論』（1759）があります。富の源泉を労働に求めて（労働価値説）、「（神の）見えざる手」による予定調和をとなえ、重商主義・重農主義を批判して、産業革命勃興期の自由放任主義的経済思想を理論的に基礎づけました。なぜ重商主義・重農主義を批判したのかについては、少し調べていただければと思います。

　近代マクロ経済学は、1936年に出版されたケインズ（1883 ～ 1949年）の『雇用・利子および貨幣の一般理論（一般理論）』から始まったとされています。ケインズは世界大恐慌を目の前にして、その脱出方法を提示しました。

　その後「政府の失敗❹」が主張され、ケインズ理論の修正が模索されます。そのなかで、マネタリズム、合理的期待形成学派、ニュー・ケインジアンなどの新しいマクロ経済学体系が生まれてきました❺。

「古典派経済学」とは？

　前述したアダム＝スミスが大成した経済学です。マルサス、リカード、J. Ｓミルなどが属します。自由な経済活動による市場の活性化が経済を発展させると考え、国家による経済統制を最低限に抑えることを主張しました。いわゆる「自由放任主義（レッセ・フェール）」の経済学です。

　ポイントは、なぜ「経済活動を自由にさせておくと、経済はうまく回るか？」です。答えは、市場経済には「価格の自動調節機能」があるからです。価格の自動調節機能とは、誰かが計画した（たとえば、計画経済❻）わけでもないのに、不特定多数の買い手の需要量と不特定多数の売り手による供給量が、価格により自動的に調節されるメカニズムです❼。重要な部分は、適正な価格（均衡価格と呼びます）であれば、売り手と買い手の気持ちが一致して生産・流通する（消費される）ので、モノ余りやモノ不足がおきず、資源を最適に配分できることです（これを「資源配分の最適化」と呼びます）。「経済とは、最小の費用で最大の効果をあげることをめざす」と定義するならば、このような価格の自動調節機能（価格メカニズム）で自動的に資源配分の最適化がおこなわれるのですから、政府による価格や数量規制は望ましくないことになり、自由放任経済が肯定されるわけです。

---

❸経済学の領域の１つで、政府、企業、家計を一括りにして、一国の（あるいは世界の）経済社会全体の動きを探究します。対照的にミクロ経済学とは、家計（個人）や企業を最小単位としてその行動や意思決定がどのようになされるかを扱う経済学の領域です。

❹「市場の失敗」を克服するための政府の活動が、効率性や公正性に反する結果をもたらすことです。具体的には、公共事業は市場での競争を欠くために非効率がおきたり、政治により資源配分の歪みがおきたりすることを、「小さな政府」を主張する人たちが指摘しています。

❺他にも、歴史学派、マルクス経済学、新古典派（限界効用学派）などが存在します。

❻本書国際政治テーマ４「なぜ社会主義が魅力的にみえたのだろうか？ また第三世界はなぜ生まれたのだろうか？」60 ～ 63頁参照。

❼この機能が十分に動く前提として、(1)売り手と買い手が多数存在し、自由に競争がおこわれている完全競争市場であること、(2)売り手も買い手も市場の全体（数量）はみえないので、価格しか判断材料がない（つまり売り手も買い手も価格をみて「売る」「売らない」「買う」「買わない」の選択をする）ことなどがあります。

価格の自動調節機能

需要（買いたい人の気持ち）

	Aさん	Bさん	Cさん	Dさん	合計
100円	1	2	3	4	10
200円	0	1	2	2	5
300円	0	0	1	1	2
400円	0	0	0	1	1

供給（売りたい人の気持ち）

	Eさん	Fさん	Gさん	Hさん	合計
100円	1	1	0	0	2
200円	3	2	0	0	5
300円	5	3	1	0	9
400円	7	4	2	1	14

表

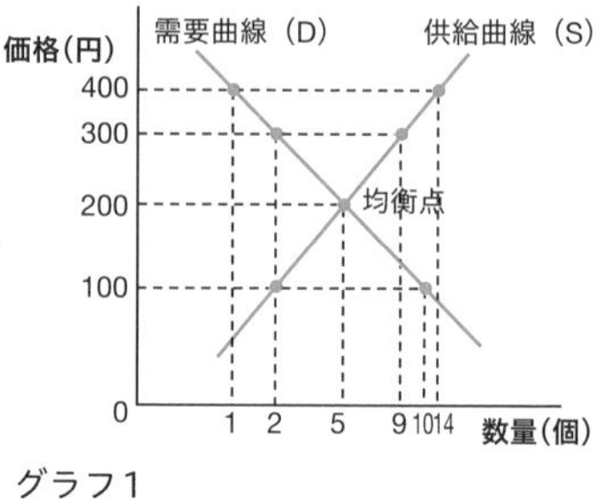

グラフ1

さてトマトの売買を考えてみましょう。左上の**表**が買いたい人と売りたい人の判断基準です。たとえば、トマトが100円で売っていると、Aさんは1個、Bさんは2個・・・買いたくなり、4人合計で10個買いたくなる（＝需要）ことを示しています。トマトの価格が高くなるほど買いたい合計が減ることがわかります。売りたい人の気持ち（＝供給）

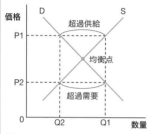

グラフ2

はその反対です。両者の気持ちをグラフにすると**グラフ1**になります**⑧**。さて、需要と供給が一致した点を「均衡点（均衡価格）」と呼びますが、「200円で5個」の点で買いたい人と売りたい人の気持ちが一致しました。つまり、この価格で過不足なく売買が成立するのです。もし売る側が300円という値段をつけたらどうなりますか？　そうです9個供給されますが需要は2個ですから、7個売れ残って腐ってしまいます。それを「超過供給」と呼び、図式化すると**グラフ2**のようになります。供給側は腐ると儲けがありませんから、しだいに生産を減らしていき、最適な5個に落ち着くわけです。反対に100円にすると「超過需要」が発生します。いかがですか？　市場にこのような需要や供給を調節する機能があるならば「放っておいても大丈夫！」ですね。ですから、スミスは「自由放任」を主張したのです。

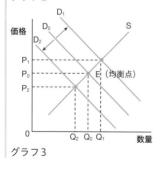

グラフ3

この需要供給曲線で、ほとんどすべての経済現象が説明できます。**グラフ3**で、もともとD_0だっ

⑧400円で買いたい人はDさん1人で1個ですからグラフの「1個、400円」に点をおきます。300円だと2個買いたい人がいますので「2個、300円」に点をおきます。このように買いたい気持ちの点を結ぶと「買いたい人の気持ちの線（＝需要曲線）」が引けます。ここでは1個、2個と少数なので「線」になりませんが、本当のトマト市場では何十万個になるので線になると考えてください。このように「需要曲線は『右下がり』になる」のです。供給曲線も同じように考えます。ここでは「直線」のグラフを示しましたが、製品によっては「曲線」になる場合もあります。

た需要曲線が右側にシフトしてD_1になったのはなぜでしょうか？　買う側が「高くてもたくさん買いたい気持ちになった」のですから、モデルチェンジなどがありその商品の

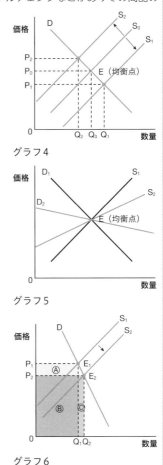

グラフ4

グラフ5

グラフ6

人気が高まった、所得が上がった、人口が増えたなどの理由が考えられます。D_2にシフトする理由はその反対です。

　次は**グラフ4**です。供給曲線がS_0からS_1にシフトする理由は何でしょうか？　供給側が「安くたくさん供給できるようになった」のですから、原材料費・人件費などが安くなったり技術革新で生産コストが下がったりしたなどの理由が考えられます。S_2にシフトする理由はその反対です。

　製品によって需要曲線の傾きが変わります。「ぜいたく品（＝『生活必需品でないもの』という意味です。『宝石』だけでなく『A5の牛肉』もそうかもしれません）」は、価格が上昇すると一般的に購入を控えますが、主食やトイレットペーパーなどの「生活必需品」は、価格が上昇しても購入量は大きくは減らせません。つまり、ぜいたく品は価格の変化に対して需要量の変化は大きいわけです。では「ぜいたく品」は、**グラフ5**のD_1、D_2どちらでしょうか？　そうですD_2です❾。このような品物を「価格の弾力性が大きい」製品と呼びます。生活必需品は反対で、傾きが急になり「価格の弾力性が小さい」製品となります。

　他にも、キャベツが大豊作で、農家がトラクターでキャベツを潰しているニュースをみたことがありませんか？　本当にもったいないのですが、供給を減らして値崩れを防ぎ、収入を確保しようとしているのです。具体的には、需要が一定だった場合❿、豊作なので**グラフ6**の供給曲線はS_1からS_2へと右にシフトします。すると取引量はQ_1からQ_2へと増加し、価格はP_1からP_2へと下落します。下落後の農家の収入は、価格P_2×販売量Q_2の面積で表されます（Ⓑ＋Ⓒの面積の和です）。それまでの収入は価格P_1×販売量Q_1（面積だとⒶ＋Ⓑ）なので、収入は減ってしまうことにるため、供給量を減らそうとするのです⓫。

---

❾はじめに示した「トマトの需要供給曲線」のグラフのように、「価格」と「数量」の点を打ち、その点をつなげてみるとわかります。是非試してください。
❿いくら豊作でキャベツが安くなったからといって、毎食キャベツを1個ずつ食べる人はほとんどいないと思います。
⓫面積の問題なので、傾きやシフトの幅などによって変わることに注意してください。

さらに閉店間際のスーパーで、お惣菜を値引きする理由です。お惣菜や魚などの生鮮食品は、いったん店頭に並べると保存できず供給量を調整できません。もし売れ残った場合は破棄することになり、売り上げどころか原価回収もできません。閉店間際では、賞味期限を迎えるお惣菜の個数は一定量になるので**グラフ7**のように供給曲線Sは垂直になります（数量はQ）。価格P₁だと均衡点がありませんから、P₂に値引きをして均衡点Eを求めるのです。

最後に別の「垂直な供給曲線」を考えましょう。典型例は**グラフ8**のコンサートのチケットです。当たり前ですが、コンサートホールには収容定員がありますから、供給曲線Sは垂直になり、人気のイベントは超過需要がおこりやすいわけです❶❷。

長くなりましたが、価格の自動調節機能によって、過不足なくモノの生産、消費がおこなわれていることがおわかりになったと思います。

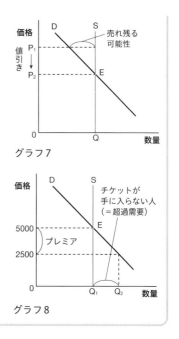

グラフ7

グラフ8

「ケインズ理論（近代経済学派）」とは？

ケインズは、19世紀後半から広がった市場の失敗❶❸の原因は、自由放任経済であると批判しました。さらに、1929年に始まった世界大恐慌後の不況と大量失業者の原因は、古典派経済学が「完全雇用の均衡理論」（失業のない状態を前提にした経済理論）だったためであると批判し、「非自発的失業（＝働く能力・意思はあるが、雇用機会がないことによる失業者）」が存在する経済活動を分析しました。そして、伝統的な自由放任政策から政策を転換して、国家が積極的に経済に介入して有効需要❶❹を生み出せば（「創出する」といいます）、完全雇用（＝非自発的失業者がいない状態）が実現できると主張しました。つまり、失業はモノが売れないからおきる

---

❶❷**グラフ8**では、座席数はQ₁で、このコンサートチケットの価格が2500円の場合を示しています。需要曲線はDですから、本来の価格は5000円でもよいわけですが、2500円と安いためQ₁～Q₂分だけ「超過需要」がおきている状態を示しています。それならば、入場料を5000円に設定すればよいのですが、たとえばそのミュージシャンが一番来て欲しい「若い人」が、5000円ではチケットを買えなくなることを防いでいるのでしょうね。しかし、そのためにチケットを手に入れられない人や「プレミア」などの問題が出てくるわけです。この例は、価格の自動調節機能の例外としてあげました。

❶❸本書現代の経済テーマ5「『公害』はなぜおきるのだろうか？」140～143頁参照。

❶❹「有効需要」とは、「貨幣の裏づけのある需要」のことです。たんに買いたいと思うだけでなく、実際にお金を持っていて、本当に買うことができる気持ち（状態）が必要なのです。

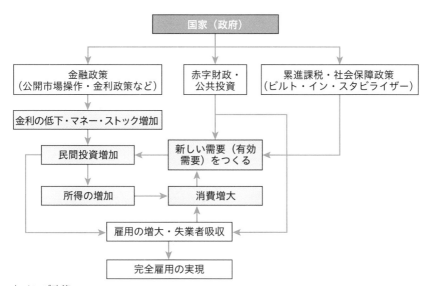

ケインズ政策

のので、国家が公共事業などで需要を創出すればよいと主張したわけです[15]。古典派経済学は、賃金を安くすれば完全雇用を達成できると論じていました。しかしケインズは、売れないモノを生産するために経営者は労働者を雇うはずはないと断言し、失業はモノやサービスに対する需要不足の結果であると主張したのです。

　そして有効需要を創出するために、国家は金融政策やビルト・イン・スタビライザーを活用したり、不況の時は財政赤字になっても公共投資をおこなったりなど積極的に経済に介入すべきであると主張しました。これは従来の自由放任経済の常識をくつがえすもので、革命的な理論として世界に大きな影響をおよぼしました。

　上のケインズ政策の図をご覧ください。ケインズは、まず金融政策[16]で中央銀行がマネー・ストックを調整して景気対策をおこなうことを提案します。たとえば、不況期には公開市場操作で市中に貨幣を多く流通させ、有効需要を創出させるべきだと主張します。マネ・ーストックが増えれば、国民のお財布のなかのお札が増え

[15] この国民所得や雇用水準は投資と消費の合計である有効需要の大きさによって決定すること（有効需要論）の他に、ケインズは投資の増加がその増加分以上に所得を増加させること（乗数効果）、利子は流動性を手放すことへの対価であり、利子率は資産を流動性の高い現金として保有したいという需要と貨幣の供給量が均衡するように調整されること（流動性選好説）などを論証しています。興味のある方は調べてください。
[16] 具体的には、公定歩合操作（金利政策）や預金準備率操作（支払準備率操作）、公開市場操作でマネー・ストックを調整します。マネー・ストックとは、中央銀行を含む金融機関から経済全体に供給されている通貨の総量を示す指標です。なお、日本の中央銀行である日銀の現在の政策は、公開市場操作中心です。

現代の経済

てモノを買うようになるはずだということです。ビルト・イン・スタビライザーなどもお札の量をコントロールするという意味では同じです⑰。

第2に、ビルト・イン・スタビライザー（景気の自動安定装置）⑱の制度化を提案します。その制度では、不況期には累進課税で税収は大幅に減少し、民間の可処分所得を高めます。また失業者や生活困窮者が増えるため、失業給付や生活保護費の支払いを通して民間の購買力を高めるマネー・ストックが増えることになります。好況の時は反対の現象がおこります。

第3に、政府が公共投資（たとえばダムや高速道路の建設）で積極的に有効需要を創出するべきだと主張します。ニューディール政策のテネシー川流域総合開発事業などが典型例です。ポイントは、ビルト・イン・スタビライザーで税収が大幅に減っているときに、大規模公共事業をおこなう予算があるかです。そこでケインズは、国債を発行してでも（つまり「財政赤字」になっても）公共投資をおこなうことを主張します⑲。

ケインズ理論は、F.ローズベルト米大統領のニューディール政策の理論的支柱となり、一定の成果を上げました。またアメリカが第二次世界大戦で勝利したこともあって、戦後、多くの国でケインズ理論が採用されていきました。

マネタリズム、合理的期待形成学派、ニュー・ケインジアンとは？

1970年代以降、前述した政府の失敗やスタグフレーション⑳などがおこり、ケインズ理論への批判が生まれました。

第1のグループは、シカゴ学派のフリードマン（1912～2006年）が主唱するマネタリズムです。その理論は、物価や名目国民所得の変動を左右する主たる要因は貨幣量（＝マネー・ストック）の変動にあるとの主張です。政府の経済政策は長期的な成長率にみあった一定の増加率での貨幣供給に限定すべきで、経済活動は全面的に市場機構にゆだねるべきだと主張しました㉑。

---

⑰ただし、ケインズは、好況期には金融引締を提案します。つまり、私たちの生活にとって「好況」は好ましいことですが、あまり好景気が続くとその反動で不況が深刻化したり恐慌になることを避けるために、景気をコントロールするべきと主張します。
⑱典型的には、累進課税制度と社会保障制度（特に、失業手当と生活保護）をセットとして制度化しておくことです。この制度を確立しておくと、政府が何か政策的判断をしなくても、自動的に景気がコントロールされる点がポイントです。
⑲ただし景気がよくなれば、ビルト・イン・スタビライザーで税収が増え社会給付が減り、歳入が増えるので、そこで国債を償還すればよいと考えるわけです。
⑳本書現代の経済テーマ2「インフレとデフレ、どちらが悪いのだろうか？」127頁注⑩参照。
㉑規制緩和や公営企業の民営化を進め「小さな政府」をめざしたレーガノミクスやサッチャリズムの理論的支柱となりました。この考え方を「新自由主義」と呼んでいます。

　第2のグループは合理的期待形成学派です[22]。まず、人々が利用可能な情報を効率的・合理的に利用すると、その予想は客観的確率に等しくなると考えます。そのため、政府が裁量的経済政策をおこなったとしても、企業も個人もその結果を正しく予想して行動し、「予期されない」物価上昇率はゼロとなるためその政策は無に帰すと主張して、ケインズの裁量的経済政策は短期的にも長期的にも無意味であると主張しました。

　これらのグループに対抗して、ケインズ的な裁量的経済政策の有効性を示そうとしたマンキュー（1958～　）やローマー（1995～　）らのグループをニュー・ケインジアンと呼んでいます。ニュー・ケインジアンがそれまでのケインズ主義者と異なる点は、マネタリストなどの考えを一部取り入れている点にあります。

　最後に「経済学派」という分類からはずれますが、フランスの経済学者トマ＝ピケティ（1971～　）[23]について触れます。ピケティは、18世紀終わりから現代にかけての資産や所得の分配に関する統計資料を利用して、欧米の経済的不平等の歴史的変化と現状を明らかにしました。そして歴史的傾向として、資産からの収益の方が生産や給与の伸びより大きいとして「r（資本収益率）＞g（成長率）」との経済法則を提唱し、経済格差の拡大に警鐘を鳴らしています。この不等式から資産運用により得られる富は、労働によって得られる富よりも成長が早い（大きい）ことが導き出されます。つまり「資産を持っている裕福な人はより裕福になり、労働でしか富を得られない人は相対的にいつまでも裕福になれない」ということです。確かに相続税などで所得再分配政策はおこなわれていますが、ピケティは多くの富が世襲されて増えていると示唆しています。そのため格差は現在も拡大しており、やがては中間階級が消滅すると主張しています。この不均衡を是正するために、累進課税型の財産税や所得税を強化し、タックス・ヘイブンへ資産を逃がさないように国際社会が連携する必要があるという提案をおこなっています。

[22]サージェント（1943～　）やルーカス（1937～2023年）が代表的論者です。前述したマネタリズムも徹底的に批判したため、フリードマンらの「シカゴ学派」と区別するために、「ミネソタ学派」と呼ぶ場合もあります。彼らは、ケインズ的な財政・金融政策は短期的な効果もないことを数学的に証明しました。経済学は、だんだん数学に近くなってきています。

[23]2015年のピケティ来日に際し、筆者は東大でおこなわれた講演に出席しました。英語での講義とのことでしたので同時通訳のイヤホンを借りなかったのですが、講義が始まると「フランス語なまりの英語（笑）」で、慌ててイヤホンを借りに行ったことはよい思い出です。

インフレとデフレ、どちらが悪いのだろうか？

物価とは？

　インフレーション（インフレ）とデフレーション（デフレ）は、ともに物価が継続的に変動する現象を指します。その「物価」ですが、企業間で売買されるモノの価格である「企業物価」と、消費者が購入するモノやサービスなどの価格である「消費者物価」にわかれます。一般的に、昨年と比較して「いまの『物価』がどうなっているかを知りたい」のですから、それぞれ「いま〇〇円」などといわれても混乱します。そのため物価は、基準年を100とした指数（＝物価指数）で表します。物価指数は2種類あります。企業物価指数は日本銀行調査統計局が発表し、企業間で取引される際の商品価格の動向を示します。調査対象は原材料などの生産財が中心で速報性が高いため、景気動向や金融政策の判断材料として重視されています。消費者物価指数は総務省統計局が発表しています。家計調査をもとに、小売り段階での財やサービスの価格（調査品目は、2020年現在528品目）を加重平均した価格動向で示し、各種経済政策や年金改定に利用されています。

インフレとは？

　インフレは、物価が継続的に上昇してお金の価値が下がる現象です。インフレは、需要側の要因と供給側の要因の大きく2つに分類できます。

　需要側が要因でおきるインフレを、ディマンド・プル・インフレ（需要インフレ）といいます。好況や金融政策などで需要が高まり、供給（生産）が追いつかず、品不足のためおきるインフレです。ディマンド・プル・インフレがおきる主な理由は、財政支出の拡大による「財政インフレ❶」、管理通貨制のもとにおいて不換紙幣を乱発することによっておきる「紙幣インフレ❷」、過度の金融緩和や放漫な信用創造によっておきる「信用インフレ❸」、輸出増による国内の品不足や通貨量の増大でおこ

❶公共事業の拡大や軍備拡張などによる財政赤字が原因です。そのなかでも、政府が赤字国債を増発し、中央銀行が引き受けるためにおきる場合を公債インフレと呼び、戦前の「日銀引き受け」によっておきたインフレはその典型です。
❷典型例は、第一次世界大戦後のヴェルサイユ条約による巨額の賠償金を通貨の大量発行で支払ったドイツ、あるいは明治維新直後の新政府が不換紙幣である太政官札を大量発行した日本です。
❸たとえば、銀行のオーバー・ローン（過剰融資）により、信用創造が過剰に創出され、通貨が名目的に膨張することによって発生します。

る「輸出インフレ④」などがあります。

供給側が要因でおきるインフレを、コスト・プッシュ・インフレ（費用インフレ）といいます。賃金や原材料費などの生産コストの上昇が原因でおきるインフレです。主な理由は、輸入原材料の値上がりを価格に転嫁する「輸入インフレ⑤」、高生産性部門（たとえば、大企業や重化学工業部門）の賃金上昇に引きずられて低生産性部門（たとえば、中小企業や農林水産業）が無理な賃金上昇をおこない、その分を価格に転嫁することによっておきる「生産性格差インフレ（構造インフレ）⑥」、寡占・独占市場で管理価格が設定されたり、価格が引き上げられる「管理価格（マークアップ）インフレ」などがあります。

さらにインフレについては、その速度によって3つに分類できます。

(1)クリーピングインフレ（しのびよるインフレ）は、年上昇率2～3%程度のインフレです。景気が「よい」ということはモノが「売れている」ということですから、高度経済成長期のような好況局面ではインフレになります。現代の福祉国家では、完全雇用の実現や社会保障の充実、経済成長の実現のために紙幣が増刷される傾向にあり、クリーピングインフレは避けることのできないインフレとされています。年数%程度のインフレならば持続的に購買力が上昇し、景気によい刺激を与えてくれると考えられているのです。

(2)ギャロップインフレ（駆け足インフレ）は、1年間の物価上昇率が10%から数十%程度のインフレです。典型例は、第1次石油危機の際の「狂乱物価」です。この程度の物価上昇率でも、一般的に「売り惜しみ（トイレットペーパーがなくなりました）」が始まり、経済は混乱します。

(3)ハイパーインフレ（超インフレ）は、1カ月の物価上昇率が数十%以上のインフレです。このようなインフレに直面すると、「売り惜しみ」によって生産停滞がおきます。第一次世界大戦後のドイツや第二次世界大戦直後の日本でおきました。「売り惜しみ」がおきる理由ですが、1年間に10倍の物価上昇がおきたとします。1月に石炭を100円/kgでAさんに売った人が、12月にAさんから石炭を買い戻そうとすると1000円/kgで買わなければなりません。つまり、ハイパーインフレ下ではモノを売ると損をしてしまうので「売り惜しみ」がお

④輸出超過によって貿易黒字分の紙幣が増刷されておきるインフレです。たとえば、1億ドルの貿易黒字は、当面ドルを使用しないならば円に交換されるので、1億ドル分の円紙幣が必要となります。しかし、それだけの円紙幣が外国為替市場にない場合は新しく紙幣を発行するためにおこります。基本的に貿易黒字国であった日本は、この局面に立たされているわけです。
⑤日本は原材料を大量に輸入しているので、直撃されやすいといえます。典型例は、第1次石油危機後の「狂乱物価」です。
⑥典型例は、日本の高度経済成長期にみられた「産業の二重構造」が原因のインフレです。

きるのです。そのため原材料や生産物の売買が停滞し、生産がストップしてしまい経済が崩壊してしまいます。

さて、インフレのメリットとデメリットです。メリットは通貨価値が下落するので、住宅ローンなどの返済（将来の負担）が軽くなります。また、株式や不動産などの資産価値が（物価上昇に伴って）上がるので、消費や投資が活発になります。反対にデメリットは、賃金は上昇しますが物価の高騰に追いつかなくなることが多いので❼、日々の生活が苦しくなります。また、現金や預貯金、年金受給額が目減りするため、年金生活者などの生活が苦しくなります。

デフレとは？

デフレとは物価が少なくとも２年間継続的に下落し、お金の価値が上がることです。デフレがおきる原因は

(1)社会全体の需要に比べ、供給が大きすぎた❽

(2)生産性向上により生産コストが低下した

(3)規制緩和や独占禁止政策による自由競争の確保によって、大企業の価格支配力の低下がおきた

(4)円高になったり、世界で価格競争が激化し、安くモノを買えるようになったことで、国内物価の下落につながった

などです❾。デフレにもメリット、デメリットがあります。

メリットは、賃金は下落しますが物価も下落するので、商品を安く購入することができます。また、現金や預貯金の価値が上昇しますので、資産を持っている人などは有利になります。反対にデメリットは、通貨価値が上昇するので、住宅ローンの返済など将来の負担が重くなります。また、企業の生産活動が停滞し、リストラなどが発生します。それに伴って賃金は下落し、経済成長率が低下します。

---

❼日本の多くの企業は、年度始めの４月から給料を上げますので、それまでの生活が苦しくなります。年金生活者も同じです。

❽1980年代のバブル経済期に、多くの企業は多額の借金をして設備投資をおこないました。その後、バブル経済の崩壊で需要が減少しましたが、大量生産のラインが残り、いわゆる「需給ギャップ」が生まれたことが典型です。

❾その理由の他に、いわゆる「資産デフレ」もあります。バブル経済の崩壊後、株価や地価の下落で資産デフレが長期化・深刻化し、銀行は貸出しに慎重になりました。そのため、企業は設備投資や運転資金などの資金調達が困難になり（「貸し渋り」）、倒産が相次ぎました。また、資産価値が目減りした個人消費者も消費や購入を手控えていきました。

インフレとデフレ、どちらが悪いのだろうか？

　ここまでの説明で、どちらが悪いと思いましたか？　たしかに、今日500円のラーメンが明日1000円になるのは嫌です。ただし、クリーピングインフレで説明したように、景気がよいから「インフレ気味」になるのです。また、インフレでは基本的には生産活動は縮小しませんし、失業者は増えないと考えられていま

給料が
上がらない

モノを
買わなくなる

悪循環

会社の売上が
さらに減る

モノの
価格が下がる

モノを
買わなくなる

会社の
売上が減る

給料が
上がらない

デフレスパイラル
「らせん状」に経済が悪化していく様子がわかります。

す。その意味でインフレのこわさは「明るいお化け」といえるでしょう。ただし、スタグフレーション⑩は避けたいですね。

　デフレでモノが売れなくなると、企業はまず生産を減らし、社員の賃金を減らし、従業員も減らして失業者が増えます。そうすると、消費者の購買力が減ってモノが売れなくなります。そのため、企業収益が減るので、さらに賃金を下げ、解雇を進める・・・。このようにデフレでは「らせん階段」を降りていくように経済が悪化するデフレ・スパイラルに直面することが多いのです。さらに企業が借りていた借金の返済負担も重くなるので、仮に企業が儲かっても、その儲けを返済にあてることになり事業の拡大などはできなくなり、新しく人は雇えなくなります。借金を返済できる企業はまだいいのですが、返済できないと倒産の危機です。そうするとさらに失業者が増えてしまいます。このように、デフレは「暗いお化け」といえるでしょう。そのため近時、政府・日銀が「インフレターゲット⑪」を設定して、物価上昇率をその範囲に到達させようと金融政策をおこなっているのです。

---

⑩スタグフレーションとは、スタグネーション（景気停滞）とインフレーション（物価上昇）の合成語で、不況下の物価上昇を指します。第1次石油危機の原油価格高騰で不景気でも物価が上昇したことが典型例です。景気後退で賃金が上がらないにもかかわらず物価が上昇する現象は、生活者にとって厳しい経済状況といえます。

⑪インフレターゲット（Inflation Targeting）とは、政府や中央銀行が物価上昇率（インフレ率）に一定の数値目標を掲げ、市中の通貨量を調節することによりゆるやかなインフレを誘導し、安定した経済成長につなげる金融政策を指します。日銀は2013年1月、デフレからの脱却をめざして、物価安定目標を2％とするインフレターゲットを導入して以来、大規模な金融緩和政策や景気刺激策をおこなっています。外国では、イギリス、オーストラリアなどがインフレ抑制のために導入していますが、日本のようにデフレ脱却をめざして導入している国はありません。

近頃、間接税の比率が
高くなっているのはなぜだろうか？

直接税、間接税とは？

まず直接税と間接税を定義しましょう。

直接税とは、税金を払う人（租税負担者）が国や地方公共団体に直接（自分で）納める税金です。直接とは「自分のお財布から」と考えてください。「自分はサラリーマンで、会社が税務署に所得税を払ってから給料が振り込まれている。このように、自分は税務署に『直接』払いに行っていないから所得税は直接税ではない」は誤りです。私の給料袋（お財布）から「直接」税務署に支払っているのですから「直接税」です。このような徴税方法を源泉徴収制度と呼んでいます。直接税は所得税の他に、法人税や相続税などがあります。後述しますが、直接税は所得税のように累進課税制のような制度を採用していますから、所得の再分配効果があります。反面、多額の徴税費用がかかるといわれています❶。

間接税とは、税金を払う人（租税負担者）と税金を納めに行く人（納税者）が異なる税金です。何かモノを買うと「消費税」を（上乗せして）「お店の人に」払います。お店の人は私たちの払った税金をあとで税務署に納めに行きます。間接税は消費税の他に、（代金にすでに含まれているので税金を払っている感覚がないかもしれませんが）酒税やたばこ税などがあります。直接税に比べて徴税費用がかからない反面、所得に関係なく負担する税のため、生活必需品が対象になると低所得者の税負担が重くなるというデメリットがあります❷。

---

❶この徴税費用を少なくするためのシステムが、本文でとりあげた世界でもあまり例のない日本の「源泉徴収制度」です。そのメリットは、(1)国の徴収コストを節約し、所得税の徴収漏れも少なくできる、(2)大部分のサラリーマンは年末調整で所得税が確定するので、確定申告が不要になることです。デメリットは、(1)サラリーマンの税金に対する関心を薄める要因となっている、(2)サラリーマンの所得捕捉率が100％なのに、事業所得や農業所得は5～6割、または3～4割、政治家にいたっては1割しか課税対象とされていないという不公平感を生んでいる（いわゆるクロヨン、トーゴーサンピン問題）ことです。

❷たとえば年収200万円のAさんが、食費に1年間100万円かけたので消費税を10万円払うのに対し（ここでは軽減税率は考えません）、年収40億円のBさんが食費に400万円かけて消費税を40万円払ったとします（いくらお金持ちでもそんなにたくさんは食べられません）。Aさんの年収に対する税負担は5％ですが、Bさんは0.01％にすぎません。このように、生活必需品（特に食料品や光熱費）は年収に関係なく必要なので、年収が低い人ほど税負担が大きくなるのです。

> **コラム　第二次世界大戦以前の国税収入**
>
> 　江戸時代の「年貢制度（物納）」ですと、米価により歳入が変動します。そのため1873（明治6）年、明治新政府は地租改正事業を開始し、それまで藩などで税率や税負担などがまちまちであった年貢制度を改めて、全国画一の土地税制を創設するとともに、安定した税源（金納）を確保しようとしました。
>
> 　以上のような経緯で、1899（明治32）年度までは地租（直接税）が租税収入のトップです。しかし、本文で説明したように徴税方法の簡便さのため、間接税中心の租税システムに移行していきます。国税庁資料❸によると、1900（明治28）年度には酒造税が約5030万円（60.7%）だったのに対し、地租が約4672万円（39.3%）となっています。それ以降1938（昭和13）年度まで、税収の第1位は酒造税でした。しかし、1940（昭和15）年の税制改正で直接税中心の税体系が組まれ、酒税の約2億8517万円に対し、所得税が約14億8868万円となり❹、直接税（63.9%）と間接税（36.1%）の比率（直間比率）が逆転します。この直接税を増やす税制改革は、戦時体制の強化（軍事費の増大）にともなって税収入を上げるために、高額所得者に重税をかけ、さらに源泉徴収制度により低所得者の所得税負担を増やすものでした。

直接税と間接税は、戦前と戦後では比率が違うのだろうか？

　次頁のグラフから、第二次世界大戦後、日本は間接税中心から直接税中心の国家になったことが読みとれます❺。その転換点となったのは、シャウプ勧告です。アメリカからシャウプを団長とする使節団が来日し、「近代的な制度❻」である所得税を中核に据えた税制度への抜本的な見直しを提言しました。これ以降、日本は直接税中心の税体系をとることになります❼。

　しかし近頃、なぜ間接税の比率が上昇しているのでしょうか？

　答えは、高度経済成長などが終わり税収の伸びが止まって国債発行が常態化したため、国債にかわる安定した財源として間接税の比率を上げたことが一番の原因です。しかし、はじめに説明したように、間接税は所得が多い少ないに関係なく負担する税です。そのため、生活必需品に税がかかると低所得者の税負担が重くなると

❸国税庁HP（https://www.nta.go.jp/about/organization/ntc/sozei/tokubetsu/h22shiryoukan/02.htm　最終閲覧2024年1月31日）
❹税法改正で「酒造税」が「酒税」に変わってます。また、いわゆる給与所得者が増えたことにより、直接税では「地租」よりも「所得税」が第1位になっています。
❺その他にも、アメリカとヨーロッパの直間比率が違うことなど、多くのことが読みとれます。
❻シャウプ勧告には「間接税に対する直接税の比率は、国民の納税義務に対する自覚の程度を、概略示すものである」との指摘があり、間接税より直接税の方が国民は税負担を感じて納税するため税の使い道に関心を持ち、納税意識を高め、応能負担の原則にもとづく公平に合致し、さらに所得の再分配機能を有するとされていました。
❼のちに当時の大蔵省主税局長となる人物は、所得格差を解消する所得税の優位性を認めるようになり、シャウプ勧告によって民主主義の理屈を学んだとまで語るようになります。こうしてシャウプ勧告は大蔵省に所得税中心主義を植えつけ、戦後日本の税制を方向づけたといえます。

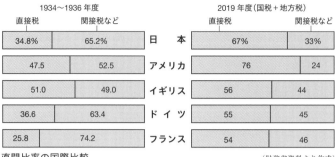

<table>
<tr><td colspan="2">1934〜1936 年度</td></tr>
</table>

1934〜1936 年度

直接税	関接税など		直接税	関接税など

2019 年度（国税＋地方税）

	直接税	関接税など		直接税	関接税など
日　本	34.8%	65.2%		67%	33%
アメリカ	47.5	52.5		76	24
イギリス	51.0	49.0		56	44
ド　イ　ツ	36.6	63.4		55	45
フランス	25.8	74.2		54	46

直間比率の国際比較

（財務省資料より作成）

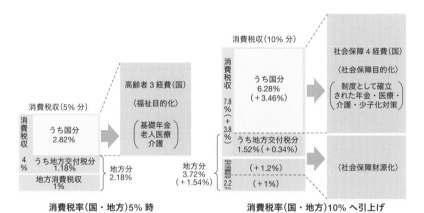

消費税率（国・地方）5％ 時 ／ 消費税率（国・地方）10％ へ引上げ

消費税収の使途

（財務省資料より作成）

いうデメリットがあるのですが⑧、それでも間接税の比率を上げてもよいのでしょうか⑨？

　1つの答えは、上の消費税の使途のグラフからわかるように、消費税率を10％に引き上げる際、高齢化を見据えて税率上昇分を社会保障の充実にあてることにしました。年金などは全国民が受けるものなので、間接税を財源として「薄く広く」全国民が負担することは肯定されるという理由です。つまり直近の消費税を10％に

⑧消費税率を10％に上げる際、低所得者に配慮する観点から、「酒類・外食を除く飲食料品」などを対象に軽減税率（対象品目の税率を8％とする）が実施されています。ただし、スーパーで弁当を買ってイートインコーナーで食べるとき8％でよいのか？　など課題も指摘されています。

⑨消費税が導入された1990年の税率は3％、1997年に5％へ、2014年に8％へ、2019年には10％へと引き上げられています。パーセンテージが増えていくに従い、国税収入に占める消費税の割合は大きくなっていることに注意してください。

増税した理由は、主に年金・医療や少子化対策など社会保障の財源確保のためだったのです。ただし、社会保障の安定的財源や累積債務解消の税源にするためには消費税率を30％にすべきとの試算もあり、議論が必要になっています。

コラム　所得の再分配機能とは？

　財政とは、国や地方公共団体がその活動に必要な資金を徴収し、支出する経済活動です。財政の機能は、(1)資源配分の調整機能：民間企業が市場を通して供給することができない公共財（道路・公園・国防など）を供給する、(2)所得の再分配機能[10]：累進課税、社会保障などで所得分配の不平等を調整する、(3)景気変動の調整機能：ビルト・イン・スタビライザーやフィスカル・ポリシーで景気を安定させることの3点があげられます。この「(2)所得の再分配機能」のしくみの中心が「累進課税」です。日本は、いわゆる「超過累進税率」を採用していますが、その税率は年々低くなっています[11]。

　そのため、下の「所得のジニ係数[12]の推移」から、1980年代以降、再配分後の不平等（再配分後のジニ係数）が上昇している傾向が読みとれます。つまり日本は、「税による再分配効果はもともと大きくなかったが、今日にいたって非常に小さくなっている。それに対して、社会保障による再分配効果はもともとそう小さくなかったのが、現在では相当大きくなって、現在では税と社会保障の再分配への貢献比率は、7％対93％という数字になっている」と、累進税制による所得の再分配機能がしだいに弱まっていると分析されています[13]。

　どのような税制が公平なのか、議論が必要でしょう。

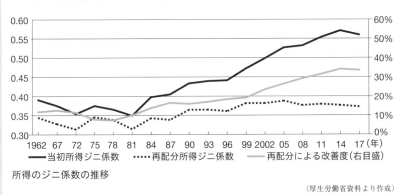

所得のジニ係数の推移

（厚生労働省資料より作成）

---

[10]所得の分配は不平等になりがちです。そこで政府は、所得税を累進制にして高所得者から税金を多く徴収し、低所得者には税率を低くするだけでなく生活保護など社会保障給付をおこない所得を再分配しています。
[11]1986年度まで最高税率は70％でしたが、その後50％へ、さらに37％まで引き下げられました。2015年度からは45％になっています。
[12]本書現代の政治テーマ6「日本は『一億総中流』社会なのだろうか？」25頁注[12]参照。
[13]橘木、苅谷他『封印される不平等』（東洋経済新報社、2004年）

現代の経済●**4**

戦後の三大改革が「高度経済成長の要因」といわれるのはなぜだろうか？

戦後の三大改革とは？

　連合国軍総司令部（GHQ）の初期の対日占領政策で最大のものが経済民主化であり、財閥解体・農地改革・労働組合の育成の3つを「戦後の三大改革」と呼んでいます。この改革が、1955年以降の高度経済成長の要因となっていくのです。

　まず、財閥解体です。四大財閥（三井・三菱・住友・安田）など83財閥を指定して、財閥支配の中心である持ち株会社❶から持ち株を国家（持ち株会社整理委員会）が買いとり、一般に売却して財閥を解体しました。1947（昭和22）年には財閥の再発を防ぎ企業の自由競争を促進するため、独占禁止法や過度経済力集中排除法が制定されます。さて、財閥解体で何がおきるでしょうか？　これまで市場を独占していた財閥がなくなり、新規企業の参入や自由競争がみられるようになります。また、公職追放により経営者が若返り、外国から先進技術を導入しようとしますので、技術革新が進み、設備投資の拡大が経済成長をリードするようになりました。

　次に農地改革です。日本の農村を支配していた寄生地主制❷を解体するため、自作農創設特別措置法の制定と農地調整法改正をおこない、不在地主から農地を国家（農地調整委員会）が買いとり、小作農に安価に売却して自作農を創出しました。この結果、1950（昭和25）年には自作農は約9割になっています。農地は有償での売却でしたが、戦後のインフレで無償に近くなりました。また「自分の土地（＝収穫したものは自分のものになる）」になったため、新たに自作農となった人たちはみずから生産性を上げ、所得を向上させようとします。そして収入の向上と安定は、消費意欲や購買意欲を向上させていくのです。

　最後に労働組合の育成です。戦前、労働運動を厳しく弾圧した治安警察法や治安維持法を廃止し、日本国憲法で団結権・団体交渉権・団体行動権の労働三権を保障

❶事業活動を目的とせず、複数の会社の株式を保有することによって、それらの会社の支配を目的としている会社を指します。戦前の財閥では、たとえば「三菱本社」が該当します。1947年制定の独占禁止法で禁止されましたが、1997年の改正により設立が解禁されました。そのため「○○HD（○○ホールディングス・カンパニー）」などの社名をみるようになりました。
❷みずからは直接農業をおこなわない不在地主が、土地を小作人に貸しつけて、高額の小作料を徴収する土地制度を指します。小作料率（収穫高に対する小作料の比率）は50％前後といわれています。貧しい小作人が多く存在することは、国内市場の拡大をさまたげました。

しました。さらに権利を具体的に保障するため、労働組合法（1945〈昭和20〉年）・労働関係調整法（1946〈昭和21〉年）・労働基準法（1947年）のいわゆる労働三法を制定しました。労働組合の組合員や組織率は急上昇し、団体交渉などを通して賃金や労働条件の引き上げを勝ちとります。このことが農地改革同様、労働者の収入を増やし、消費・購買意欲を向上させていくのです。

　ここまでの説明で「戦後の三大改革」により、新たに生まれた経営者が投資意欲を拡大していき、農民や労働者など国民全体に消費意欲が高まったことが理解できたと思います。このような投資や消費が増えたことで、国内で需要が高まり、生産が増加し、新しい雇用や投資が増え、国内需要がさらに高まり・・・という、好循環が生まれ高度経済成長につながっていったのです。ケインズ経済学の「有効需要論❸」そのものだといえます。

　1931年の満州事変当時、満州市場は日本の対外投資の7割に達しており、特に工業製品の重要な輸出先であるとともに、農産資源や鉄・石炭・アルミ原料の供給地でした。そのため政府や軍部は「満蒙は日本の生命線」と宣伝したのです。つまり満州事変などの日本の対外侵略は、（資源確保の理由もありますが）「日本の市場が狭いから」おこしたことになります。ところが戦後、収入が上昇した国民は、後述する「三種の神器」などの家電製品を購入し、日本は高度経済成長をひた走ります。そのように考えると、戦前の日本でも国内市場を広げていれば、侵略戦争はおきなかったのかもしれません。

高度経済成長の歴史とは？

　「戦後の三大改革」が高度経済成長の要因となったと説明しましたが、すぐに効果は現れません。そもそも、第二次世界大戦による日本の被害は甚大でした。(1)200万人以上の死亡者　(2)国富の約4分の1の喪失、(3)旧領土の約45%を喪失（台湾、朝鮮、千島・樺太など）、(4)経済水準は日中戦争当時（1937〈昭和12〉年）まで後退したなどです❹。

　日本では経済活動を再開するため、傾斜生産方式❺などが実施されますが、ドッ

❸有効需要については本書現代の経済テーマ1「経済学とは？」120〜122頁参照。
❹日本の損害だけでなく、アジア各国などに与えた損害も考えなくてはなりません。太平洋戦争の人的被害については日本の被害同様、正確な数字はわかりませんが、日本の侵略を受けたアジア諸国での死者1800万人。中国では、軍人・ゲリラの死者321万人、一般市民の死者1000万人以上といわれています。
❺敗戦直後の限られた資金や資材などを、石炭や鉄鋼などの基幹産業に重点的に投入して産業の土台を固め、その効果を電力や肥料などの他産業へ波及させていくことで生産の復興をおこなおうとした政策のことです。

コラム　労働組合組織率と労働組合の存在理由

　1936年に労働組合に加入している労働者数は、推定約38万人でしたが、1947年には約569万人（推定組織率45.3％）、1948年には約668万人（推定組織率53.0％）、1949年には約666万人（推定組織率55.8％）となり、労働組合組織率はピークを迎えました。日本の全企業のうち中小企業の割合は99.7％、従業員数は69.7％です（2015年、中小企業庁）。一般的に中小企業では組合組織率は低くなりますので、全労働者の過半数以上である55.8％

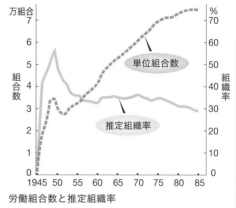

労働組合数と推定組織率

(厚生労働省資料より作成)

という組合加入率は驚異的な数字です。

　近年、労働組合の加入率が低迷しています。2022年の労働組合員数は約999.2万人（推定組織率16.5％）です。人数が増えているようにみえますが、雇用者数が6041万人と戦争直後とは大きく数字が違いますので注意が必要です。反面、パートタイム労働者の労働組合員数は年々増え続けており、約140.4万人（推定組織率8.5％）となっています。

　ある時、労働法専門の弁護士さんから「たとえば、バイトが始まる時間には制服に着がえてお店に出ている慣習がある職場とします。制服に着替えるのに15分かかるので、バイト開始の15分前に出勤するのですが、『おかしいなあ』と感じています。当然、法律上は着替えの15分も就業時間に含めなくてはなりませんが、『社長に要求して雰囲気を悪くするのはイヤだな』となかなかいえない現実があるはずです。そこで労働組合が登場するわけです。組合の執行部ならば『立場上』皆さんの要望を社長に伝えても角が立ちません。つまり組合の委員長ならば『社長、組合の委員長という立場でお話ししますが、着替えの15分を就業時間に含めないのは法律違反なので、改めないと大変なことになりますよ』と要求することができます。組合の存在理由はそこにあります。」と説明されて、「目から鱗」が落ちました。

ジ・ライン⑥により安定恐慌にみまわれます。日本経済がデフレに苦しむなか、1950年6月、朝鮮戦争が勃発します。アメリカを中心とする朝鮮国連軍⑦は、大量

---

⑥GHQの経済顧問ドッジによる、財政・金融・通貨などにおける日本の経済安定計画のことです。具体的には、国債を発行しない超均衡予算の確立、価格差調整補給金などの補助金の廃止、1ドル＝360円の単一為替レートの設定、経済再建のため日本銀行引き受けの債券を発行していた復興金融金庫融資の停止などが計画・実施されました。その結果、インフレは急速に収束しましたが、資金の急速な引き上げによりデフレに直面し、「(ドッジ)安定恐慌」と呼ばれました。

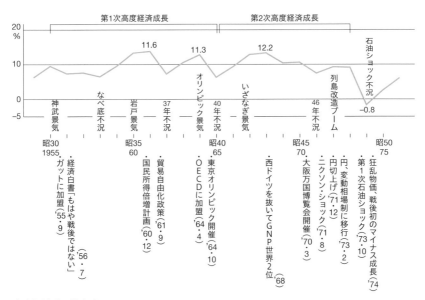

高度経済成長期年表

の軍需物資・戦争機材の修理を日本に発注し、そのため日本に特需をもたらしました。この特需をきっかけに、日本は戦後の不況から脱出し、1951（昭和26）年の鉱工業生産は戦前の水準に回復しました。

用語解説　朝鮮特需

　1950年に勃発し、3年間におよんだ朝鮮戦争でのアメリカ軍を中心とした派兵は最高時50万人を超え、使用した弾薬の量は、アメリカが太平洋戦争で使用した量を超えるという大規模な戦争でした。この朝鮮に出動したアメリカ軍などの軍事基地・給基地となった日本に対し、アメリカ軍から多量の物資やサービスの需要が発生しました。その需要を「朝鮮特需」と呼んでいます。特需の内容は、約7割が物資調達で、当初は土嚢用麻袋・軍用毛布や綿布・トラック・航空機用タンク・砲弾・有刺鉄線などが中心でしたが、1951年の休戦会談開始以降は、鋼材・セメントなど韓国の復興用資材の調達が増えました。サービスでは、トラック・戦車・艦艇の修理、基地の建設・整備、輸送通信などが大半を占めていました。それらの調達額や在日将兵の消費などを総計すると、特需の総額は停戦が実現した1953年までに24億ドルに達し、大部分はドル払いであったため、日本の外貨蓄積に貢献し、日本経済復興の大きな要因となりました。

---

❼本書国際政治テーマ3「国連憲章にない国連平和維持活動（PKO）はなぜ生まれたのだろうか？」56〜59頁参照。

日本は朝鮮特需後、1955 〜 1973年⑧まで年平均10％を超える世界最高の経済
成長を経験します。この時期を高度経済成長期と呼んでいます。前頁の年表で確認
してください。高度経済成長期は2次にわかれ、また大きく4つの好況期がみられ
ます。第1次高度経済成長期⑨（1955 〜 1965年）は、「戦後の三大改革」で国民
全体の可処分所得が向上したことが契機となった「内需主導（国内需要主導）」の経
済成長です。「三種の神器」などの家庭電化製品の普及が成長を引っ張りました。第
1期の神武景気⑩、岩戸景気、第2期のオリンピック景気にわかれます。

　第2次高度経済成長期（1965 〜 1973年）では、三種の神器などの家電製品が家
庭に一巡し、また国際収支の天井を経験した日本経済は、基本的に外需主導（輸出

コラム **国際収支の天井とは？**

　前頁の高度経済成長の年表をみると、神武景気のあとと岩戸景気のあとになべ底不況
や37年不況、40年不況などの景気後退がみられます。その原因は「国際収支の天井」で
す。「国際収支の天井」とはどのような現象なのでしょうか？

　神武景気や岩戸景気は、設備投資や家電製品の消費といった国内需要の高い伸びに支
えられていました。しかし、日本は原材料の多くを輸入に頼っているため、好景気が続
くと原材料の輸入が増加し、国際収支が赤字化する構造をもっていました。

　当時の為替相場は1ドル＝ 360円の固定相場制がとられていたため、国際収支の赤字
が続くと外貨準備⑪が減少します。さらに国際収支の赤字が続けば外貨準備が枯渇し、円
から他の国の通貨（たとえばドル）への交換に応じることができなくなる可能性が高ま
ります。このように、固定相場を維持するために、国際収支の赤字を放置できなくなる
ことを「国際収支の天井」と呼んでいます。こうした理由から、消費拡大による原材料
輸入の増加（＝貿易赤字の増加）による外貨準備不足を阻止するために、神武景気や岩戸
景気の途中から金融引締などの景気調整策がとられ、これが原因となって設備投資や在
庫投資が停滞し、景気が後退局面へと転じることになったわけです。

　なお、第2次高度経済成長期では、日本製品の国際競争力が強まったことから、輸出
が高い伸びを示しました。つまり貿易黒字分で原材料輸入などの貿易赤字分を吸収でき
たわけです。このため、好景気が続いても国際収支は黒字基調となり、「国際収支の天井」
が制約となって景気が後退するということはなくなりました。

⑧高度経済成長の終わりについては議論があります。ドル・ショック（1971年）とする説もありま
　すが、ここでは第1次石油危機（1973年）としました。
⑨1956年の経済白書には、「もはや戦後ではない」との表現がなされ、戦後の復興完了とその後の
　高度経済成長を示唆しています。
⑩神武景気とは、神話上の最初の天皇である神武天皇以来の未曾有の好景気という意味で名づけら
　れました。岩戸景気は神話上、天照大神が天岩戸から出てきたとき、世の中がパッと明るくなっ
　たことにちなみ、神武景気を上回る好景気という意味で名づけられました。特に岩戸景気は、池
　田内閣の所得倍増計画を受けて、「投資が投資を呼ぶ」現象がおきます。

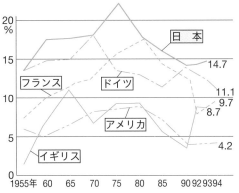

個人貯蓄率の国際比較
高度経済成長当時の日本の貯蓄率は高く、銀行はその預金を企業の設備投資などに貸出しました。
（日本銀行国際局『国際比較統計』1995などより作成）

主導⑫）に産業構造を転換して新たな経済成長を達成しました。ただし、後半は「3C」などによる個人消費の伸びもあり、設備投資・輸出・個人消費がバランスよく成長した時期でした。この時期はそれまで以上の好景気で、「いざなぎ景気⑬」と呼ばれています。

> **用語解説** **三種の神器と新三種の神器（3C）**
>
> 　白黒テレビ・電気冷蔵庫・電気洗濯機を「三種の神器」と呼びます。「電気」冷蔵庫や「電気」洗濯機と、わざわざ「電気」をつけるのは、それ以前に2層式で冷蔵庫の上の部分に氷を入れ、冷たい空気が下部の食品を冷やすしくみの「氷冷蔵庫」があったからです。当然、氷が溶けるたびに新しく氷を買い足しました。洗濯機も手動で回す洗濯機がありました。いずれにせよ、電気洗濯機や電気炊飯器が普及することにより、家事労働時間が大幅に減ったといわれています。
>
> 　第2次高度経済成長期の「3C」とは、「クーラー・カラーテレビ・自家用車（Car）」の頭文字をとって「3C」と呼んでいます。「新三種の神器」とも呼ばれていました。

---

⑪各国の通貨当局の管理下にある、すぐに利用可能な対外資産のことです。日本の外貨準備高は中国に次ぎ界第2位の約1兆2946億3700万ドルです（2023年12月末）。これは、輸出などによって稼いだ外貨が積み上がった結果です。現在、日本の外貨準備高の大半がアメリカ財務省証券（アメリカ国債）です。つまり、財政赤字国であるアメリカ国債を日本が大量に買っているのです。中国も米国債を大量に保有しています。外貨準備高が注目される背景の1つには、アメリカ国債の買い手の問題があるのです。

⑫1960年代前半に、日本はGATT11条国、IMF8条国への移行やOECDへの加盟などにより貿易の自由化が進み、日本経済の国際化が進行しました。その後、日本経済は技術革新と産業の合理化で国際競争力を強め、輸出を拡大していきます。この時期は、化学・自動車・電子産業が発展して輸出を主導しました。

⑬神武景気・岩戸景気を上回ることからさらに遡って、神話上、日本列島をつくったとされる「いざなぎのみこと」から名づけられました。

高度経済成長の要因は？

「戦後の三大改革」の他に、2つの面から説明されています。

(1)国内的要因

①政府が産業優先・企業保護・保護貿易によって高度経済成長を促進すると同時に、企業間の競争もあり、企業の投資拡大が「投資が投資を呼ぶ」波及効果を生みました。

②国民の高い貯蓄率により、銀行に資金が集まり、企業の設備投資の資金が確保されました。前頁の「個人貯蓄率の国際比較」のグラフを確認してください。

③高い教育水準を持った人たちが、地方から上京したりして、優秀な工場労働者などとなり経済成長を支えました。

④戦争で旧式な工場・設備が破壊され、最新の設備の導入、技術革新と合理化に力を入れることになりました。

⑤平和憲法のもと、軍事費を最小限に抑え、民需中心の経済活動を展開することができました。

⑥終身雇用制や年功序列型賃金は、労働者の会社への帰属意識を高め、勤勉で優秀な労働力を確保できる背景となりました。

(2)国際的要因

①IMF・GATT体制のもと、自由貿易の利益を享受しました[14]。

②日本の高度経済成長期は、世界の経済成長時期と重なり、各国の購買力の拡大を

用語解説　波及効果

　波及効果とは、企業による投資や政府支出などの経済量の変化が他の経済量に波及的に変化をもたらし、最終的にはもとの何倍かの変化を生み出す効果を指します。たとえば、ダムを建設することになると鉄やコンクリートなどの建築資材の需要が急増するため、それらの業界では設備投資を増やして増産したり、新たに労働者を雇用したりします。またダム建設のために働く人たちが住む住居などが必要になります。そこでも建設資材が必要となるだけでなく、家具や家電製品の購入が増えていきますので、やはりそれらの業界では新規需要に対応して増産などをおこないます。このように池に小石を投げたあと波紋が広がっていくように投資が拡大していく現象を指します。経済用語としては「乗数効果」の方が一般的です。

---

[14] IMF体制のもと、固定相場制が維持されて安心して貿易がおこなえたこと、GATTにより関税などが大幅に引き下げられて自由貿易が保障されていたことが高度経済成長を支えていました。IMFについては、本書国際経済テーマ3「IMF体制（固定相場制）はどのように設立されたのだろうか？」182～187頁参照。またGATTについては、本書国際経済テーマ9「GATTをWTOに改組するのはなぜだろうか？」210～215頁参照。

背景に輸出の拡大などが可能でした。

③「1ドル＝360円」という比較的円安に設定された固定相場は、国際競争力を高めてくれました。

④石油危機までは、安価で豊富な原油や原材料を輸入することができました。

⑤朝鮮戦争やベトナム戦争という「特需」の恩恵を受けました。

高度経済成長が終わった原因は？

1971年8月15日、ニクソン米大統領によるドル・ショック⑮で世界は変動相場制に移行し、「円高・ドル安」が進行しました。このため日本の輸出は急激に落ち込み、日本経済はそれまでの高度経済成長から一転して後退局面に突入します。政府は大幅な景気対策をおこないましたが、過剰流動性現象がおき、おりからの「日本列島改造ブーム」によって土地や株への投機がおきて、経済成長以上の物価上昇が始まりました。また、第4次中東戦争（1973年）が引き金となって原油価格が約4倍となり、さらに原油の供給不足も重なって、第1次石油危機が始まります。原油価格の上昇で物価は高騰し（狂乱物価）、また高い原油の購入は国際収支の天井に日本経済を近づけます。政府は狂乱物価などを抑えるため強力な金融引締策をとり、豊富で安価な石油を前提とした日本の高度経済成長はここに終わりを告げました。

⑮ドル・ショックについては、本書国際経済テーマ3「IMF体制（固定相場制）はどのように設立されたのだろうか？」182～187頁参照。

「公害」はなぜおきるのだろうか？

公害とは？

　「公害」という言葉を、新聞やニュースで目や耳にすることがあまりなくなりました。では、「公害」はなくなったのでしょうか？

　ここではまず「公害」を定義し、現状をみてみましょう。

環境基本法（抜粋）

第2条第3項

　この法律において「公害」とは、環境の保全上の支障のうち、事業活動その他の人の活動に伴って生ずる相当範囲にわたる大気の汚染、水質の汚濁（水質以外の水の状態又は水底の底質が悪化することを含む。第21条第1項第1号において同じ。）、土壌の汚染、騒音、振動、地盤の沈下（鉱物の掘採のための土地の掘削によるものを除く。以下同じ。）及び悪臭によって、人の健康又は生活環境（人の生活に密接な関係のある財産並びに人の生活に密接な関係のある動植物及びその生育環境を含む。以下同じ。）に係る被害が生ずることをいう。

　重要な部分を抜き出してみます。公害とは、

(1)事業活動その他の人の活動に伴って生じる

(2)相当範囲にわたる

(3)大気の汚染、水質の汚濁、土壌の汚染、騒音、振動、地盤の沈下及び悪臭によって、人の健康又は生活環境に係る被害が生ずること

と定義されています❶。そして(3)に列挙された7種類の被害を、「典型7公害❷」と呼んでいます。

　さて、「公害」は増えているのでしょうか？　　減っているのでしょうか？　　次頁のグラフ❸を概観すると「総数❹」はあまり変わっていないようにみえますが、内訳を確認してください。

---

❶なお、(2)に規定されている「相当範囲にわたる」については、人的・地域的に広がりがある被害を公害として取り扱うという趣旨で、被害者が1人の場合でも地域的広がりが認められる場合は公害として扱われます。また「被害」とは、すでに発生しているもののほか、将来発生するおそれがあるものも含まれます。

❷ 一般的に「公害」といえば、日照権や風通しが悪くなったなど、もっと広いイメージがあると思いますが、法律上の定義では上記「典型7公害」を指します。

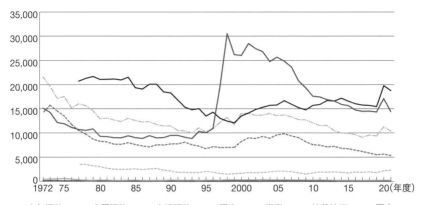

公害の種類別苦情受件数の推移

「大気汚染」が一番多かったときもありますが、現在一番多いのは「騒音」です。

（総務省資料より作成）

用語解説 ## 「公害」に関する苦情などの具体例は？

(1)大気汚染：工場からの煙や粉じんで、家屋、車、洗濯物などが汚れる。車からの排気ガスで息苦しい。焼却場の煙のなかに有毒物質が含まれているおそれがあるなど

(2)水質汚濁：飲食店の排水溝から流れ出す汚水で、川の水が変色している。護岸工事のせいで、養殖していた魚が死んでいるなど

(3)土壌汚染：油の漏えいにより土壌が汚染されているなど

(4)騒音：隣のスーパーの室外機がうるさくて、イライラする。深夜営業している店の騒音がひどく、安眠できない。工場の機械の音がうるさく、体調がすぐれないなど

(5)振動：工事現場のトラックの出入りや作業機械のせいで、家が揺れ、壁にひびが入るなど

(6)地盤沈下：隣のビル建設の掘削工事によって、家が傾いてきているなど

(7)悪臭：食品加工工場から魚の腐ったようなにおいが漂っていて、気分が悪くなるなど

---

❸出典は、「令和3年度（2021年度）公害苦情調査結果報告書」です。概要をまとめると、(1)全国の公害苦情受付件数は7万3739件で、前年度に比べ7818件の減少（▲9.6％）でした。(2)公害の種類別にみると、典型7公害の苦情は5万1395件（受付件数の69.7％）で、前年度に比べ4728件の減少（▲8.4％）でした。(3)典型7公害以外の苦情は2万2344件（同30.3％）で、前年度に比べ3090件の減少（▲12.1％）でした。(4)典型7公害以外の苦情を主な発生原因別にみると、「焼却（野焼き）」による苦情が12877件（受付件数の17.5％）ともっとも多く、ついで「工事・建設作業」による苦情が1万1908件（同16.1％）でした。

❹典型7公害以外にも、市区町村や都道府県に設置されている公害苦情相談窓口に「公害」として苦情などが持ち込まれることがあります。その約半数は「廃棄物投棄」です。

なぜ「公害」がおきるのだろうか？

　ひと言でいえば、「市場の失敗」が原因です。市場の失敗とは、自由競争市場で価格の自動調節機能⑤が働かず、効率的な資源配分が達成されない状態のことです。市場の失敗の例として、適正な競争が働かずに価格が上がる「独占・寡占」、売り手と買い手のあいだでの商品・サービスに対する情報の差により適正な価格での取引ができなくなる「情報の非対称性」、市場経済では供給されない「公共財不足（利用料がとれない橋や道路は企業がつくらない）」などがあります。

　さらに市場の失敗の1つに、公害を予防する費用や公害がおきたときの原状回復費などの社会的費用を企業が自社のコストと考えずに、汚染物質を排出して生産をおこなう「外部不経済の発生」があります。利潤追求を第一にする企業は、大気や水など「無料の」公共資源を利用します（外部経済の内部化）。一方、廃棄物の処理費用などの「マイナスの費用」（内部不経済）はできるだけ節約しようとして、有害物質を排出するわけです（内部不経済の外部化＝外部不経済）。その結果、公害が発生し、地域住民などに大きな損害を与える結果となります（社会的費用の増大）。このように、市場の失敗を市場メカニズムに任せては解決できませんので、国家などが法律などで強制する必要があるのです。

　日本でも高度経済成長期に、典型7公害などが日本各地で顕在化して深刻度を増し、またいわゆる「4大公害訴訟⑥」で原告被害者側勝訴の判決が出されました。そのようななか、ようやく公害対策が総合的に進められるようになりました。具体的には、公害対策基本法の成立⑦（1967〈昭和42〉年）、公害紛争処理法の制定による公害紛争処理制度の確立（1970〈昭和45〉年以降）、環境庁設置（1971〈昭和46〉年、2001〈平成13〉年に環境省へ改編）、環境影響評価（アセスメント）法制定⑧（1997〈平成9〉年）などです。

---

⑤経済学の論点については、本書現代の経済テーマ1「経済学とは？」116～123頁参照。
⑥4大公害事件とは、(1)熊本水俣病（熊本県水俣市不知火海沿岸、新日本窒素肥料によるメチル水銀化合物が原因）、(2)新潟水俣病（新潟県阿賀野川流域、昭和電工によるメチル水銀化合物が原因）、(3)イタイイタイ病（富山県神通川流域、三井金属鉱業によるカドミウムが原因）、(4)四日市ぜんそく（三重県四日市市、四日市コンビナートの工場群の硫黄酸化物が原因）です。4大公害裁判の判決ではいずれも原告が勝訴し、公害の原因企業に対し損害賠償の支払を命じるとともに、厳しく企業の責任を追及するものでした。
⑦公害対策基本法は、公害対策をはかることにより、国民の健康を保護し、生活環境を保全することを目的としていましたが、生活環境の保全については、「経済の健全な発展との調和をはかること」とされていました。公害問題や自然破壊が拡大しているにもかかわらず、経済界などからの要請に配慮して置かれたこの規定は「経済調和条項」と呼ばれており、問題を深刻化・長期化させる一因になったと指摘されています。そのため1970年のいわゆる「公害国会」で、同法の「経済発展との調和条項」が削除されます。

今後の課題は？

141頁のグラフのように、いまだに公害に関する苦情がたえないということは、まだまだ規制が十分といえないということなのでしょう。これまでの対策を前提に、今後の課題を考えてみましょう。

(1)汚染者負担の原則（PPP）：環境汚染防止のコストを国などが負担しては、企業などは有害物質を排出し続けることになります。そのため、そのコストを汚染者が支払うべきであるとの原則です。1972年に経済協力開発機構（OECD）の環境委員会で採択されました。日本では、公害防止事業費事業者負担法（1970年）や公害健康被害補償法（1973〈昭和48〉年）で具体化されています。日本では、汚染防止費用に加えて、汚染した環境の修復費用や公害被害者の補償も含まれるとされています。

(2)無過失責任制：企業などが健康被害を引きおこした場合には、過失の有無を問わず賠償責任を認める制度です❾。事業者の責任を強化して被害者の円滑な救済をはかるため、民法の過失責任の原則の例外として大気汚染防止法（1968〈昭和43〉年）や水質汚濁防止法（1970年）で導入されています。

(3)濃度規制から総量規制へ：汚染物質の排出は濃度で規制するのが一般的ですが、その規制方法だと「水で薄めて排出」したり、工場などが集中している地域では、工場ごとの排出規制ではその地域の環境基準の達成が難しい場合に、地域全体の排出総量を定めて規制する手法です。三重県公害防止条例（1972〈昭和47〉年）を受けて大気汚染防止法改正（1974〈昭和49〉年）で導入しています❿。

以上のように、公害対策の手法なども変化していることがおわかりになったと思います⓫。その他、循環社会を目標にするなどについては、他のテーマで考えたいと思います⓬。

---

❽はじめてアセスメントが規定されたのは、川崎市環境影響評価（アセスメント）条例（1976年）でした。法整備はそれから20年以上遅れました。環境アセスメントとは、大規模開発事業を実施する際に、事業者が、あらかじめその事業が環境に与える影響を予測・評価し、その内容について、住民や関係自治体などの意見を聞くとともに専門的立場からその内容を審査することにより、事業の実施において適正な環境配慮がなされるようにするための一連の手続きをいいます。

❾民法の一般原則では、損害賠償責任を負うのは故意・過失がある場合に限ります（過失責任主義、立証責任は被害者が負う）。しかし、大気汚染などの分野では故意・過失の立証を、被害者はしなくてもよいとされました。無過失責任や立証責任の転換は4大公害裁判で確立しています。

❿2023年、廃炉作業中の東京電力福島第一原発に溜まり続けている汚染水を、海水などで1600倍に薄めて海洋放出が始まりました（2023年10月5日NHKニュース）。「安全基準濃度以下に希釈して放出」というのですが、公害規制のなかで確立されてきた「濃度規制から総量規制へ」という原則から考えると疑問が残ります。

⓫2023年、大阪地方裁判所は、熊本県不知火海沿岸で暮らしていたが、水俣病被害者救済法にもとづく救済を受けられなかった128人を全員水俣病として認め、賠償を命ずる判決を出しました。このように、いまだに公害事件は続いていることに注意してください。

⓬本書現代の経済テーマ11「エシカル消費とは？」166～169頁参照。

赤字国債は
悪いものなのだろうか？

そもそも国債とは？

　「国債とは？」と質問されて、「国の借金」と答えられると思いますが、どのように返済しているのか、そもそも借金してよいのか・・・など、多くの疑問があると思います。まず、ここでは「国債」を整理しておきましょう。

　国家が、借金の証文として発行する債券を「国債（ここでは「普通国債」に限定します）」と呼びます。歳入が租税だけでは不足する時は、国債を発行して財源を確保します❶。戦前の日本は、軍事費を日銀引き受けの国債（戦時国債）で対応したため、戦後のハイパーインフレ❷につながりました。このような歴史を踏まえて、戦後は国債発行について財政法により厳しい制限が加えられています。

財政法（抄）　（1947年制定）

第4条　国の歳出は、公債又は借入金以外の歳入を以て、その財源としなければならない。但し、公共事業費、出資金及び貸付金の財源については、国会の議決を経た金額の範囲内で、公債を発行し又は借入金をなすことができる。

第5条　すべて、公債の発行については、日本銀行にこれを引き受けさせ、又、借入金の借入については、日本銀行からこれを借り入れてはならない。但し、特別の事由がある場合において、国会の議決を経た金額の範囲内では、この限りでない。

　財政法の2つの条文から何が読みとれますか？　第4条から「借金して予算を組んではいけない。ただし、公共事業ならば借金（「建設国債」と呼びます）してもよい」ことが、第5条から「国債の日銀引き受けは禁止❸」が読みとれます。

---

❶驚かれるかもしれませんが、財政の原則の1つに「量出制入の原則」があります。「出ずるを量って入るを制す」という意味です。家計とは逆に財政では、まず国家運営に必要な「支出」を先に計算し、その額に応じて収入を確保する（税金を課す）という原則です。
❷インフレについては、本書現代の経済テーマ2「インフレとデフレ、どちらが悪いのだろうか？」124～127頁参照。
❸国債を日本銀行が買うこと（「日銀引き受け」と呼びます）を認めると、日銀は通貨を発行してでも政府が発行した国債を買うことになります。そうすると通貨が増発されインフレーションを引きおこすおそれがあるからです。そのため日銀引き受けを禁止し、国債は金融市場で売買すること（「市中消化の原則」と呼びます）が定められたのです。黒田東彦前日銀総裁のもとで日銀が国債の大量買い入れをおこないました。2023年9月末の国債発行残高は1066兆円、そのうち日銀の保有残高は574兆円で約53.8％と半数を超えています。そのため、市中消化の原則を崩しているとの批判があります。

原則として借金（国債発行）は不可なのに、なぜ例外として建設国債ならば発行してもよいのでしょうか？　答えは、建設国債で道路、橋、港などの公共施設（＝社会資本）を建設すると、借金を返済する次世代の人も使えるからです④。

赤字国債（特例国債）とは？

さて、ここでのテーマ「赤字国債」についてです。ここまでの説明で「国債は原則禁止、例外として建設国債は可」は理解していただけたと思います。しかし、注❶で説明した「量出制入の原則」のもと、たとえばある年だけ税収が激減して必要経費（歳出には、年金・教育・人件費など削ることができない支出があります）が足りない場合、またはある年だけ予想外の経費（新型コロナ対策費はその典型例です）が必要となったが、その財源がない場合はどうしたらよいのでしょうか？　答えは、その財源を確保するために、財政法に特例を設けて国債を発行するという裏技です。特別の法律（特例法）を制定して発行するため特例国債と呼んでいます⑤。

はじめて赤字国債が発行されたのは1965（昭和40）年度の補正予算⑥です。1965年というと、いわゆる「（昭和）40年不況」の時です⑦。オリピック景気後の需要の減少などにより、企業は在庫を抱えます。そのためケインズ理論⑧に従い、政府が有効需要を創出するための財源として発行したのです。その後は長く発行されませんでしたが、第1次石油危機による歳入不足をおぎなうため、1975（昭和50）年度の補正予算から再び発行が始まりました。バブル経済の時期には税収が増えて発行は中断しましたが、バブル崩壊後の1994（平成6）年からは景気対策のための歳出増加と、不況による税収不足をおぎなうために再び大量に発行されています。次頁のグラフで確認してください。

---

❹ただし、次世代はそのような橋や港は欲しくないかもしれませんし、橋の耐用年数が30年で、国債の償還が50年であると辻褄があわなくなります。

❺この説明のとおり、本来は「特例国債」が正しい名称だと思いますが、一般会計の「赤字」を埋めるという意味で「赤字国債」との表記に統一します。本文の説明のように「次年度の予算が足りないので、特別の『例外』として次年度だけ国債を発行する」という1年限りの法律を制定して発行しています。このように政府は毎年、1年限りの特例法を制定することで赤字国債発行に歯止めをかけてきましたが、2012年に複数年度にまたがって発行可能な特例法を制定、その後、その特例法の延長をおこなって2025年度まで同様の国債発行が可能となっています。

❻年度当初から執行されている予算（当初予算と呼びます）成立後の事情の変化（たとえば自然災害などです）のため予算に過不足を生じた場合などに編成される予算を指します。

❼1965年前後、日本はいわゆる「国際収支の天井」などにより本格的な不況にみまわれます。その不況を元号で表して「40年不況」と呼んでいます。「国際収支の天井」については、本書現代の経済テーマ4「戦後の三大改革が『高度経済成長』の要因といわれるのはなぜだろうか？」136頁コラム参照。

❽ケインズ理論などについては、本書現代の経済テーマ1「経済学とは？」116～123頁参照。

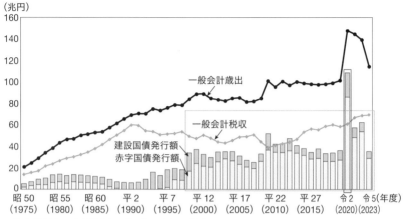

（兆円）

一般会計歳出

一般会計税収

建設国債発行額
赤字国債発行額

昭50（1975）　昭55（1980）　昭60（1985）　平2（1990）　平7（1995）　平12（2000）　平17（2005）　平22（2010）　平27（2015）　令2（2020）　令5（年度）（2023）

一般会計税収、歳出総額及び公債発行額の推移

青で囲った部分から、予算規模が違うにせよ、1970年代と現代では国債発行額が桁違いであることがわかります。「令和5年度予算案では、国債発行額が約35兆6000億円、国債依存度は31.1%です」とニュースで聞いて、驚かなくなってはいけないのかもしれません。また、黒で囲った2020年に国債発行額が飛び抜けているのは、コロナ対策費のためです。

（財務省資料より作成）

このままで大丈夫なのだろうか？

　次頁のグラフは、これまで溜ってきた国債残高（つまりこれから返さなくてはいけない借金の残高）です。右肩上がりに増え続け、2023年度補正予算後には1076兆円になります❾。

　さて、このような状況で大丈夫なのでしょうか？　その有力な議論として、「政府が財政赤字を悪化させても、自国通貨建ての借金ならば、債務不履行には陥らない」、つまり、「自国の通貨を持つ国家は債務返済にあてるお金を際限なく発行できるので、政府債務や財政赤字で破綻することはない」という考え方があります❿。

　また「日銀が国債を保有していれば大丈夫である」という説明もできます。日本銀行の資本金のうち約55%は政府が出資していますので、たとえが悪いのですが、企業の連結決算のように貸借りが「相殺」されます。具体的には、政府は日銀に利子を払いますが、日銀の決算が終わると「国庫納付金」として返還されます。つまり国債の利子が、政府→日銀→政府と戻ってくるわけです。このしくみだと、市中

---

❾先進7カ国（G7）のなかで債務残高（GDP比）を比較すると、日本263.9%、イタリア147.2%、アメリカ122.1%、フランス111.8%、カナダ102.2%、イギリス87.0%、ドイツ71.1%です（2022年）。2009年から始まったギリシャ財政危機のあおりを受けて、財政危機がとりざたされたイタリアを抑え、日本は「ダントツ」の1位です。

❿MMT（「現代貨幣理論」と訳されています）と呼ばれる考え方です。

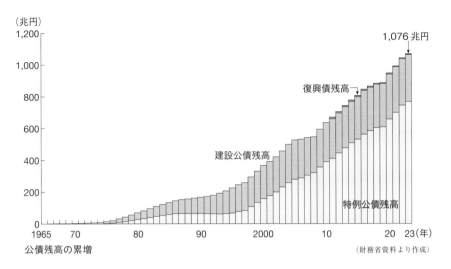

（兆円）

1,076 兆円

復興債残高

建設公債残高

特例公債残高

公債残高の累増

（財務省資料より作成）

銀行が持っている国債を日本銀行が買いとれば、利子は払わなくてもよいことになります。本当なのでしょうか？　少し経済学を学びましょう。

国債増加の問題点

国債が増える問題点として、(1)国債は借金であり、特に赤字国債の増発は将来世代の返済負担を重くする、(2)発行額の増大は元本の返済や利子払いを増大させ、自由に組める財源が少なくなり「財政の硬直化」を招く、(3)発行額の増大は元本の返済や利払いを困難にさせ、借金の返済のために国債を発行する（借換国債）という悪循環を生む、(4)国債返済のために税収入を増やそうとすると、安易な消費税率のアップがおこなわれやすく、低所得者の負担増などによる景気の後退などがおきる、(5)国債発行の増大は、銀行への国債引き受けを強要し、貸出し資金量を減少させ、国債の売れ残りを防ぐために金利上昇を招くおそれがある。そのため、企業への貸出し金利の上昇と企業の借り入れの減少、設備投資の減少を引きおこし、公共支出が民間支出を押し出してしまう「クラウディング・アウト」がおきる、(6)大量の国債発行は、将来の償還で財政インフレを引きおこすおそれがあるなどがあげられます。

現代の経済

147

財政再建と社会保障充実の道筋はあるのだろうか？

財政の現状と再建の道筋は？

　日本の財政❶の現状ですが、下の表をみてください。このような家計はありえないと思います。このような「借金まみれ」になる最大の理由は「支出の変化」です。

　1955（昭和30）年度と2023（令和5）年度予算を比較して、歳出比率が一番増えた項目はなんでしょうか？　答えは「社会保障関係費」です。具体的に比較すると、1955年度予算は1兆182億円で、社会保障関係費の比率は全体の13.7％でした❷。2023年度予算は114兆3812億円ですが社会保障関係費の比率は32.3％で、比率割合はダントツの1位でした❸。その原因はもちろん「高齢化」です。では、どうしたらよいのでしょうか？　「少子化対策を進める」「プライマリー・バランス❹を均衡させる」など、いろいろな答えが出てきますが、ここでは「私たちの『受益』と『負担』のあり方をとらえなおす」という視点から考えてみましょう。

2023年度財政状況

内容	収入	支出
税収＋税外収入	78.8兆円	
一般歳出・地方交付税交付金等		89.1兆円
国債費		25.3兆円
国債費	35.6兆円	
合計	114.4兆円	114.4兆円

国債残高　約1,068兆円

1年分の家計にたとえた場合

内容	収入	支出
給与	788万円	
家計費（生活費や教育費など）		891万円
ローン返済		253万円
不足分（借金）	356万円	
合計	1,144万円	1,144万円

ローン残高　約1億680万円

国の財政を家計にたとえた場合
年収788万円の家庭が、毎年253万円ローンを返済していますが、生活費が足りないので新たに356万円借金をしています。そうすると年度末には溜ったローンの残高が1億680万円になります。

（国税庁資料より作成）

---

❶財政の定義や国債については、本書現代の経済テーマ6「赤字国債は悪いものなのだろうか？」144〜147頁参照。
❷ちなみに最大の歳出項目は地方財政費で、比率は15.7％でした。
❸歳入に目を向けると、1955年度予算では国債金収入は0で、当然、国債依存度は0％でした。2023年度予算では35兆6230億円で、国債依存度は31.1％でした。
❹プライマリー・バランスとは、たとえば国の一般会計において、歳入総額から国債などの発行（借金）による収入を差し引いた金額と、歳出総額から国債費（返済＝償還）などを差し引いた金額のバランスをみたものです。つまりプライマリー・バランスを均衡させるとは、国債を発行しないで済む状態を意味します。日本は近年、マイナス（赤字）の状態が続いています。政府は2025年度からの黒字化を掲げていますが、その実現はすでに困難な状況です。

　まず現状の確認です。先進5カ国（日本・ドイツ・フランス・イギリス・アメリカ）を「高福祉・高負担（税金や社会保険料は高いが国民の受益（＝政府の社会保障支出）が高い）」順に並べると「フランス→ドイツ→イギリス→日本→アメリカ」となり、日本はアメリカ（低福祉低負担）とヨーロッパ諸国（北欧に比べると中福祉中負担）のあいだに位置しています。しかしこのまま高齢化が進むと、現在約130兆円の社会保障支出（公費支出＋私たちが払う社会保険料）は、2040年には約190兆円以上にふくらむと予測されています❺。つまり増税をおこなわないと、さらに大量の国債発行が必要になるのです。大量の国債発行を避けるためには、「受益を減らす」「負担を増やす」「受益を減らすと同時に負担を増やす❻」「受益を減らすと同時に負担も減らす」の4つの選択肢があります。それぞれ国民的議論が必要です。

持続可能な社会保障制度とは？

　ここまでの説明で、財政再建と持続可能な社会保障制度の構築は、表裏一体であることがおわかりになったと思います。

　年々増加している社会保障費ですが、そのなかで最大の支出項目は「年金」、第2位は「医療」です。お年寄りが増えると年金が増えますし、年をとればお医者さんにかかることが多くなるのは当たり前ですから、社会保障費増大の理由は「高齢化」なのです。ですから、持続可能な社会保障制度を確立するキーワードは、「少子高齢化対策」になるはずです。特に、最大の支出項目である「年金」は、現在、事実上の「賦課方式❼」ですから、15 ～ 64歳の生産労働人口が減少すると「持続可能」にはならないからです。

　さて、ここからわけて考えましょう。まず「高齢化対策」です。前述した選択肢のうち「受益を減らす＝高齢者への年金支出を減らす」ことはできるのでしょう

---

❺内閣府資料（https://www5.cao.go.jp/keizai-shimon/kaigi/minutes/2018/0521/shiryo_04-1.pdf　最終閲覧日2024年2月1日）

❻「受益を減らし負担を増やす」とは、「歳出削減」と「増税」のことです。ところが2023年度予算では歳入の議論をほとんどせずに、「防衛費増額」「子ども手当増額」「GX（グリーントランスフォーメーション）」などの言葉が並んでいます。私たちは「国債依存慣れ」しているのかもしれません。財源の議論なしの政策はありえないことに注意が必要です。

❼年金の財政方式には、積立方式と賦課方式があります。積立方式は貯金に近いイメージで、自分で納めた積立金をある年齢になったら受けとる方式です。しかし、自分が年金を納めていた頃の高齢者は5万円の年金で十分に生活できましたが、自分が年金を受けとる時には、インフレによる物価上昇で5万円では満足に生活ができないというおそれがあります。そのため現在、賦課方式が採用されています。現役世代が納めた年金をそのまま高齢者に支給するしくみです。インフレの影響はあまり受けませんが、保険料は受給者と負担者（現役）の比率で決まるため、高齢化が進む（＝高齢者が増える）と現役の負担する保険料が上がることになります。

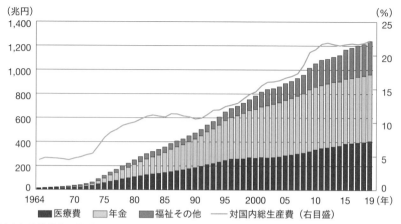

（兆円）   （%）

社会保障給付費の推移
グラフ中の「その他」の内訳の上位は、生活扶助等社会福祉費11.5%、介護給付費9.9%、少子化
対策費8.6%です。生活扶助のうち、生活保護受給世帯は「高齢者世帯」が55.3%であり、年々増
えています。「疾病などで働けない受給世帯」は15.8%にすぎません（2023年9月）。このように、
現在の生活保護は年金が少ないために受けている方が過半数なのです。

（厚生労働省資料より作成）

か？　2023年4月以降、国民年金の満額は月額6万6250円（67歳以下の新規裁定
者）です❽。この金額で「豊かな老後」が過ごせるかどうかは別として、新規裁定
者（2023年度から年金を受給する方）は、前年に比べて2.2%増額されています。し
かし、これまで年金を受けていた方の年金受給額は、2004（平成16）年から採用
された「マクロ経済スライド」方式❾によって実質的には目減りしているのです。こ
の方式は、将来にわたる年金制度の維持に必要なしくみと説明されていますから❿、
「受益を減らす」制度といってよいでしょう。

　次に「少子化対策」です。生産年齢人口中の何人で「65歳以上の年金生活者」を
支えているかのイラストをみたことはありますか？　1人のお年寄りを支えるのは、
1970年は9.8人、2000年は3.9人、2030年は1.9人（予想）、2060年は1.4人（予
想）です。よくイラストでは、1970年は「御神輿」型、2030年は「騎馬戦」型、
2060年以降は「肩車」型と説明しています。このままだと次世代の負担が増えす

❽年金の受給額は、積み立てていた年月に関係します。本文中の「満額」とは、20歳から60歳まで
　の40年間積み立てた場合です。何らかの理由で、10年間しか国民年金を積み立てられなかった方
　の年金受給額は月額1万6000円余りです。この年金積立年数の問題が、生活保護に関連します。
❾年金額を決める際、物価や賃金だけでなく、年金の支え手である現役世代の減少や高齢化により
　年金を受ける期間が伸びることなどを反映させるしくみのことです。
❿詳しくは、厚生労働省HP（https://www.mhlw.go.jp/nenkinkenshou/manga/07.html　最終
　閲覧2024年2月1日）参照。

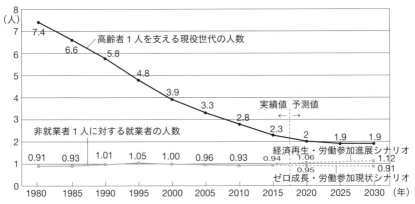

高齢者現役世代比と非就業者就業者比の推移と予測

（厚生労働省資料より作成）

ぎることが予想されます⓫。そして、年金財政が「賦課方式」を採用している以上、少子化が進むと持続可能な社会保障にはなりません。しかし、上のグラフから、高齢者1人を支える現役世代の人数が大きく減少していることが読みとれますが（黒線）、非就業者（子どもを含む）と就業者の比率をみると大きな変化はありません（青線）。つまり、女性や高齢者なども含めた労働参加が適切に進むとこの数字は大きく上向き、現役世代の負担が軽減されることが考えられます。この考え方から、「高年齢者雇用安定法⓬」や「1億総活躍社会」などが出てきたのです。ただし、後者は「希望出生率1.8」や「介護離職ゼロ」なども同時に掲げられていますから、子育て支援などが絶対条件になるはずです。

　さて、持続可能な社会保障制度を構築するために、日本は「子育て支援策の充実」「結婚・出産支援」「多子世帯への支援」「男女の働き方改革」などを実現できるでしょうか？　これまでの「夫は仕事、妻は家事」から「ともに働く」ためには、出産・育児環境の向上、保育所の増設、子育て休暇などをとりやすくするなど、日本社会には数多くの課題があります。それらを変えられるかが問われています⓭。

⓫「日本人」の生産年齢人口だけを考えるからだという意見もあります。外国から労働者を受け入れやすい日本を構築して、生産年齢人口そのものを増やせれば解決できるという考え方です。しかし現状の制度では、外国人労働者の受け入れがそこまで増えるか疑問が残ります。

⓬いまや「65歳までの継続雇用」どころか、2021年4月施行の改正高年齢者雇用安定法で「70歳までの就業確保努力義務」が規定されています。

⓭2023年に岸田内閣は、「異次元の少子化対策」を打ち出しています。報道によると、必要とされている年間3兆円の財源のうち1兆円を社会保険料へ上乗せしたり、2024年度からの2年間は「こども特例公債」を発行することが検討されているようです。少子化対策が、次世代への負担増になったり、社会保障の見直しで現行の社会保障の質的低下がおきることは本末転倒だとの指摘もあります。

「重厚長大」型経済から「軽薄短小」型経済に移行するとは？

高度経済成長の終わりから安定成長へ

　1971年のドル・ショックによる円高で貿易収支が圧迫され、さらに1973（昭和48）年の第1次石油危機❶で原油価格が約4倍になり、コスト・プッシュ・インフレ❷がおきました。そのため、政府・日銀が強力な金融引締政策を実施し、1974（昭和49）年には戦後はじめて経済成長率がマイナスに転落し（GDPで−1.4%）、1955（昭和30）年以来続いていた日本の高度経済成長は終わりを告げました❸。

　「石油」という、現代の産業や経済そのものにとって絶対に必要な原材料❹の入手が難しくなったのですから、当然、それまでと同じものを生産するわけにはいきません。それまでの日本の主要産業は「重厚長大」型産業、具体的には鉄鋼、造船、非鉄金属、石油化学といったエネルギーや資源を大量消費する業種が中心だったため、原油価格の急騰などの影響を直接受けました。そのため石油危機後、日本は省資源・知識集約型や付加価値の高い産業である「軽薄短小」型産業、つまり機械、自動車、電気機器、半導体といった業種に産業の中心をシフトしていきました。また、「ものづくり」から情報・サービスを商品とする「経済のサービス化・ソフト化」を進め、社会全体としても省エネが進みました❺。この産業構造の転換が功を奏して、日本は1970年代後半には年率 4 〜 5%程度の成長局面に入ります。この成長局面の時期を「安定成長期❻」と呼んでいます。

---

❶第1次石油危機のきっかけは、1973年10月に勃発した第4次中東戦争でした。OPEC（石油輸出国機構）が原油の供給制限と輸出価格の大幅な引き上げをおこなうと（石油を「武器」として使ったわけです）、国際原油価格は3カ月で約4倍に高騰しました。これにより、石油消費国である先進国を中心に世界経済は大きく混乱しました。特に日本は、エネルギーの8割近くを輸入原油に頼っていたため、その影響は甚大でした。政府は「石油節約運動」として、国民に日曜ドライブの自粛、高速道路での低速運転、暖房の設定温度調整などを呼びかけました。また、トイレットペーパーが店から消えたり、銀座の街灯や東京タワーのライトアップが消えた写真などをご覧になった方も多いと思います。ちなみに、資源エネルギー庁が当時の通商産業省内に設置されたのも、1973年のことです。
❷インフレについては、本書現代の経済テーマ2「インフレとデフレ、どちらが悪いのだろうか？」124 〜 127頁参照。供給サイドの要因によるインフレで、輸入品価格の上昇などその原因が自国にない場合は（まさしく産油国の原油価格引き上げがあたります）、インフレ対策が難しいとされます。第1次石油危機前5.7%だった消費者物価上昇率は、1973年には15.6%、74年は20.9%と急激に上昇しました（筆者の感覚では物価は「2倍」近くになった感覚があります）。
❸高度経済成長の過程については、本書現代の経済テーマ4「戦後の三大改革が『高度経済成長の要因』といわれるのはなぜだろうか？」132 〜 139頁参照。

産業の変化

右の写真は、「重厚長大」型から「軽薄短小」型に製品が移っていくことをもっともよく示していると思います。「重い時代」の製品がピンとこない方は年上の方に話を聞いてください。

（日経ビジネス　2019年2月18日号）

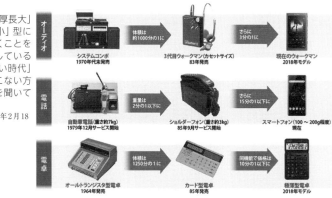

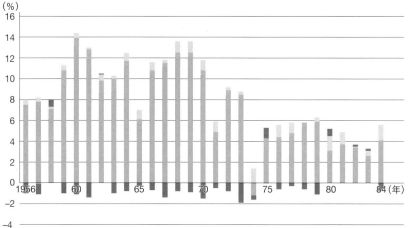

（%）

■民間最終消費支出　■政府最終消費支出　■輸出　■輸入

国内総支出の増減寄与度

日本経済は、民間最終消費支出が需要を下支えしていることが読みとれます。また、後述しますが、1980年以降は「輸出」の割合が増えていることに注意してください。

（三和良一・原朗編『近現代日本経済史要覧　補訂版』より作成）

❹石油はエネルギー源としてだけでなく、石油化学工業の原材料であることに注意が必要です。

❺産業構造の転換や省エネがうまくいったため、1979年の第2次石油危機の影響は、他国に比べてはるかに軽微なものにとどまりました。ちなみに第2次石油危機では、OPECが1978年末以降、段階的に原油価格の大幅値上げを実施し、これに79年2月のイラン革命や80年9月に勃発したイラン・イラク戦争の影響が重なり、国際原油価格は約3年間で約2.7倍に跳ね上がりました。

❻実質経済成長率をみると、1973年の日本の落ち込みは急激ですがその後持ちなおし、70年代後半には成長局面に入っています。他の先進国（イギリス・アメリカ・ドイツ・フランス）も70年代後半には経済成長をとり戻しますが、日本に比べて第2次石油危機の影響を大きく受け、実質経済成長率を比較すると、1980年代前半は「日本の1人勝ち」に近い状態でした。ちなみに2022年の日本の実質経済成長率は1.1％でしたから、「年4～5％」の成長とは、なんともうらやましい「安定した数字」です。あくまでも高度経済成長期の約10％と比較していると考えてください。

この他に、日本経済が比較的短期間で安定成長へ移行した背景として、(1)人口・労働面をみると、他業種から製造業への労働移動が鈍化したものの、生産年齢人口は増加傾向を持続した、(2)軽薄短小型産業への移行や省エネ技術の開発などによって生産された製品を、分厚い中間層が消費して下支えしたことが、輸出や設備投資の落ち込みをある程度減殺したと分析されています。

　その後日本は、高度経済成長期よりも国内需要が低迷したため、高い技術力を背景に、高付加価値の製品を欧米諸国へ輸出します。好調な輸出が日本経済の景気回復に貢献しますが、同時に貿易摩擦を激化させていくことになります。

コラム　日米貿易摩擦

　日米貿易摩擦とは、日本とアメリカのあいだの輸出入（貿易）をめぐる経済的紛争を指します。すこし歴史的に説明したいと思います。

　日米貿易摩擦は1950年代から始まっています。幕開けは、日本から1ドル程度の「ワンダラーブラウス」と呼ばれた綿製品が大量に輸出されて、アメリカの繊維業界が反発し、日本が輸出自主規制[7]をしたことです。次に問題となったのは鉄鋼で、同様に1969（昭和44）年に日本は鉄鋼輸出の自主規制を実施します。

　第1次石油危機以降、日本は「集中豪雨的」といわれる輸出をおこない、貿易摩擦を深刻化させます[8]。摩擦の対象品目は、1970年代のカラーテレビや工作機械、1980年代の自動車、半導体へと移ります。1981（昭和56）年には自動車の対米輸出自主規制が、またアメリカの貿易赤字改善のため日本の自動車企業がアメリカでの現地生産を開始します。

　その後、アメリカは対日貿易赤字の原因を、日本市場の閉鎖性や商取引の排他性にあると指摘しはじめ、金融市場や流通システムそのものの改善を要求するようになります[9]。以下、貿易に関する包括的な交渉をあげます。

　(1)日米構造協議（1989～90）：日米貿易摩擦の解消を目的とした協議です。1985（昭和60）年のプラザ合意でもアメリカの対日貿易赤字が減らないため、1989（平成元）年から開始されました。1990（平成2）年の最終報告では、日本が1991（平成3）年より10年間で公共投資を430兆円に増やすことや（対米輸出分を日本国内で消費する）、大規模小売店舗法（大店法）の規制緩和などが盛り込まれました。ち

---

[7] 日米政府間などの協議によって、日本側の業界が「自主的」に輸出を制限するというのもおかしな話です。繊維については、問題が毛織物にも波及し、1972年には輸出自主規制を毛・化合繊維へ拡大します。1965年には、日本の貿易収支は対米・全体ともに黒字に転換しています。

[8] アメリカだけでなく、特にVTR（ビデオテープレコーダー）などの家電製品では、ヨーロッパともおこしています。

[9] 貿易摩擦がピークとなった1980年代末、アメリカは保護主義的な包括通商法を成立させ、スーパー301条などでの制裁措置をちらつかせて、日本に対応をせまります。その背景には、当時のアメリカは財政赤字と貿易赤字という「双子の赤字」を抱えていたことがあげられます。「双子の赤字」については、本書現代の経済テーマ9「バブル経済の原因がプラザ合意だといわれるのはなぜだろうか？」156～161頁参照。

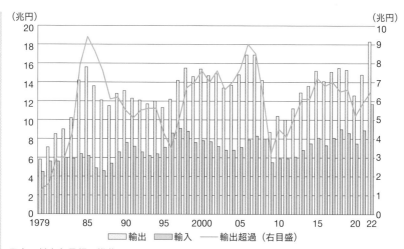

日本の対米貿易額の推移

増減はあるにせよ、日本の対米貿易額が赤字になったことはありません。その理由を（特にアメリカ側が）考えてみる必要があります。

（財務省貿易統計より作成）

なみに大店法改正で日本に上陸してきたのが、アメリカのおもちゃチェーン店「トイザらス」です。

(2)日米包括経済協議（1993 ～）：前述した日米構造協議の延長で、分野別協議、マクロ経済問題、地球規模の協力の3つが柱です。分野別協議では、市場開放に関する「客観基準」の数値目標設定を求めるアメリカ側とこれを管理貿易として嫌う日本側が対立しましたが、保険、政府調達、自動車・同部品などについて合意しました。その後も協議が続けられています。

最後に何点か指摘しておきます。第1に、現在でも日本の輸出そのものは衰えていません。そして、巨額の対米貿易黒字をアメリカに投資して日本は世界最大の債権国になり、アメリカは世界最大の債務国に転落しています。その意味で日本は対米黒字でもうけた分をアメリカ経済に戻しているといえます。第2に、アメリカの貿易赤字そのものを減らすために、「環太平洋パートナーシップ協定（TPP）」などが協議されていたことです。環太平洋の国と関税などの大幅引き下げ（事実上ゼロ）や貿易規制品の撤廃などが実現できれば、アメリカの輸出にとってメリットがあると考えていたのです。最後に、現在ではアメリカの対貿易赤字第1位が中国に移ったため、中国との貿易摩擦とその交渉がアメリカの関心になっています。もともとトランプ前米大統領が、アメリカの貿易赤字を解消して国内の雇用を守るため中国製品に課した関税をきっかけに、米中間で激しい報復関税合戦となりました。経済安全保障を優先するバイデン政権も半導体など先進技術の輸出規制や、自国での生産を促す法律制定を進め、米中の分断が深まりました。この米中分断を、「デカップリング」と呼ぶようになっています。

現代の経済

バブル経済の原因が
プラザ合意だといわれるのは
なぜだろうか？

プラザ合意とは？

　まず言葉の定義をしておきましょう。プラザ合意とは、1985（昭和60）年9月22日にニューヨークのプラザホテル（このホテルの名前から「プラザ合意」と呼ばれています）で開催された、先進5カ国財務相・中央銀行総裁会議（G5❶）での一連の合意事項を指します。合意事項の中心は「ドル高是正」でした。1981年に就任したレーガン米大統領は、アメリカ経済の再生をめざして掲げた一連の経済政策（「レーガノミクス」と呼ばれています）を実施しました。具体的には、(1)政府支出の伸びの大幅抑制（緊縮財政）、(2)（特に富裕層への）大幅減税、(3)大規模な規制緩和、(4)安定的金融政策を4本柱としており、サプライサイド経済学とマネタリズム、市場メカニズムを重視する新自由主義経済学❷にもとづいていました。インフレーションの抑制と雇用の改善にはほぼ成功したといわれていますが、1979年のソ連軍のアフガニスタン侵攻以来の「第二次冷戦」を受けて、レーガン米大統領は「強いアメリカ」の再生をとなえており、同時に実施された軍事支出の大幅増により財政赤字と貿易赤字の拡大をもたらします。軍事支出が増えているのに、減税や緊縮財政をおこなうことは矛盾していますので、足りない予算を大量の国債発行でまかなったため大幅な財政赤字になりました。大量の国債発行はアメリカ国内の金利を上昇させ❸、アメリカの高金利は世界の投機資金をアメリカに集めたために、大幅なドル高がおきました❹。もともとアメリカ製品の国際競争力は弱く❺、そこにドル

---

❶イギリス・アメリカ・ドイツ・フランス・日本5カ国の財務大臣と中央銀行総裁が一堂に会しておこなう会議で、1985年から始まりました。

❷レーガノミクスや新自由主義経済学については、本書現代の経済テーマ1「経済学とは？」116～123頁参照。

❸債券市場全体の資金量が変化しない場合に国債を大量発行すると、国債購入を促すために国債価格の下落（厳密ではありませんが、「利率を上昇」させて購入意欲を高めることです）がおきます。そのため債券市場で売買される債券全体の利回りが上昇するのです。

❹「ドル高・円安」などについては、本書現代の経済テーマ10「日本にとって『円安』はよいことなのだろうか？」162～165頁参照。

❺日本やヨーロッパが第二次世界大戦の惨禍から復興すると、アメリカ製品の国際競争力が弱まり、輸出が伸び悩むと同時に、外国製品の輸入が増えました。そのため、アメリカの貿易収支の赤字幅が急拡大します（赤字額は1982年364億ドル、1984年1125億ドル、1986年1443億ドルとなり名目GNP比の3.41％に達しました）。

US ドル／円の為替レートの推移
青丸部分がプラザ合意後に円高ドル安が進んだ時期です。

（日本銀行資料より作成）

高になったために、アメリカの輸出は減り、輸入は増え、膨大な貿易収支の赤字を発生させました。この財政赤字と貿易赤字の2つの赤字を「双子の赤字」と呼んでいます。さらにそれ以前から、アメリカ国内では保護貿易主義が台頭していたため、外国との競争から国内産業を保護・育成しようとする世論が高まっていたことにも注意が必要です。

　プラザ合意は、(1)米ドルに対する主要通貨の秩序ある上昇が望ましいこと、(2)為替相場は貿易不均衡の調整役割を果たす必要があること、(3)5カ国はそうした調整を促進するために一層緊密に協力する用意があることなどを内容としています。具体的には、合意後、各国は外国為替市場に協調介入し❻、特に円買いドル売りが進められたため、プラザ合意の翌日には、ドル／円レートが1ドル＝235円から約20円下落しました。その後、ドル安トレンドが継続し、その1年後には1ドル＝150円前後まで円高ドル安が進み、1988年の初めには、1ドル＝128円まで進行しました。わずか数年間でドルの価値は半分になったため、日本国内では外国製品が飛ぶように売れ、後述するように外国への過度な投資がおこなわれました。その後も一貫してドル安が続いたため、今度は過度のドル安により、アメリカ国内で輸入製品の価格が上昇し、輸入原材料費の高騰を価格に転嫁するためにおこるコスト・プッ

❻為替介入とは、為替レート（外国為替相場）の過度な動きを緩和させるために、通貨当局（国や中央銀行）が外国為替相場で通貨を売買することです。この場合、たとえば日本政府は日銀を通じて「円買いドル売り」を実施し、ドル安・円高に誘導しました。

シュ・インフレがおきはじめ、1987年2月のルーブル合意⑦となりました。

　ここまでの説明でおわかりのように、プラザ合意で日本の円は対ドル相場で2倍近く円高になりました。そのため輸出産業は大打撃を受けました⑧。ただし、輸入産業は円高差益で利潤を増やし、前述したように国民の消費行動も変化したことに注意してください。

バブル経済はなぜおきたのだろうか？

　ここでは「株価」や「地価」が実体より高くなっている経済現象を「バブル経済」と呼ぶことにします。では、バブル経済はなぜおきたのでしょうか。

　日本政府は、プラザ合意以降の円高による輸出産業の打撃を救済するために「前川レポート」を1986（昭和61）年に発表しました。「前川レポート」とは、前川春雄元日銀総裁が座長を務めていた研究会がまとめた報告書の通称です。主な内容は、内需主導型の経済成長、輸出入・産業構造の抜本的転換、金融資本市場の自由化・国際化の推進、およびマル優などの貯蓄優遇税制の抜本的な見直しなどを提言しています。当時、日本は財政再建の途上にあり、大幅な財政政策はとれなかったため、政府・日銀は内需を刺激するため、公定歩合を戦後最低の2.5％に引き下げ⑨、マネー・ストック⑩を増やして急激な景気対策をおこなうことを選択したのです。つまり輸出産業の打撃を救済するために、輸出分を国内で消費しようとしたわけです。この金融政策により内需は拡大して、一時的に貿易収支の不均衡は是正されました。しかし、マネー・ストックの過度の増加は、消費と投資を活発化させただけでなく、国内で金余り現象をおこし⑪、株や不動産投資に必要以上に向かわせて、全国の地価と株価が高騰しました（資産インフレ）。1985年初めから89年末にかけて地価は約2.9倍（東京圏商業地の公示価格）、株価は約3.4倍（日経平均）となり、実体よりも高くなります。このような地価・株価の高騰は、それまで株や土地への投資に

---

⑦プラザ合意後のドル安に歯止めをかける先進7カ国財務相・中央銀行総裁会議（G7）の合意を指します。通貨安定をはかることで合意しましたが、一般的にはドル安の動きに歯止めはかけられなかったと評価されています。

⑧日本の貿易黒字は、約10.9兆円（1985年）から約7.6兆円（1990年）と6年間で約70％に縮小しました。

⑨公定歩合とは、中央銀行が市中銀行などに資金を貸出すときの利子率です。それまで5％だった公定歩合が一気に2.5％に引き下げられました。また、「戦後最低」という点に注意してください。なお2006年、日銀は「基準割引率および基準貸付利率」と名称を変更しました。公定歩合操作などの景気対策については、本書現代の経済テーマ1「経済学とは？」中の「『ケインズ理論（近代経済学派）』とは？」120～122頁参照。

⑩金融機関や政府を除いて、企業や個人、地方公共団体が保有している通貨量を指します。社会に出まわっている通貨量の増減は、経済に大きな影響をおよぼすため、通貨量の市中残高を示すマネー・ストックは重要な経済指標となります。

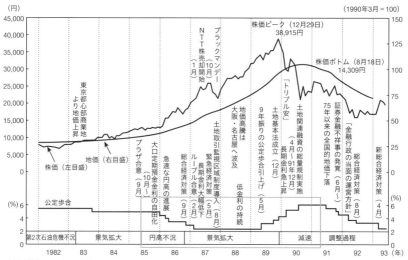

（注）株価は日経平均株価、地価は市街地価格指数の６大都市全用途平均。

バブル経済前後の株価と地価

青で囲んだ箇所に注目してください。公定歩合の上下と景気（株価と地価）が連動していることがわかります。

（『平成５年度経済白書』より作成）

無縁だった一般投資家を積極的にマネー・ゲームに巻き込み、さらに加速させます。資産インフレは資産所有者の担保能力を高め、金融機関の貸出額の増加と企業の設備投資の増加を促しました（資産効果⑫）。それがさらに内需を拡大し、好景気を持続させていきました。このように、プラザ合意が引き金を引いた金融緩和政策が国内のマネー・サプライを急増させ、バブル経済を生むこととなったのです。

　政府は、このバブル経済に対し、土地投機の抑制や金融引締を実施せざるをえなくなります。1989年以降、日銀は公定歩合を段階的に６％まで引き上げ、1990（平成２）年には大蔵省（当時）が「不動産融資総量規制⑬」を実施しました。これらの諸政策によって「土地神話」「株神話」が崩壊すると⑭、人々は一転して土地や株を手放しました。買い手がつかないため、地価も株価も大暴落していき、バブル経済

⑪「借りて買った方が得」の状態になったわけですから、国民は自動車、クーラーなどの家電製品、住宅などを買いました。しかし一家に車は５台もいりません。クーラーやカラーテレビも居間だけでなく各部屋に設置しますが、１部屋にクーラーは２台もいりません。このようにある程度のところで消費は頭打ちになるのですが、それでも「借りて買った方が得」の状態が続くため「金余り現象」になるわけです。そして、それまでの日本経済には「株価と不動産価格は下がらない」という神話があったため、余ったお金を株や土地に投資したのです。
⑫企業や家計が保有する株や土地などの価格が上がると、それらの資産を担保とした融資上限額が引き上げられるため、企業の設備投資などが増えることを指します。

バブルの頃

　1987年初め、筆者は自動車を購入しようと100万円借金をしました。筆者もバブルの風を受けていたのか、同年2月9日に民営化されたNTTの株が117万7000円で公開されるとき、「自動車をやめて株を買おうかな？」と思ってしまいました。NTT株は翌日の初値で160万円をつけ、約2カ月後、318万円に達しました。いま思うと「ベンツを買えたなあ・・・」と考えてしまいます。まさしく「マネー・ゲーム」に巻き込まれそうな一瞬でした。

　この時期には新しい社会現象がみられました。都心には「億ション」が登場し、ジュリアナ東京のお立ち台がテレビなどで取り上げられました。都心中心に暴力団を中心として地上げがみられ、企業だけでなく普通の市民も財テクブームに乗り遅れまいと株に手を出しました。投資先としてゴルフ場などリゾート開発が進み、国内での投資先を失った資金は海外に向かいロックフェラー・センターを所有するロックフェラーグループやコロムビア映画の買収などをおこないました。人手不足感が企業を覆い、就職戦線で「売り手市場」という言葉が生まれました。

が崩壊していくのです。1989（平成元）年末に3万8900円に達していた日経平均株価は、1992（平成4）年には1万6924円となり（年次の平均株価）、実に56.5%も下落しています。地価も同様に暴落し、東京・横浜・名古屋・京都・大阪・神戸の6大都市の地価は1990年を100とした場合、平均して54.7まで下落しました。

　投機的な土地購入などへ融資をしていた金融機関は大量の不良債権を抱え、銀行の「貸し渋り」は企業の設備投資などを減少させます。国民所得は減り、個人消費も冷え込んで、不況をさらに深刻化させました。この時期を「平成不況」といいます。

⑬大蔵省（当時）による金融機関の不動産向け融資に対する規制を指します。(1)不動産向け融資の前年比伸び率を総貸出の前年比伸び率以下に抑える、(2)不動産業やノンバンクなどへの融資実態の報告を求め、規制に違反した金融機関に是正を指導するという内容でした。通達後、金融機関はそれまでの融資の不履行・凍結・打ち切りなどを実施し、これが金融機関の貸し渋りや貸し剥がしを誘導して、バブル崩壊の引き金になったと分析されています。

⑭公定歩合の引き上げにより「借りて買った方が得」の状態ではなくなり、さらに「総量規制」で借りにくくなったのですから、それまでの「銀行からお金を借りて土地を買い、地価の上昇によって高くなった土地を担保に新しい土地を買って・・・」ということができなくなったわけです。転売ができなくなったうえに利子が高くなったのですから、利子負担に苦しむ人も出てきますし、これ以上の値上がりは見込めないと考えた人は、早めに売り抜けようとします。その「売り抜けよう」とする気持ちが連鎖反応をおこし、大暴落が始まるのです。

⑮もともとはリストラクチュアリング（Restructuring）のことで、事業の「再構築」という意味です。具体的には成長部門への資源の再配分、不採算部門からの撤退、組織の簡略化、バランスシートの改善などを通して実施されます。その意味ではニュートラルな経営の用語です。しかし、日本ではバブル崩壊後、人員整理や工場閉鎖などがおこなわれることが中心となったため、リストラといえば「解雇」を意味するようになり、ネガティブなイメージが定着しました。

用語解説 不良債権・貸し渋り・貸し剝がし

　不良債権とは、銀行などの金融機関が融資した元本や利子が返済されない、あるいは返済される見込みのほとんどない債権を指します。バブル経済崩壊後の長引く不況や地価下落で、民間金融機関の不良債権額は100兆円を超えました。不良債権の処理には、企業の倒産などに備えて貸倒引当金を積む「間接償却」と、債権を帳簿から消し去る「最終処理」の2つがあります。特に後者は、金融機関の経営状態を悪化させるため、その後の「貸し渋り」「貸し剝がし」の原因となるのです。

　貸し渋りとは、企業の財務や経営状況の良しあしによらず、金融機関が新規融資や継続融資を渋る状態を指します。貸し剝がしとは、金融機関が金利の上積みや返済期限の短縮を求め、融資を半ば強制的に回収することを指します。貸し渋りにより、業績が健全な企業までが資金調達に困るようになりました。また、企業の多くは経営にあたり金融機関から融資を受けており、貸し渋りや貸し剝がしで借り入れが継続できなくなると企業経営は厳しくなり、倒産することもあるのです。

　雇用にも悪影響をおよぼします。「バブル経済」期に過剰に増えた人件費を圧縮するため、企業は軒並み新規採用を抑制し、大企業でもリストラ⑮がおこなわれました。求人倍率も急速に低下し、「就職氷河期」と呼ばれる就職難が発生します。

　企業も個人も深刻なダメージを負った結果、その後の日本経済は長期的な低迷期を迎えました。日本の名目GDPをみてみると、1992年の名目GDPは480兆円、2002（平成14）年の名目GDPは498兆円で、約10年間でほとんど増加していません。このような「バブル経済」が弾けたあとの日本経済の状況を「失われた10年」と呼んでいます。

用語解説 失われた10年（20年）

　バブル経済が崩壊した1990年代初頭からの10年間を指す言葉です。この期間はバブル後遺症の景気後退と長期不況が続き、大手金融機関の経営破綻、大企業の倒産や大手金融機関の統廃合などが相次ぎました。またリストラの増加、新規雇用の冷え込みなどにより、生産活動自体が低調となったことも含まれます。不況は10年にとどまらずその後も続き「失われた20（30）年」などともいわれました。

日本にとって「円安」はよいことなのだろうか？

円安・円高とは？

　まず基礎知識の確認です。2月23日に1ドル100円でした。24日に1ドル50円になった時、「円高」「円安」のどちらになったのでしょうか？　一見、100円から50円になったので、「円が安くなった」ようにみえますが、反対の「円高になった」が正解です。1ドルというチョコレートを10円玉10枚で買えたのが、10円玉5枚で買えるようになったのですから、「これまでよりも少ない10円玉で交換できた」＝「10円玉の価値が上がった」のです。このように「円（この場合は『10円玉』）」の価値が上がることを「円高」と呼びます。

　さて、円高だと「輸出に不利、輸入に有利」といいますが、その理屈を下の図から読みとってください。たとえば、1ドル100円だったのが、80円の円高になると・・・。

　アメリカ国内で牛肉が5ドルで売られていました。1ドル100円の時、日本は500円で輸入していましたが、80円になると400円で買えるので、日本国内では値下がりしたようにみえます。つまり「輸入では有利」にみえるのです。輸出では反対に動きます。日本国内で100万円の車をアメリカ人はそれまで1万ドルで買えたのが、1万2500ドルに「値上がり」してしまい、売れなくなってしまうのです。

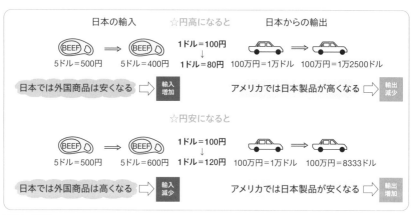

円高・円安

> **コラム　為替とは？**
>
> 「為替（かわせ）」の歴史は古く、日本では江戸時代に大きく発達したといわれています。たとえば、江戸の商人が大坂の商人に代金を支払う場合、現金を直接届けると盗難などの危険が伴います。そこで、江戸の商人は両替商に代金をわたして為替手形（支払いを依頼した証書）を発行してもらい大坂の商人に送ります。その手形を受けとった大坂の商人が指定されている大坂の両替商に持って行き代金を受けとっていました。このように為替は、現金を移動させないで決済をおこなう手段です。現在では、支払いなどのための銀行振込や、公共料金などの口座引落しなどが簡単にできるようになりましたが、振込や口座振替も実は為替取引の一種なのです。このように国内でおこなわれる為替取引は、内国為替取引と呼ばれています。
>
> 外国と、つまり異なる通貨間でおこなわれるものが外国為替取引です。商品の輸出入や企業の海外進出など、国際取引の多くは外国為替を利用しています。現金を動かさずに決済をおこなう点では内国為替と同じです。取引では、まず決済通貨（どの通貨で金銭の受払いをするか）を決めます（アメリカの企業に商品の代金として1万ドル支払うなど）。自国通貨でない場合には通貨を交換しますが（たとえば、円とドルを交換する）、この「通貨交換」が外国為替の特徴です。
>
> そして、通貨を交換するための市場を「外国為替市場」、通貨の交換比率を「為替レート（外国為替相場）」と呼んでいます。

どうして「円安」や「円高」になるのだろうか？

たとえば、円とドルとの交換レート（比率）が変化する一番の原因は、ドルと円との「需要供給」関係の変化にあります。

日本には、いろいろな国の通貨を交換する場所として、東京外国為替市場❶があります。東京外国為替市場に持ち込まれる円やドルの量によって交換比率が変わるとは、たとえば、ドルを売って円を買いたい人が多くなると（需要供給曲線の動き通り）「円高」になり、反対の動きが強まると「円安」になるということです。

問題は「なぜドルを売る人が増えるのか？」です。次頁の左図を例にすると、たとえば、日本の自動車会社がアメリカに大量の自動車を輸出し、その代金をドルで受けとったとしましょう。その会社は当面、ドルを必要としないとき、従業員の給料支払などのためにドルを売って円が欲しくなります。つまり、（一般的に）日本の

❶「市場」といっても、魚市場や野菜市場のように特定の場所や建物を指すわけではありません。特定の枠組みのなかでおこなわれる取引全体を示す抽象的な概念で、多くの取引はコンピューターや電話を通じておこなわれています。「円高」などのニュースで、銀行のディーリングルームが映ると、みんなコンピューターとにらめっこしていますが、まさしく画面上で通貨を売買（交換）しているのです。外国為替市場の取引は、(1)金融機関同士が直接または外為ブローカーを通じておこなう市場（外国為替市場における「インターバンク市場」と呼ばれます）と、(2)個人や企業が金融機関（多くの場合「銀行」です）とおこなう市場（金融機関からみて「対顧客市場」と呼ばれます）の2つに大きくわけることができます。

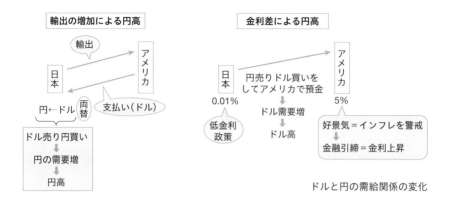

ドルと円の需給関係の変化

貿易黒字が増えると、「円高」になるのです❷。

　2つ目の理由は「金利差」です❸。右上の図をみてください。日本の銀行金利が0.01％、アメリカの銀行金利が5％だったとしましょう。当然、多くの投資家は「円をドルにかえ」て、日本からアメリカの銀行に預金を移します。その際、「円売りドル買い」が増えて「円安」になるのです❹。

日本にとって、「円安」は有利なのだろうか？

　かつてトヨタ自動車は、対ドル相場が1円「円安」になると、年間利益が450億円増えるといわれていました。現在でもそうなのでしょうか？

　2022（令和4）年9月、トヨタ自動車の社長が、急激な円安について「資材や部品の輸入が増えており、輸入価格やエネルギー価格の高騰によるデメリットが拡大しているのが現実だ」と述べました。その背景は、確かに1円の円安で450億円利益が上がるにせよ、反面、原材料やエネルギー価格の高騰で、年間で約1兆7000億円の損失が生まれそうだからです。社長は続けて、日本の自動車の輸出は10年前と比べて約2割減っているとし、「円安が収益に与えるメリットは、以前に比べて大変減少している」と指摘しました。さらに「サプライヤー（部品メーカー）はもっと影響を受けているのではないか」とも述べ、原材料を輸入して自動車部品を製造し

❷ドル・ショック以来、基本的に「円高」局面だった理由は、この理由からです。
❸2022年に進行した「円安」はこの理由です。新型コロナウイルスの蔓延でアメリカ経済は縮小していましたが、2021年後半頃から景気が回復局面に入り、賃金や物価が顕著に上昇しはじめました。経済の過熱による物価高騰を抑えるために、日本の中央銀行にあたるアメリカのFRBが2022年の3月から政策金利の引き上げを開始しました。これに対して、日本銀行は長期金利を抑えていたため日米で金利差が生じ、「円安」を引きおこしたのです。
❹この他にも、ファンダメンタルズ（経常収支や物価、金利、経済成長率、インフレ率などの経済の基礎的条件）が安定している国の通貨を持っていると安心なので、その国の通貨の需要が増えるなどの理由もあります。

ている下請け会社への影響にも懸念を表明しました。またこの「円安」は、この他にも食料品やエネルギーなどの価格を引き上げ、家計を直撃しています。

「円安は日本に有利」の時代ではなくなっているのかもしれません。

> **コラム**　**日本は貿易立国なのだろうか？**
>
> 　「日本は、海外から原材料を輸入して、付加価値の高い商品を生産して輸出して儲ける『加工貿易の国』である」と学校で教わった方も多いと思います。日本は現在でも「貿易立国」なのでしょうか？　グラフを読み込んでください。
>
> 　たしかに2011（平成23）年の東日本大震災以降の数年間は、復興資材の輸入増やサプライチェーンが切れたことによる輸出減で大幅な貿易赤字になりましたが、それ以降も日本の貿易収支は「黒字基調」とはいえません。その理由は、2011年前後に、1ドル70円台の超円高が続いたことで、日本の製造業は海外に工場を移しました。そのためそれ以降、1ドル110円前後で推移するようになっても、輸出は急に増えないのです。
>
> 　グラフからおわかりのように、現在、日本の経常収支を支えているのは第一次所得収支です。第一次所得収支とは、海外金融債権・債務から生じる利子や配当金の収支状況を指します。第一次所得収支が増えている背景は、海外への工場移転や国内の投資先を失った資金が海外に向かったことがあげられます。
>
> 　このように単純に「日本は貿易立国」とはいえなくなっています。これから、教科書記述も変わってくると思いますので、注意しておいてください。

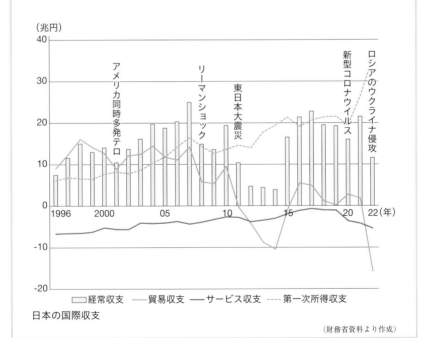

日本の国際収支

（財務省資料より作成）

エシカル消費とは？

エシカル消費とは？

　ワンガリ＝マータイさん（1940 ～ 2011年）という女性をご存じでしょうか？ケニア出身の女性環境保護活動家です。環境や人権への貢献が評価され、環境分野ではじめて、またアフリカの女性としてもはじめて2004年にノーベル平和賞を受賞しました。彼女が世界に広げてくれた言葉が「MOTTAINAI」でした。現在この言葉は、環境問題にとどまらず、SDGs（持続可能な開発目標）❶の言葉と理解されています。

　近頃、省エネ、リサイクル（この2つはずいぶん前からです）、エコバッグ、フェアトレード、食品ロスなど「環境」に関連する言葉を耳にします。ここでは「エシカル消費❷」を考えてみましょう。

　エシカルとは「倫理的」という意味です。そして人間や社会、環境に配慮した消費行動のことを「エシカル消費」と呼びます。難しく感じるかもしれませんが、私

> **コラム　マータイさんと「MOTTAINAI（もったいない）」**
>
> 　1977年、マータイさんは「開発」の名のもとでおこなわれる環境破壊と、開発の恩恵から取り残された人々を前にして、農村地帯の女性に植樹を通じて社会参加を呼びかける「グリーンベルト運動」を創設しました。女性の地位向上だけでなく、民主化をめざした運動だったため、当時の政権から弾圧され、投獄されたこともありました。それでも運動は続けられ、延べ10万人が参加し、植えられた苗木は5100万本にのぼったといわれています。
>
> 　マータイさんが、2005年の来日の際に感銘を受けたのが「もったいない」という日本語でした。「環境活動（3R）+Respect＝もったいない」と感じたのです。マータイさんは、Reduce（ゴミ削減）、Reuse（再利用）、Recycle（再資源化）という環境活動の3Rをたったひと言で表せるだけでなく、かけがえのない地球に対するRespect(尊敬の念)が込められている「もったいない」という言葉を、環境を守る世界共通語「MOTTAINAI」として広めることを提唱しました。

---

❶本書現代の政治テーマ10「SDGsとMDGsの相違点は？」38 ～ 41頁参照。また「エシカル消費」は、SDGsの12番目の「つくる責任 つかう責任」に関連する取組です。
❷似た言葉にサステナブルとオーガニックがあります。前者は、サステナブル（Sustainable）＝sustain（持続する）＋able（可能な）という造語で、「持続可能な」という意味ですから、まさしくSDGsの用語です。オーガニックは「有機」と同じ意味です。農薬や化学肥料に頼らず、太陽・水・土地・生物など自然の恵みを活かした農林水産業や加工方法を指します。国際的な有機農業推進団体であるIFOAM（国際有機農業運動連盟）は、オーガニックの原則として「生態系」「健康」「公正」「配慮」の4項目を掲げていますので、やはり近い言葉といえるでしょう。

エシカル消費に関連する認証ラベルやマーク

たち1人1人が社会的な課題に気づき、その課題を解決するために、日々の買物を通して、自分は何ができるのかを考えてみることが、その第一歩です。また、そうした課題解決に取り組む企業を応援することなども含まれています。

　さて、「日々の買物を通して、自分は何ができるのかを考え」るとはどのようなことなのでしょうか？　「消費者意識基本調査」（消費者庁2017〈平成29〉年度）によると、消費者として心がけている行動について、「表示や説明を十分認識し、その内容を理解した上で商品やサービスを選択する」ことを「心がけている」（「かなり心がけている」＋「ある程度心がけている」）割合は75.7％でした。このパーセンテージから商品やサービスの表示説明を意識し、積極的な行動を心がけようとしている消費者が多いことがわかります。では、「商品やサービスを選ぶときに意識する項目」はどのような点でしょうか？　「商品やサービスが環境に及ぼす影響」を意識して商品やサービスを選ぶ割合は45.2％（単純平均、以下同じ）で、価格（91.7％）や機能（88.9％）よりも、かなり低い数字であることが気になります。ここでのテーマであるエシカルは「倫理的」という意味ですから、「ちょっとまてよ？　この商品はどこで誰がどのようにして作ったのかな？」「この商品を選んで消費することは環境によいことなのかな？」などを考えて選んでほしいと思います。しかし、ある商品をみて、パッと「この商品は選んでよい商品だ」と判断できるのでしょうか？　なかなか難しいと思います。そこで、この頁の上方にエシカル消費に関連する「認証ラベル」をあげました。判断に困った時、このようなラベルを参考にしていただきたいと思います。

「衣服ロス」からエシカル消費を考える！

　なぜエシカル消費が必要なのか、具体例として「衣服」をとりあげます。消費者

チリのアカタマ砂漠にある巨大な「服の山」
火災などが発生して、環境問題や国同士のトラブルに発展しています。

が購入する「衣服1枚あたりの価格」は、1990年と2019年を比較すると上がっているでしょうか、下がっているでしょうか？　「物価は上昇しているはずだ」という常識に反し、「衣服1枚あたりの価格」は、6848円から3202円と半額以下になっているのです。約20年のあいだにこれほど下がった理由は、原材料をできるだけ安く海外で購入し、さらに海外の安い人件費で製造しているからです❸。

　そのような安価な衣服は、国内で年間約28.5億点販売されており、消費総数は13.7億点です。つまり半分以下しか売れていないのです。その理由は、日本が豊かになり、たくさんの服から好みの1着を選ぶようになったからだといわれています。たしかにデパートだけでなく、いわゆる衣料の量販店でもたくさんの服が並んでいて、試着などをしながら自分にあった（自分の好みの）1着を選んでいます。

　売れ残りの在庫は次のシーズンに販売されますが、数年経つと中古衣料として主にアジアなどに輸出され❹、多くはウエス（手入れ用の雑巾）になったり繊維原料として分別再生されます。分別再生されればまだよいのですが、最終的に誰も買わなかった衣服は上の写真のように「捨てられた衣服」となるのです❺。

　このような現実を知ると「日々の買物を通して、自分は何ができるのかを考え」る必要性がおわかりになったと思います。ただし、当然、企業もCSR（企業の社会

❸ 2013年、パキスタンのダッカ近郊の衣服生産ビルが倒壊して1100人以上が亡くなりました。この事故がきっかけで、「ザ・トゥルー・コスト」というファッション業界の裏側にせまったドキュメンタリー映画が作成されています。予告編はYou Tubeでもみられますが、全編視聴することをお勧めします。
❹ その価格は、わずか39.8円／kgでした（2019年）。ここまでの数字は「家計調査」（総務省）、「繊維白書」（矢野経済研究所）などによります。
❺ NHK WEB特集「着られなくなった衣服の〝末路〟とは」（https://www3.nhk.or.jp/news/html/20220218/k10013486591000.html　最終閲覧日2024年2月1日）

的責任）❻を意識した生産活動をおこなうべきで、その意味で消費者はCSRを果たそうとしている企業を応援したり、配慮していない企業の製品を「買わない」という選択をするべきなのでしょう。

コラム　エシカル消費をどこで学ぶのか？

　ここまでエシカル消費を考えてきましたが、2022年度から始まった高校公民科の新科目「公共」の教科書12冊中6冊で、「エシカル消費」との用語がとりあげられていました。しかし記述の分量からみると、エシカル消費を学ぶ中心は「家庭科」です。「エシカル消費」という用語そのものがない教科書もありましたが、「消費者の意思決定」というテーマで、エシカル消費の内容はすべての教科書でとりあげられていました❼。

　特に、商品を購入するときの意思決定「プロセス」で、「エシカル消費」を心がけるような記述が多くあり、高校生にも腑に落ちると思いました❽。

[ある家庭科の教科書に掲載されている商品購入の意思決定プロセス]

①課題の明確化：解決すべき課題を簡潔に表現する。

②情報収集：直接的・間接的にできるだけ多くの情報を集める。

　※情報収集の方法として、商品の表示、カタログ、広告、販売員の説明、インターネット上の情報、家族・友人からの口コミ、公的機関からの情報などがある。

③比較・検討：集めた情報をもとに各選択肢の長所と短所を考える。

　※1つの選択肢を選ぶ際に犠牲にした価値である「機会費用」を考える。お金だけでなく、時間、労力、限られた資源などに注目しよう。

④動機の確認：本当に必要かどうか、改めて考える。「買わない」も立派な選択である。

⑤決定：個人の視点だけでなく、社会的な視点からも評価し決定する。

---

❻CSRとは、企業活動において社会的公正や環境などへの配慮を組み込み、従業員、投資家、地域社会などの利害関係者（ステークホルダー）に対して責任ある行動をとるとともに、説明責任を果たしていくことを求める考え方です。

❼その内容も具体的で、(1)買い物する時にエシカル消費に貢献できることの例として、買い物に袋が必要な場合はマイバッグを持参する／必要な食品を必要な時に必要な量だけ購入する（食品ロスの削減）／リサイクル素材を使ったものや省エネ製品など環境に配慮した商品を購入する／地元の産品を購入する（地産地消）／被災地の産品を購入する（被災地支援）／福祉施設でつくられた製品を購入する（障がい者の自立支援）／エシカル消費に関連する認証ラベルやマークのついた商品を購入する／フェアトレード商品を購入する／寄付つき商品を購入するなどが、(2)買い物以外でできることの例として、食べ残しを減らす（食品ロスの削減）／ストローなど使い捨てプラスチックの使用を減らす／マイボトルを持ち歩く／3R（リユース（再利用）、リデュース（ゴミを出さない工夫をするなど）、リサイクル）を心がける／省エネや節電につながる行動を実践するなどがあげられていました。

❽ただし、一般的に環境に配慮した商品の多くは値段が高いわけです。高校生は決してお金持ちではありませんから、お金がない時（＝小遣いの範囲で）はどのような消費行動をとったらよいのか、つまりトレードオフでの選択を考えさせる必要があり、すぐに全員を納得させることはなかなか難しいと感じています。

国際経済

国際経済 ● 1

金本位制の
メリットとデメリットは？

貨幣とは？

　まず「お金（貨幣①）」とはなんでしょうか。お金が生まれる前は、「物々交換」をおこなっていたというのが現在の通説となっています。ですから、漁師が魚を持って服と交換したいと交渉しても、相手が魚を欲しくなかったら、あるいは魚と服の交換比率で両者の意見が異なる②と交換が成立しません。成立しないと魚は腐ってしまいますし、服屋は夕ご飯が食べられません。そのため、誰とでも交換できて価値の変わらないもの（＝貨幣）が生まれたのです③。

　貨幣には3つの機能④があります。

(1)**交換手段**：必要な品物を手に入れるための交換がスムーズにできる。物々交換の時代には、たがいの合意がないと交換できませんでした。しかし、貨幣を使うことで、いつでも好きな品物と交換したり、決済したりできるようになりました。

(2)**価値尺度**：貨幣の量で商品の価値を示す「物差し」の役割がある。物々交換の時代には、たとえばりんご3個とみかん8個を取りかえる・・・など、モノの価値があいまいで統一性がありませんでした。しかし、貨幣を使うことでモノの価値を同一の尺度ではかることが可能になり、1つ1つのモノの価値を明確にとらえられるようになりました。

(3)**貯蔵手段**：(腐らないので) 富として貯めておくことができる。お金は、モノと違って腐ることはありません。貯めておけば、いつでも好きな時にモノと交換（購入）することができます。

---

①貨幣（Money）は、一般的に「お金」と考えられている紙幣など、交換手段、価値尺度、貯蔵手段の機能を持つものを指します。通貨（Currency）は、社会のなかで流通手段や支払手段として機能している貨幣をいいます。これには、銀行券（紙幣）や補助貨幣（硬貨）などの「現金通貨」の他に、当座預金や普通預金などの決済手段として機能する「預金通貨」も含まれます。ここでは、なるべくこの定義にそって使いわけていきたいと思います。
②たとえば、漁師は「魚3匹と服1着」を交換したいと思っているのに、服屋は「服1着と魚10匹」で交換したいと考えている場合です。
③中国では殷（約3000年前）の時代から、「貝（宝貝）」が貨幣として使われていました。そのため、貨幣に関係が深い漢字に「ヘン」や「ツクリ」に貝のつくものが多いのです。たとえば、貨、貸、買、財、資、貯などです。
④4つの目の機能として、交換の最終的決済としての「支払手段」をあげることもあります。貨幣の機能について、次のHPにイラスト付でやさしく解説してあります。(https://manabow.com/money/prologue1-1.html　最終閲覧日2024年2月1日)

なぜ「金」なのだろうか？

　貨幣が生まれたことはわかりましたが、なぜ古くから「金」貨が高く評価され、流通していたのでしょうか？

　一般的に金は希少価値が高く、美しい光沢を持ち、また容易に加工できる素材でありながら、錆や腐食に強い金属であるため、普遍的な価値を求められる貨幣の材料とされたと説明されています。

　ここまでの説明で、金貨の誕生（その補助貨幣として、銀貨や銅貨も誕生します）がおわかりになったと思います。

コラム　なぜ金がありがたいのだろうか？

　第1に「希少性」です。誰もが手に入るものだと「ありがたみ」がありません。これまで採掘された金は約17万t、これは50mプール約3杯分といわれています。ポイントは残りが約7万t前後といわれていることです。つまり「そもそも少ないうえに手に入りづらい＝希少性が高い」ことになり、皆さん欲しがるのです。ちなみにプラチナは、埋蔵量1.6万tと推定され、金とは比較にならないほど希少です。ただし金に比べて歴史が浅く、これまでの採掘量が約5000t程度であるため、貨幣として流通するだけの量がないと考えてよいと思います。

　第2に、「美しさ」です。ツタンカーメンの黄金の棺の例を出すまでもなく、古代から権力者は富と権威を表すため、金の装飾品を身に着けていました。筆者は「黄金色」に余り興味がなかったのですが、島根県の荒神谷遺跡の博物館で、再現された銅剣が美しい「黄金色」だったのをみて、「この輝きだとみんな欲しがるな」と納得したことがあります。

金本位制度とは？

　さて経済規模が大きくなると、金貨による決済は不便になります。理由は簡単で、「重たい」からです。千両箱は約20kgです❺。江戸から大坂へ10万両を送ると、総重量はなんと2tになります。東海道といっても未舗装です。箱根の山も大井川もあります。さすがに山賊は出ないでしょうが、運搬は非常に困難だったでしょう。では海路はどうかというと、天候によっては難破の危険があります。そこで発明されたのが、軽くて持ち運びやすい「紙幣」です❻。

　紙幣は大発明だと思うのですが問題があります。金ならば「モノ」です。ある意味「物々交換」の要素があります。ところが「この『紙切れ（紙幣のこと）』が今日

---

❺日本銀行本店の前に、貨幣博物館が併設されています。同館に江戸時代の「千両箱」のレプリカを持ち上げるコーナーがあり、筆者は持ち上げたことがあります。この重さだと「鼠小僧が千両箱を担いで、屋根から屋根へひょいひょいと飛びながら逃げる」のは不可能だと思いました。
❻世界初の本格的紙幣は、10世紀の中国（北宋時代）で作られた「交子」だといわれています。

から貨幣だ」といわれても、おそらく誰も信用してくれません❼。そこで登場するのが金本位制です。国家が「貨幣○円＝金□g」と金と貨幣が交換できることを保証して、貨幣（この場合「紙幣」）に信用を持たせたのです。その「金と交換可能な紙幣」のことを兌換紙幣（銀行券）と呼びます。

1816年、イギリスが金本位制を世界ではじめて導入しました。そのきっかけは産業革命です。「世界の工場」になったイギリスは、大量生産した商品を世界中に輸出しようとしました。しかし、「輸出した品物の代金は、イギリスが輸出した相手国の通貨で支払われるが、その国の通貨は信用できるのだろうか？」が問題になります。つまり、「お金がお金として機能するためには信用が必要」なのです。そこで、イギリスが発案したのが金本位制でした。イギリスはみずから金本位制を採用し、輸出相手国にも同じ金本位制を採用することを求めました。このようにして、イギリスを中心に新しい国際経済秩序（通貨制度）が構築されたのです。

金本位制度のメリットとデメリットは？

金本位制度にもメリットとデメリットがあります。

メリットの第1は、この制度では金の保有量以上に紙幣を発行できないので、「紙幣を刷りすぎて紙幣の価値が下がる」＝「インフレがおきる」ことを防げます。第2に、自国通貨と外国通貨の交換が安定し、貿易がおこないやすくなります。具体的には、かつてアメリカは、「1ドル≒金1.5g」、日本は「1円＝金0.75g」と交換比率でした。そのため自動的に「2円≒1ドル」という関係（固定相場）が成り立っていました。このような安定した交換比率だと安心して貿易をおこなうことができ、貿易が拡大します❽。

デメリットの第1は、保管が大変なことです。重いだけでなく泥棒にでも入られて金をすべて持っていかれたら国家が傾いてしまいますから、「金」の保管は大問題です。第2に、その国の経済規模が大きくなっても、金本位制では自国の金保有量までしか通貨を発行できません。たとえば、社会保障費の増大に対応して通貨を増やしたくても増やせないのです❿。しかも、金保有量は貿易収支によって変動するため⓫、通貨量をコントロールできなくなる可能性がありました。第3に、金の

---

❼現代国家は、国家が「この『紙切れ（紙幣のこと）』が貨幣だ」と法律で強制しています（「通貨の単位及び貨幣の発行等に関する法律」などを参照）。
❽円・ドル交換比率が、今日は「1ドル＝2円」、明日は「1ドル＝1円」、明後日は「1ドル＝3円」だと、決済時期によりリスクが出てしまい、貿易するマインドが冷え込んでしまいます。
❾金は各国の中央銀行の金庫に保管されているといわれています。ちなみに日本が保有する金の大半は、アメリカのニューヨーク連邦銀行の地下金庫に保管してもらっています。

希少性ゆえに、「世界中の国が金本位制を導入するだけの金の絶対量が足りない」ことです。

このようなデメリットがあるため、第二次世界大戦前夜にはブロック経済、通貨切り下げ競争、金本位制の停止・・・などが続き⑫、第二次世界大戦を引きおこす原因となっていくのです。

コラム 小判の金含有量

日本では江戸時代は小判が通貨の基準になります。しかし、その小判に含まれている「金」は、右のグラフに示したように、時期によって異なっていました。そのため、小判によって「銀貨」「銭貨（銅貨）」との交換比率が異なっていました。「金」に価値があるのですから、当然、その含有量によって小判の価値が異なるからです。それぞれの時期の小判は、前述した貨幣博物館に展示されていますので、見学に行くことを勧めます⑬。

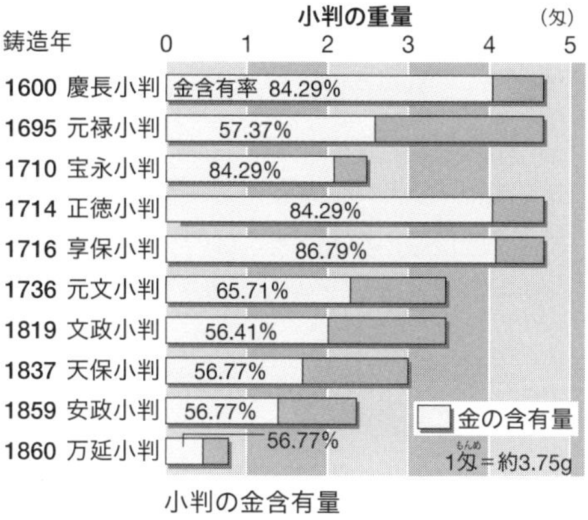

小判の重量
(匁)
鋳造年
0
1
2
3
4
5
1600 慶長小判
金含有率 84.29%
1695 元禄小判
57.37%
1710 宝永小判
84.29%
1714 正徳小判
84.29%
1716 享保小判
86.79%
1736 元文小判
65.71%
1819 文政小判
56.41%
1837 天保小判
56.77%
1859 安政小判
56.77%
1860 万延小判
56.77%
金の含有量
1匁＝約3.75g

小判の金含有量

---

⑩第一次世界大戦がおこると、ヨーロッパ各国は金本位制を一時的にやめます。第一次世界大戦は「消耗戦」でしたし、大量の武器などが必要となりました。武器などを調達するためには、⑴貨幣を大量に発行して国内で武器を生産する、⑵武器を大量に輸入するの２択でしたが、金本位制ではどちらも不可能です。⑴は「金保有量≧通貨発行量」の制限、⑵は注⑪にあるように「国力低下」を招いてしまうからです。

⑪貿易赤字国は「金」が流出して保有する金が減ってしまいますから、金本位制を維持しようとする以上、通貨量を減らす必要が出てきます。これは、その国の国力低下を招いたり、デフレーションを引きおこしたりすることになります。

⑫第二次世界大戦前夜の国際経済などの動きについては、本書国際経済テーマ３「IMF体制（固定相場制）はどのように設立されたのだろうか？」182 ～ 187頁参照。

⑬貨幣博物館の「図録」(https://www.imes.boj.or.jp/cm/collection/tenjizuroku/mod/book/#page=44　最終閲覧日2023年12月31日）からも確認できます。慶長小判以降、金の含有量が減っているので「色」が変わっていることがわります。ちなみに「万延小判」は、外国との金銀交換比率是正のため発行されています。

中央銀行の役割とは？

中央銀行とは？

　中央銀行とは、1つの国や国家連合❶など、同じ通貨を使用している地域の金融組織の中核となる銀行や機関のことです。中央銀行の主な役割は、その国の通貨である銀行券（紙幣や貨幣）を発行する「発券銀行❷」であり、市中銀行に対しては預金を受け入れたり最後の貸し手❸として資金を貸出す「銀行の銀行」であり、国の預金を受け入れることで政府の資金を管理する「政府の銀行」という立場を持ちます。また、中央銀行は金融政策を通じて、物価の安定に対して責任を負っています。さらに、金融政策などに関して独自の判断をおこなう必要があり、政府から独立していることが求められます。日本の中央銀行は日本銀行（日銀）です。

　ここでは日銀の役割のうち、「金融政策」を説明したいと思います。日本銀行法において、金融政策は「通貨及び金融の調節」として示されています。次頁の図のように、伝統的金融政策として公定歩合操作（金利政策）、預金（支払）準備率操作、

用語解説　日本銀行

　日銀は、日本銀行法により設立されている日本の中央銀行です。日本銀行法では、日銀の目的を「我が国の中央銀行として、銀行券を発行するとともに、通貨及び金融の調節を行うこと」「銀行その他の金融機関の間で行われる資金決済の円滑の確保を図り、もって信用秩序の維持に資すること」（第1条）と規定しています。また、日銀が通貨及び金融調節をおこなうにあたり「物価の安定を図ることを通じて国民経済の健全な発展に資すること」（第2条）との理念を掲げています。さらに「日本銀行の通貨及び金融の調節における自主性は、尊重されなければならない」（第3条）として、金融政策の独立性を定めています。

　日銀には、最高意思決定機関として政策委員会がおかれています。その構成は、総裁（1名）、副総裁（2名）、審議委員（6名）です。また、日銀の資本金は1億円と定められており、そのうち約55％は政府出資です。出資者に対しては、経営参加権が認められないなどの制限があります。また、いわゆる配当は、年5％以内に制限されています。

---

❶欧州中央銀行（ECB）は、1998年、統一通貨ユーロ導入に伴い設立された中央銀行です。ユーロ通貨圏の金融政策は、各国の中央銀行にかわってECBの政策理事会が決定し、各国の中央銀行はその指示にしたがって金融調節をおこなっています。

❷発券銀行については、本書国際経済テーマ1「金本位制のメリットとデメリットとは？」172～175頁参照。

❸日銀は、一時的な資金不足に陥った金融機関に対し、最後の貸し手として一時的な資金の貸付をおこなうことがあります。戦後では、1965年の証券不況の際に山一證券、大井証券に対しはじめて適用されました。バブル経済崩壊後の金融危機に際しては、コスモ信用組合・木津信用組合・兵庫銀行・みどり銀行・山一證券・北海道拓殖銀行などに発動しています。

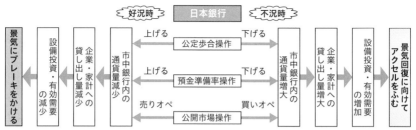

日本銀行の金融政策

不況の際は、(1)公定歩合を引き下げて、市中金利が低下するよう誘導しお金を借りやすくする、(2)預金準備率を引き下げて、中央銀行に再預金していたお金を市中銀行に戻して多くの預金を貸出しにまわせるようにする、(3)買いオペで、中央銀行が有価証券などを市中から購入して、中央銀行から市中へお金を移動する、との操作でマネー・ストックを増やして企業の投資意欲や消費者の購買意欲をあげようとします。好況の際は、反対の操作をおこないます。

公開市場操作があります。中学校や高校で学んだと思いますが、それぞれの操作でマネー・ストック❹を調整して、物価の安定（景気の調節）をはかります。具体的に景気が悪い時は、公開市場操作❺で買いオペレーション（買いオペ）をおこない、預金準備率❻や公定歩合❼を引き下げて、マネー・ストックを増やして景気を調整するのです。ただし、日本では1994年の金利自由化で、公定歩合が市中金利と必ずしも連動しなくなりました。また、預金準備率も1991年から変動しておらず、金融政策の中心的政策ではなくなっています。そのため、現在、金融政策の中心は公開市場操作だと考えてください。

> コラム
> ## 中央銀行の歴史❽
>
> 　現存する最古の中央銀行は、スウェーデンのリクスバンクだといわれています（1668年設立）。しかし、現代の中央銀行の役割を「発券銀行」「（銀行間の決済をおこなう）銀行の銀行」「（金融危機がおきた時の）最後の貸し手」「金融政策」であるとするならば、リクスバンク創設以前から「中央銀行の原型」といえる金融機関が存在し、徐々に現代の中央銀行へと変化してきました。
> 　そのように考えると1609年に設立されたアムステルダム銀行が、中央銀行の「原型」

❹マネー・ストックについては、本書現代の経済テーマ9「バブル経済の原因がプラザ合意だといわれるのはなぜだろうか？」158頁注❿参照。

❺中央銀行が、公開市場で国債や手形などの有価証券を売買することにより、マネー・ストックを調整することです。中央銀行が有価証券を購入する場合を買いオペ、売却する場合を売りオペレーション（売りオペ）と呼んでいます。

❻預金準備率とは、市中銀行が持つ預金などに対し、中央銀行当座預金に再預金しなければならない割合のことです。

❼中央銀行が市中銀行に貸出すときに、適用する基準金利（公定歩合）のことです。

❽日本銀行（https://www.boj.or.jp/about/annai/genba/focusboj/focusboj26.htm　最終閲覧日2024年2月1日）参照。

にあたります。当時のオランダは貿易の中心地であり、アムステルダムには国内外から様々な種類の貨幣が流入し、取引の決済が複雑になっていました。そのため商人たちが市政府に決済システムの整備、改善を求める要請をおこない、これを受けて市当局がアムステルダム銀行を設立しました。同行は市内外の商人などに預金口座の開設を認め、口座保有者が持ち込む貨幣の種類に応じた換算レートを用いて入金額を記帳し、顧客同士が同行の口座間で決済をおこなうことができるようにするなど、統一的な計算単位（為替管理）と預金という決済手段を提供しました。このように同行の運営では、現代の中央銀行のような金融政策や金融システムの安定性維持をおこなったわけではありませんが、公的な目的を持って設立された銀行が決済システムの運営にあたったという点において、中央銀行の機能の一部を果たしていたと考えられています。

　そして、17世紀中頃のスウェーデンもオランダ同様、多種類の貨幣が流通していました。そのため、ストックホルム銀行（1656年設立）は、アムステルダム銀行同様、預金者相互間の決済サービスをおこなう為替部門に加え、同行が発行する銀行券を利用して貸出をおこなう貸出部門を持っていました。ストックホルム銀行が不良貸出の増加などにより破綻した後、リクスバンクが設立されます。リクスバンクは、ストックホルム銀行と同様、為替部門と貸出部門とにわかれていましたが、ストックホルム銀行破綻の経験から、銀行券の発行権限が与えられていませんでした。しかしのちに、銀行券の発行などが認められていきます。このようにさらに現代の中央銀行の機能に近づきました。

　その後、1694年、イングランド銀行が設立されます。イングランド銀行には設立当初から銀行券の発行権限が与えられており、またその取扱資金量が巨額であったため、銀行間決済の中核的地位を確立すると、銀行券を発行する他行がイングランド銀行の銀行券を金貨や銀貨にかわる支払準備として保有するようになります。そして、1844年のピール銀行条例でイングランド銀行に銀行券発行の独占が確立すると、銀行券の兌換維持のためにも、銀行券の発行量や貸出量を調節する金融政策に近い役割を果たすようになりました。また、19世紀半ばに周期的に金融恐慌が発生したため、最後の貸し手として行動することも求められました。このようにイングランド銀行は、様々な経緯を経ながら、現代的な中央銀行へと変貌をとげていくのです⑨。

　19世紀後半以降に設立された各国中央銀行の多くは、すでにその設立前後において、決済サービスの提供、金融政策、金融システムの安定性維持といった現代の中央銀行が果たしている機能を意識して設立されていました。ベルギー国立銀行（1850年設立）、ドイツ・ライヒスバンク（1875年設立）、日本銀行（1882年設立）、米国・連邦準備制度（1913年設立）などは、設立当初、あるいは設立後の間もない時期から、現代の中央銀行に近い機能を有する組織として活動することが求められていたのです。

伝統的金融政策から非伝統的金融政策へ

　バブル経済崩壊後、相次ぐ金融機関の破綻による金融不安や資産デフレなどの影

⑨もっとも、同行は現代の中央銀行のように、はじめから銀行券の発行を独占していませんし、全国的な通貨供給調整という金融政策をおこなっていたわけでもありません。また、金融システムの安定がみずからの責務であるとの認識を持っていたわけでもなかったといわれています。

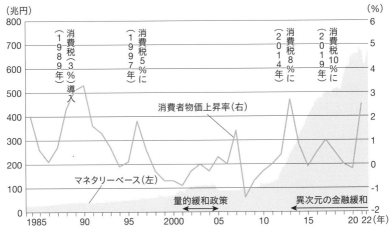

マネタリーベースと消費者物価上昇率の推移

ここからの「非伝統的金融政策」の説明については、上のグラフを確認しながら読まれるとよくわかると思います。日銀の金融政策については177頁の図を参考にしてください。

（日本銀行資料などより作成）

響で、日本はデフレ局面⑩に入ります。そのため、1992（平成4）年、日銀は買いオペにより無担保コールレートを実質0％に誘導する「ゼロ金利政策⑪」を実施します。しかし、「ゆるやかなデフレ」は止まりませんでした。ゼロ金利政策以降、さらに金融政策をおこなおうとすると、それまでの伝統的金融政策以外の方法が必要となりました。それが2001（平成13）年に始まった「量的緩和政策」です。操作目標をレート（金利）から日銀当座預金残高という量的な指標に変更し、金利が0％になっても、なお資金供給をおこなおうとしました⑫。この量的緩和政策が、非伝統的金融政策の始まりです。

---

⑩インフレーションやデフレーションについては、本書現代経済テーマ2「インフレとデフレ、どちらが悪いのだろうか？」124～127頁参照。

⑪金融機関同士が日々の資金不足や余剰を融通しあう短期の金融市場（コール市場）における無担保コールレート翌日物金利（担保なしに銀行同士が、1日だけ借りて翌日返す資金の金利）を、日銀が国債の買入などでコール市場の資金量を増やして「0％」にするという政策です。断続的に3回実施されています。

⑫日銀当座預金とは、金融機関が日銀に開設している原則として無利息の当座預金です。金融機関は他行との取引決済をスムーズにするため、日銀の当座預金口座に一定の準備預金を預けることが義務づけられています。このような「遊んでいるお金」が増えるともったいないので、各金融機関は必要以上に増えた当座預金を融資に回すだろうと考えたわけです。当初5兆円だった目標が30～35兆円に拡大されました。2006年に終了しますが、2008年のリーマンショックを受けて再度実施されるだけでなく、FRB（アメリカ）やECB（EU）も実施し、世界が非伝統的金融政策を採用していくきっかけになりました。その経過は、本書国際経済テーマ12「リーマンショックはなぜおきたのだろうか？」224～227頁参照。

続いて2013（平成25）年、黒田東彦氏が日銀総裁に就任すると、「物価上昇率2％」を目標に、年間60兆円という世界で例のない金融緩和を実施します。これが「異次元の金融緩和（量的・質的金融緩和政策）」と呼ばれるものです⓭。しかし思うような効果がなかったために、2016（平成28）年、マイナス金利政策に続き、10年物国債の金利がおおむね0％程度で推移するように買入れをおこなうことで、短期から長期までの金利全体の動きをコントロールしようとするイールドカーブ・コントロール（YCC　長短金利操作）を開始しました。

　以上のように、日銀は様々な政策を実施していますが、特にマイナス金利政策は市中銀行の収益を圧迫しています。また、2013年以来の異次元の金融緩和政策やYCCのため、日銀の国債保有が急増しており、発行済み国債の52％を占めるまでになりました（2023〈令和5〉年12月現在）。

　このような日銀の国債保有状況は、戦前の「日銀引き受け」を連想させ、財政規律を弱めているとの批判が強まっています⓮。これまで説明したように、日銀は物価の安定、景気調整に努力してきましたが、金融政策だけでそれらを達成できる時代ではなくなり、財政政策なども含めた総合的な経済政策が必要になっていることがわかります。いずれにせよ、この長期間にわたる金融緩和策が日米金利差を生み、

用語解説　マイナス金利政策

　金融機関が日銀に持っている当座預金のうち、金融機関が準備預金の最低金額を超えて預けている預金を「超過準備」と呼びます。その超過準備につく金利をマイナスにする政策を「マイナス金利（政策）」と呼びます。つまり、金融機関は日銀の当座預金にお金を預けておくと「利子」を払うことになるのです。預けておくだけで「利子がとられる」くらいならば、金融機関は貸出しをするだろうとの目論見です。ただし、金融機関が日本銀行に預けているお金の一部に対してのことですから、一般の預金者に「マイナス金利」が適用されるわけではありません。しかしこの「マイナス金利」は、金融機関の収益を圧迫します。市中銀行は企業などへ少しでも融資したくなりますが、デフレ局面で企業実績もあまりよくない状況で、「良い」借り手は多くはありません。また、基本的には「利子」も「需要供給曲線」で決まりますから、貸し手が多く借り手が少ない場合、利子は低くなります。これまで「史上最低の住宅ローンの利子」が続いていたのはそのような理由です。つまり、せっかく銀行が貸し手を見つけても、これまでの融資よりも「利ざや（＝儲け）」が少なくなっているのです。借り手としては利子が低いことはよいことですが、あまり低すぎると貸し手である銀行が苦しむのです。

⓭異次元緩和は、長期国債・財政投融資機関債券・社債・上場投資信託・不動産投資信託など、これまでリスクが高いなどの理由で日銀が購入しなかった債券なども購入対象とします。この効果のためか、2014年、一時的に消費者物価が1.5％になりますが、消費税率8％への引き上げなどで再び鈍化したため、年間80兆円規模の追加緩和を実施しました。前頁のグラフのマネタリーベースの増え方を確認してください。

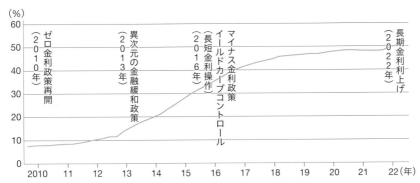

日本銀行の国債・財投債の保有率の推移

用語解説でも触れましたが、日銀の発効済国債保有率です。50％を超えています。これでは「政府が国債を刷り、日銀が紙幣を刷って国債を購入する」という、戦前の「日銀引き受け」に近いとの批判が出るのは当然かもしれません。

（日本銀行資料より作成）

2022年以来の「円安」現象⑮を引きおこして消費者物価の上昇を招いていることは、皮肉としかいいようがありません。

> **用語解説** ## イールドカーブコントロール（YCC）
>
> YCCとは、日銀当座預金の政策金利残高に0.1％のマイナス金利を適用して、短期金利を操作する（マイナス金利政策です）一方、10年国債利回りが0％程度で推移するよう長期国債を買入れて、長期金利を操作するものです。これにより、マネー・ストックを増加させ、物価上昇率2％を達成しようとしました。日銀は、YCC導入により10年国債利回りはおおむね1％程度低下したと推計しています。
>
> 市場では、反対意見も多く聞かれます。第1に、国債の利回りは本来市場で決まるべきものであり、人為的に国債利回りを固定することは、国債市場に歪みを生じさせることです。第2に、YCC維持のために国債の買入れが大量におこなわれていますが、国債買入れを長期間継続すれば、日銀のバランスシートが巨額の国債購入によってふくれあがるだけでなく、日銀が国債の安定保有先となり、財政規律がゆるむおそれがあります。第3に、なにより2016年のYCC導入決定以降、「2％」という日銀の物価目標は達成できていません。
>
> 以上の議論を踏まえて、今後の方策を検討する必要があるでしょう。

⑭本書現代の経済テーマ6「赤字国債は悪いものなのだろうか？」144〜147頁で説明したとおり、MMTを主張したり、「日銀が国債を保有していれば大丈夫」と主張する論者もいます。ただし、筆者はその立場をとりませんし、累積国債残高が1000兆円をはるかに超えている現状や、コロナ対策やインフレ対策が必要であるにせよ、安易なバラマキの財政政策が続いている現状を考えると、その主張がそのまま実現するとは考えていません。

⑮現在の「円安」現象の原因などについては、本書現代の経済テーマ10「日本にとって『円安』はよいことなのだろうか？」162〜165頁参照。ただし、2023年4月9日、日本銀行総裁に植田和男氏が就任しました。新しい政策を打ち出すか注目されています。

IMF体制（固定相場制）はどのように設立されたのだろうか？ ―第二次世界大戦の原因から考える―

第二次世界大戦の要因は？

　ここではまず、GATT（ガット）の設立と関連する「国際経済から考える『第二次世界大戦の要因』」を説明したいと思います。結論を先に述べると、その要因は、「通貨制度の混乱からくる世界貿易の縮小」です。

　第一次世界大戦が終わると、各国は金本位制に戻りました❶。しかし、1929年に世界大恐慌が始まると、各国は自国経済を守るためにあらゆる手段をとります。特にアメリカは1930年、スムート・ホーレー関税法を制定して、輸入品への関税率を引き上げ、保護貿易へと舵を切ります❷。それにより2つの現象がおきます。

　第1に、アメリカへの輸出に依存している国々は、金本位制を離脱して自国通貨を切り下げ、アメリカへの輸出を続けようとします❸。具体的には1931年、イギリスが金本位制を離脱してポンドを切り下げたのをきっかけに各国も追随し、1930年代半ばのヨーロッパは為替ダンピング一色になりました。そして、1937年、最終的にフランスが金本位制を離脱し、世界から金本位制の国がなくなりました。金という「モノサシ❹」を失った各国は、他国通貨への不安からつぎつぎと保護貿易に移行します。貿易相手国の通貨で支払ってもらっても、その通貨は金と交換でき

---

❶金本位制に復帰することを「金解禁（＝金輸出を解禁すること）」といいます。1919年にアメリカ、1925年にイギリスが復帰します。イギリスは旧平価（大戦前のレート）で金本位制に復帰しましたが、第一次世界大戦を境に国際競争力を失っており、輸出の減少で貿易収支が悪化し、イギリスだけでなくヨーロッパの資本がアメリカに移動します。さらに当時、アメリカは金融緩和を進めていたため、世界中の資本がアメリカに過度に集中し、アメリカの株式市場が暴走して1929年の「暗黒の木曜日（＝株の大暴落）」の遠因となっていきます。

❷第一次世界大戦後、工業化がいちじるしく進展し大衆消費社会を実現していたアメリカが、世界経済の中心となっていたことに注意してください。巨額の貿易国であり、国際貿易の中心であったアメリカが保護貿易を採用すると、各国のアメリカ向け輸出はとどこおりますし、国際貿易は縮小して世界経済は混乱します。

❸アメリカに輸出し続けるためには、関税が上がった分だけ価格を安くしないと売れないからです。そのために、たとえば「1ドル＝100円」だった相場を「1ドル＝200円」に切り下げて（自国通貨を安くして）、自国製品の輸出価格が安くなるように操作します。このような自国通貨の切り下げを「為替ダンピング」と呼びます。

❹金本位制のメリットについては、本書国際経済テーマ1「金本位制のメリットとデメリットは？」172 〜 175頁参照。

ないのですから「紙切れ」かもしれないと不信感を持ったからです。

　第2に、上記の説明のように金本位のメリットを失った各国は、ブロック経済に移行していきます。

　以上、2つの現象により世界貿易は縮小します。当時の主要75カ国の輸入総額は、1929年は約28億6800万ドルでしたが、1930年には約23億2700万ドル（1929年を100とすると81.1％、以下同じ）、1931年には約16億6800万ドル（58.1％）、1932年には約11億2200万ドル（39.1％）となり、4割以下にまで減少しました。このブロック経済は世界を二分します。ブロック経済は、共通通貨を使う「自国と植民地のあいだだけ」でおこなわれる排他的な貿易体制ですから、植民地を多く持っているイギリスやフランスなどの「持てるブロック」は、原材料などの安定供給が望めます。しかし、日本やドイツなどの植民地が少ない、または持たない❺「持たざるブロック」の国は、植民地の再分割を求め❻、それが第二次世界大戦の引き金を引くのです。

　ここまでの説明で、国際経済の視点から戦争をなくすためには、通貨の安定（＝固定相場）をはかり、貿易を拡大させる組織やシステムが必要であることがおわかりになったと思います。

ブレトン・ウッズ体制とは？

　第二次世界大戦中の1944年7月、アメリカのニューハンプシャー州のブレトン・ウッズに連合国44カ国の通貨担当者が集まって、連合国通貨金融会議が開催されました❼。この会議においてブレトン・ウッズ協定が締結され、同協定にもとづ

用語解説　ブロック経済

　ブロック経済とは、同じ通貨を使用している国が経済的に統合して、域内では特恵関税などにより貿易を盛んにし、域外に対しては関税引き上げ、輸入数量制限や輸入割当の導入、輸出補助金の交付による輸出促進、為替制限による輸入の抑制、金本位制からの離脱による平価の切り下げなどをおこなって1つの経済圏を形成する「究極の保護貿易」です。同じ通貨を使用している国同士の貿易では、貿易赤字が出ても相手国が金との交換を要求しない（相手国内でその通貨が使えるからです）ので金準備が減らないというメリットがあります。また、農作物や資源・原材料を確保するという目的もあります。1932年、イギリス連邦がスターリング・ブロック（ポンド・ブロック）を形成したのが始まりです。

---

❺ドイツは、ヴェルサイユ条約で植民地を失っています。
❻たとえば、ポンドブロックは日本に石油や鉄鉱石を輸出してくれないのですから、日本は石油などの原材料を手に入れるためにも、植民地を獲得する必要が出てきます。

国際経済

> **用語解説** **国際復興開発銀行（世界銀行・IBRD）**
>
> IBRDは、International Bank for Reconstruction and Developmentの略です。直訳すると「復興と開発のための国際銀行」です。IBRDはその名のとおり、各国への経済援助を目的に設立されました。第二次世界大戦によって多くの国富などを失った国のなかには、戦後復興をしようにも財政難によって復興が進まない国もありました。そのような国に対して、IBRDは無償もしくは譲渡率を高くし、非常にゆるい貸付条件で融資しました。業務開始は1946年です。日本も1953〜1966年のあいだに、約8.6億ドルの融資を受けています❽。
>
> IBRDの融資は、1960年代中頃までは大規模プロジェクトが中心でした。しかし、1960年代後半以降、融資額を拡大しただけでなく、それまで融資対象に含まれていなかった教育など社会分野にも融資がおこなわれるようになりました。また、それまでの財源の中心であった各国からの拠出金にかわり、世界銀行債が発行されて世界銀行の独立性が高くなっていきます。世界銀行の規模が大きくなるにつれ、それを補完する機関が必要となり、国際開発協会（IDA）、国際金融公社（IFC）、多国間投資保証機関（MIGA）、投資紛争解決国際センター（ICSID）が設立され、IBRDとこの4機関を総称して「世界銀行グループ」と呼んでいます。
>
> 現在、世界銀行グループは2030年までに、極度の貧困の撲滅すること、そしてすべての国で下位40%の人々の所得増加を通じて「繁栄の共有」を促進するという2つの目標を掲げています。繁栄の共有の促進とは、世界の経済成長が社会のあらゆる人々の生活を改善させ、生きていくために不可欠な食糧、住居、保健医療、教育、雇用などへのアクセスを向上させることです

いて1945年に国際通貨基金（IMF）協定と国際復興開発銀行（IBRD）協定が結ばれ、いわゆるブレトン・ウッズ体制が成立します。

IMFはどのように固定相場を設定したのか？

IMFは、為替相場の安定（固定相場制）により、貿易の拡大を促し、加盟国の雇用および所得の向上を目的に設立されました。固定相場のためには、「金本位制」を採用すべきですが問題がありました。第二次世界大戦中に、世界の金がほぼアメリカに集中しており❾、金保有が少ない各国は自国通貨

第二次世界大戦後、金がアメリカに集中したことを表す風刺画です。

---

❼国際通貨体制については、イギリスのケインズ案とアメリカのハリー＝ホワイト案が討議され、ホワイト案に近いものが採用されました。なお、ソ連も代表団を派遣して会議に参加し、協定にも調印しましたが、最終的には批准しませんでした。

を金本位にすることができませんでした。
そのため、IMFは米ドルのみを金本位とし
（金1オンス＝35ドル）、そのうえで各国
通貨と米ドルを結びつけた国際通貨体制を
採用しました。たとえば、1ドル＝360円
の固定相場⑩とし、アメリカがドルと金と
の交換を保証することによって、「1万
2600円＝35ドル＝金1オンス」という交

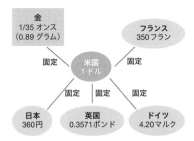

金・ドル本位制（1949年のレート）

換性を構築し、金準備のほとんどない日本の「円」も、ドルを介して金本位になる
（＝円は信用できる通貨になる）というシステムです。ドルをあいだに挟んだ金本位
制ですから、このシステムを「金・ドル本位制」と呼ぶこともあります⑪。

ドル不足からドル不安・ドル危機、ドル・ショックへ

　金・ドル本位制の推移を概観しましょう。1945～50年代中頃までは、「ドル不
足」の時代でした。第二次世界大戦で荒廃した各国にとってアメリカだけが経済復
興のための資材輸入先だったため、その支払いのために各国はドル不足に陥ります。
そのため、アメリカはドルを過剰に流動させました⑫。各国はそのドルを利用して、
アメリカから復興資材などを輸入し、経済復興を急ぎました。

　1950年代中頃から60年代前半は、「ドル過剰」から「ドル不安」の時代でした。
各国の戦後復興が一段落し、各国はアメリカからの輸入を減らします。また、アメ
リカの旺盛な消費性向のため、逆にアメリカの国際収支は赤字になりはじめます。
さらに、アメリカ資本が大量に外国へ流出したため（＝アメリカ企業が多国籍企業

---

❽東海道新幹線、黒部第4ダム、愛知用水など、戦後復興の屋台骨になったといえる合計31件の融
　資を受けました。返済終了は1990年でした。これまでの融資の見返りというわけではないでしょ
　うが、現在、日本は世界銀行第2位の出資国となっています。
❾第二次世界大戦という消耗戦での連合国の勝利は、なによりもアメリカの強大な経済力に負って
　いました。そのため、イギリスをはじめとする連合国はアメリカから巨額の武器調達をおこなっ
　ており、その代金を事実上、金で支払ったことがその理由です。前頁のイラストでおわかりのよ
　うに、アメリカ政府保有の金準備高は、1949年には最高の246億ドルに達し、世界の貨幣用金の
　約3分の2を占めていました。
⑩ 固定相場では上下1％までの変動を認めますが、1％以内の相場の維持（範囲外になりそうな場合
　は各国は外国為替市場に介入する）が義務づけられていました。
⑪このシステムは、金本位制と実質的には同じだと思われるかもしれません。しかし、本来の金本
　位制では各国間の決済は原則的に金でおこなわれていたのに対し、金・ドル本位制ではドルでお
　こなわれていた点で異なります。それならば金・ドル本位制ではなく、ドル本位制にすればよい
　と思うかもしれません。この時代は、まだ国際通貨とは世界が認める共通の価値（＝物的な担保
　＝金）が必要であるとの固定観念から抜け切れていなかったのだと思います。
⑫ドルを大量に発行して、「ドルの発行量＞アメリカの金の保有量（＝金準備）」にしました。

化した)、1960年にアメリカから国外へ流出したドルの累積高がアメリカ政府保有の金準備を上まわりました。そのため「アメリカ政府は、金との兌換（交換）を停止するのではないか、金価格を引き上げるのではないか」という憶測（ドル不安）が生まれました。そしてアメリカは1960年代になると、

(1)東西冷戦を背景にして、新興独立国へ莫大な経済援助をおこなった

(2)ベトナム戦争などで、100万人単位の軍人が海外駐留をした

(3)アメリカの多国籍企業が、海外投資を大量におこなった

ことなどにより、国際収支は大幅な赤字となります。もともと、ドルは過剰流動しており、「金＝ドル」の交換性に疑問が生じていたため、各国は余剰ドルを金と交換します。そのため、アメリカから大量の金が流出していきました。

1960年代初めから1971年は、「ドル防衛」から「ドル危機」の時代です。IMF（固定相場）体制を維持しようとした各国は、アメリカからのドル流出を防ぐために、様々なドル防衛策をおこないました。しかし、アメリカの国際収支の赤字は拡大し、

用語解説 ドル防衛策

ここでは代表的な「ドル防衛策」を説明します。

(1)スワップ協定：アメリカとある国が、国際決済に使うためにたがいの通貨を預け合う協定です。一方の国が外貨準備不足などをおこした場合、相手国が預けてくれた通貨で決済します。アメリカは決済に相手国通貨を使うのでドル流出（＝金流出）を防ぐことができるわけです。

(2)DAC 設立：DAC（開発援助委員会）は、1961年に発足したOECD（経済協力開発機構）の下部組織で、発展途上国への援助の調整などをおこなう機関です。アメリカがおこなっていた援助を先進国が肩がわりするための組織といえます。

(3)SDR創出：SDRは「Special Drawing Rights」の略で、IMFの「特別引き出し権」のことです。IMFへの出資比率に応じて加盟国に割り当てられる仮想通貨です。通貨危機などで外貨不足に陥った加盟国は、SDRと引き換えに他の加盟国から米ドルなどの外貨を受けとることができます。つまり、たとえばアメリカが日本へ10億ドル送金するのではなくSDRで決済することにより、ドル流出を防ぐシステムです。アメリカがIMF最大の出資国であることがポイントです。

(4)金プール制：ドル不安・ドル危機のなかで、ロンドンの自由金市場の金価格が上がり、金1オンス＝35ドルという公定価格と大きな差が生まれました。この価格差を放置することは、市場がドルの価値を切り下げたことになるため、1961年から各国はロンドンの自由金市場に「金売り」介入をおこないドルの公定価格を維持しました。しかし1965年頃から金の売却が多くなり、各国の金準備が大幅に減少したため、1968年、各国当局は金プール制を停止しました。そのため、各国通貨当局間の米ドルと金との交換は公定価格、自由金市場の金の価格は公定価格と異なるという「金の二重価格制」となりました。

金流出は続き、金・ドルの交換性が危うくなり「ドル危機」となります。

　このようにドル防衛の時期も、アメリカの国際収支はさらに悪化したため、アメリカの金準備は事実上底をつき、1971年8月15日にニクソン米大統領が

　(1)金・ドル交換停止　(2)臨時関税にあたる10％の輸入課徴金の賦課

を発表しました。これがドル・ショック（ニクソン・ショック）です。「金・ドル交換停止」は、金・ドル本位制＝固定相場制の崩壊を意味し、世界経済は混乱しました。

スミソニアンからキングストンへ

　ドル・ショックで、世界は変動相場制に移行しました。しかし、各国は長年の固定相場制に慣れていたため、為替リスクが大きい変動相場制では貿易が停滞します。そのため、1971年12月に開催されたスミソニアン会議⑬で、次のような合意のもと、再び固定相場制へ移行しました。

　(1)米ドル為替平価を切り下げ、金1オンス＝38ドルにする。

　(2)各国の為替平価を切り上げる（たとえば、円を1ドル＝308円にする）。

　(3)固定相場制を再開し、相場の変動幅を上下2.25％に拡大する。

　スミソニアン合意で固定相場制は復活しましたが、アメリカの貿易赤字などは改善されず、ドル流出は続きます。ドルへの信頼は回復せず、1973年には日本やEC諸国（当時）が変動相場制へつぎつぎ移行し、固定相場制は再び崩壊しました。そのため、1976年、以下を内容とするキングストン合意⑭がまとめられました。

　(1)変動相場制を正式に承認（加盟国の外国為替市場介入義務を廃止）

　(2)将来、固定相場制に復帰する際の手続きを明記

　(3)金の公定価格を廃止し、SDRを金にかわる中心準備とする

　このキングストン合意が、現在の為替制度の基本になっています。

コラム　**現在のIMFの役割**

　キングストン合意以降、固定相場の維持という目的がなくなったIMFは、1980年代には累積債務国の救済、1990年代には東欧やCISの市場経済への移行、1997年のアジア通貨危機、1998年のルーブル危機、2009年のギリシア財政危機などへの経済支援に主導的な役割を果たしています。しかし、その支援国に対し、財政赤字の削減、増税、金利の引き上げなど、経済の縮小をはかるような政策の採用を条件とするため、支援国からの批判もあります。

---

⑬ワシントンのスミソニアン博物館で開かれた、10カ国財務相会議を指します。
⑭ジャマイカの首都キングストンで開かれたIMF暫定委員会での合意です。

国際経済

ヨーロッパはなぜ「統合」を
めざしたのだろうか？

欧州連合 (EU) 統合の「段階」は？

　まず質問です。一般的に「地域経済統合」は、(1)自由貿易協定（FTA）、(2)関税
同盟、(3)共同市場、(4)経済同盟、(5)完全な経済統合とその統合の度合いを強めてい
くとされていますが❶、EU の「統合」の段階は、(1)～(5)のどの段階でしょうか？
答えは「経済同盟」です。関税同盟は1968年に、共同市場は1993年に、通貨統合
は2002年のユーロ使用から始まっていると考えてよいからです。また、後述しま
すが、EUはすでに経済同盟を超えて、政治統合の「入口」まできています❷。具体
的には、加盟国の権限を前提としつつ、欧州理事会常任議長（「EU大統領」と呼ぶ
こともあります）やEU版の外務省である欧州対外活動庁の外務・安全保障政策上
級代表（「EU外相」と呼ぶことが多いです）によって、EUとして共通の「1つの
声」で様々な情報や意見を発信しようとしています。ロシアのウクライナ侵攻に積
極的に発言しているのは、その好例でしょう。

　また、「完全な経済統合」の内容である「共通の財政政策」について、EUは加盟
国に対して財政規律要件❸を定めています。また、2007年後半からの金融危機を契
機に財政規律を強化しています❹。しかし、「財源の共通化」「税制の統一」につい
ては、EU域内での税制調和という目標はあるものの、各国の歳入に影響を与える
ためその進展は進んでいません。ただし、一部足並みをそろえる動きもあります❺。

　以上から、EU統合の動きは続いているといえるでしょう。

---

❶各段階を簡単に説明します。(1)自由貿易協定（FTA）とは、FTA構成国間の関税を撤廃し、域内
の自由な貿易を実現する、(2)関税同盟とは、域外に対する共通関税など構成国の通商政策を共通
化する、(3)共同市場とは、人や資本の移動など、域内経済の様々な分野で共通政策を実施する、(4)
経済同盟とは、通貨統合（単一通貨の採用）や各種規制、経済政策の調整や共通化をおこなう、(5)
完全な経済統合とは、共通の財政政策や財源の共通化、税制などを統一することです。
❷共通の安全保障政策や警察・刑事司法などの分野で協力を深めています。安全保障政策では、共
通安全保障防衛政策（CSDP）を策定しており、それを担う軍隊として、欧州合同軍などの多国籍
軍とEUレベルで設立された欧州連合戦闘群の2種類が存在しています。1999年、コソボ紛争で
人道的介入を名目に、NATO軍がユーゴを空爆したことは議論になりました。
❸たとえば、(1)予算年次ごとの財政赤字をGDP比3％以内に抑えること、(2)債務残高がGDP比60
％を超えないことなどです。
❹債務残高がGDP比で60％を超える部分につき毎年5％削減し、債務残高を20年間でGDP比60
％の水準に戻すことを求める債務残高削減基準を導入しました。ただし、新型コロナウイルス感
染症拡大を受けて、財政規律要件の適用を2024年まで一時的に停止しています。

EUのメリットは？

さて「統合」が進むEUですが、そのメリットはどのようなものでしょうか？　ひと言でまとめると、人・モノ・資本・サービスの移動が自由化され、EU圏内の経済が成長することです。具体的には、EU圏内のモノの移動（＝貿易など）が活発となり、各国はそれぞれ得意なモノを生産・輸出して結果的にEU全体の経済成長につながっています。また、シェンゲン協定₆により人の移動が自由になったことで、

人の移動の自由化
街中のカフェの写真です。「B」はベルギー、「NL」はオランダです！　なんと国境線なのです。人の移動はここまで低くなっています。

労働力の移動が可能になっただけでなく、ドイツ人が気軽に「フランスにワインを買いに行く」ことが可能になりました₇。資本移動が自由化されることによって、ど

国際経済

用語解説　ユーロのメリット

　ユーロのメリットは、(1)両替が不要となるので両替損益がなくなりEU内貿易には多大なメリットがある、(2)為替相場のリスクがなくなり域内貿易や投資が安心しておこなえる、(3)各国通貨がドルとのリンクを離れアジア通貨危機のようなリンク制から脱却できる、(4)価格表示が統一表示になり各国商品の価格比較が可能になるなどがあげられます。ただしユーロ導入にはかなり厳しい条件があります。Ａ．過去１年間、消費者物価上昇率が、消費者物価上昇率のもっとも低い３か国の平均値を1.5％超上回らないこと、Ｂ．過剰財政赤字状態でないこと（財政赤字がGDP比3％以下、債務残高がGDP比60％以下）、Ｃ．少なくとも２年間、欧州通貨制度の為替相場メカニズムに深刻な緊張状態を与えることなく参加し、ユーロに対して自国通貨の切り下げをおこなわないこと、Ｄ．過去１年間、長期金利が消費者物価上昇率のもっとも低い３カ国の平均値を2％超上回らないことです。この他、市場統合性や国際収支の状況なども考慮されます。2023年１月１日、クロアチアがユーロを導入し、ユーロ通貨圏は20カ国体制になりました。

₅たとえば、法人税については、控除対象となる利子の上限を定める利子制限や、知的財産権の域外への移動に対して課税するルール、異なる税務管轄での法令の差異にもとづく二重非課税などの効果（ハイブリッド・ミスマッチ）の解消策などについて、欧州理事会指令を受けて国内法の整備が進められています。

₆1985年、ルクセンブルク、ベルギー、オランダ、フランス、西ドイツの５カ国が、共通国境管理の段階的撤廃に合意して締結した協定で、出入国審査なしに自由に国境を越えることを認めた協定です。協定加盟国は26カ国です（2023年２月現在）。

₇他にも、EU域内で取得した免許・資格（大学卒業資格、教員・医者・看護師・弁護士の資格など）は域内ならばどこでも通用します。つまり、どこに移動しても仕事が続けられるのです。

この国に会社を設立しても変わりはなくなりますし、投資や貯蓄は制限されません。また通貨統合（ユーロ導入）によって、企業だけでなく一般人の活動も便利になりました。

　課題としては、加盟国の経済状態の違いにより、経済政策の足並みがそろわないことです。主に南欧の国々は財政赤字の割合が高く⑧、またそもそも経済規模が違うため、共通通貨ユーロのもとで単一の金融政策を実施するには限界があるのです。また人の移動の自由が保障されたゆえの移民の増加が⑨、自国民の失業率上昇や治安の悪化につながっているとの指摘があります。この指摘が、後述するイギリスのEU離脱となって現われます。

ヨーロッパ統合の歴史とは？

　ヨーロッパ統合の歴史をみてみましょう⑩。

　戦後の荒廃のなかで、1947年、ベネルクス関税同盟（ベルギー・オランダ・ルクセンブルクの３カ国）が、1949年にはベネルクス経済同盟が成立し、強い経済協力体制のもと加盟３カ国は経済復興に成功します。その成功をみて、フランスの外相シューマンが提唱したのが「欧州石炭鉄鋼共同管理案（＝シューマン・プラン）」でした⑪。そのプランに、ベネルクス３カ国と西ドイツ・フランス・イタリアの計6カ国が参加して、1952年にECSC（欧州石炭鉄鋼共同体）が発足し、長年の懸案であった鉄と石炭の共同管理をおこない、成功をおさめました。

　ECSCはヨーロッパの歴史始まって以来の超国家的国際機関で、この共同体の成功を受け、1957年、ローマ条約でEEC（欧州経済共同体）とEURATOM（欧州原子力共同体）が同時に設立されました。EECは最終目標を政治統合におく大構想で、資本・労働の移動の自由、共通経済政策を掲げていました。EEC加盟国は1960年代には高度経済成長を達成し、世界経済のなかで大きな経済的勢力となっていきます。

---

⑧2021年の政府債務残高の対GDP比が100％を超えているEU加盟国は、ギリシャ225.2％、イタリア175.0％、スペイン146.3％、ポルトガル145.6％、フランス137.9％、ベルギー128.6％、オーストリア106.4％です。ちなみに、日本240.5％、イギリス143.1％でした。（矢野恒太記念会編『世界国勢図会』2022/23年版）

⑨ EU主要国の移住者数（2020年）は、ドイツ1576万人、フランス約853万人、スペイン約684万人、イタリア約639万人、オランダ約236万人でした。ちなみにイギリスは約936万人でした。（矢野恒太記念会編『世界国勢図会』2022/23年版）

⑩第二次世界大戦後、欧州への援助計画であるマーシャルプランの受け入れ機関として、1948年にOEEC（欧州経済協力機構）が設立されました。その受け入れ協力の成功が、その後の統合の基礎を形成しました。ただし、本稿ではECSCから説明を始めます。

⑪筆者は2019年、ベルギーのブリュッセルにある欧州連合博物館を訪問しました。EUの歴史を詳しく学べる素晴らしい博物館でしたが、展示はシューマンによるシューマン・プランの演説のビデオから始まっています。

> **コラム**　**ロベール＝シューマン**
>
> 　フランスの元外相（在任1948〜52）で、シューマン・プランを提唱して、ヨーロッパ統合の道筋をつけた人物です。ECSCの設立によって、ドイツ、フランス間の紛争の火種となっていたザール地方の石炭や鉄鋼がECSCの支配下におかれ、この問題に関する長年の対立（第一次世界大戦や第二次世界大戦の一因でもありました）が解消されました。その意味でシューマンのねらいは、ドイツ・フランス間の歴史的な対立を解消して、ヨーロッパの平和を確保するという政治的な目的を持っていたといえます。
>
> 　彼は、外相の地位を退いてからもヨーロッパ統合に意欲を燃やし、1958年からヨーロッパ議員総会の議長を務めています。ベルギーのブリュッセルにあるEU理事会や欧州委員会前の地下鉄の駅名は、彼を記念して「シューマン駅」と名づけられています。

- ☐ 58年発足時の原加盟6カ国
  （90年に編入された旧東独を含む）
- ☐ 73年加盟の3カ国
- ☐ 81年加盟の1カ国
- ☐ 86年加盟の2カ国
- ☒ 95年加盟の3カ国
- ☐ 04年加盟の10カ国
- ☐ 07年加盟の2カ国
- ■ 13年加盟の1カ国
- ★ ユーロ参加20カ国

EUの概要

地図で確認できるように、EU加盟国は拡大を続けています。特に、旧社会主義国である東方への拡大は、「平和で分断のないヨーロッパ」というEUの悲願の目標に近づくものだといえます。

　1967年、EEC、ECSC、EURATOMが統合され、EC（ヨーロッパ共同体）と改組されます。一時期、統合の停滞もありましたが、それを乗りこえ、1993年1月1日から人・モノ・資本・サービスについての共同市場を完成させ、EC内での経済的国境はほぼなくなりました。

　1992年、マーストリヒト条約が調印されます。この条約は、ECの憲法というべき1957年のローマ条約の改正条約で、この条約にもとづいて欧州連合（EU）が1993年に発足しました。この条約では

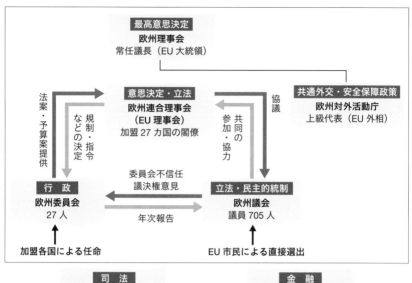

最高意思決定
欧州理事会
常任議長（EU 大統領）

意思決定・立法
欧州連合理事会
（EU 理事会）
加盟 27 カ国の閣僚

共通外交・安全保障政策
欧州対外活動庁
上級代表（EU 外相）

法案・予算案提供

規制・指令などの決定

参加・協力 共同の 協議

行　政
欧州委員会
27 人

委員会不信任
議決権意見

年次報告

立法・民主的統制
欧州議会
議員 705 人

加盟各国による任命

EU 市民による直接選出

司　法
欧州連合司法裁判所

金　融
欧州中央銀行

（2020 年現在）

EU の主要機関

　一部の機関の説明をします。(1) 欧州理事会は、欧州連合の全体的な政治指針と優先課題を決定します。メンバーは、加盟国の元首・首脳と欧州委員会委員長、欧州連合理事会議長、外務・安全保障政策上級代表で構成されています。(2) EU 理事会は、EU の主たる決定機関です。欧州議会と立法機能および予算権限を共有し、共通外交および安全保障政策と経済政策調整で中核的な役割を担っています。EU 理事会は、加盟国の分野別閣僚（担当大臣）によって構成されています。(3) 欧州委員会は各加盟国より 1 名ずつ任命される 28 名の委員によって構成され、政策の執行および政策決定機関としての機能を担っています。行政（執行）機能を有しますので、約 3 万人のスタッフがいます。(4) 欧州連合司法裁判所は、EU 条約を含めた EU 法の解釈、適用などを役割としています。EU 法は、加盟国の憲法および法令に優位するものとされている点に注意してください。

　(1)通貨統合の合意

　(2)政治統合の分野では、共通外交・安全保障政策を策定して共同行動を強化し、

　　また欧州議会の権限強化、欧州市民権の確立、司法・警察協力の強化

などが決まり、国家主権の一部委譲を前提に、域外に対する統一的な通商政策を有するだけでなく、政治的にも「1 つの声」で発言する、いわば国家に準ずる存在になりました⑫。

---

⑫サミットなど、EU が国際会議に招待される理由は、たんなる「経済的主体」だけではなく「政治的主体」の実態もあるからだと思います。

　その後、政治制度の統一を推進することをめざすアムステルダム条約⑬（1997年）が、そして、EUの将来的な拡大に対応するニース条約（2001年）が調印されます。さらに、2009年に発効したリスボン条約は、前述した欧州理事会常任議長、外務安全保障上級代表を新設しただけでなく、EU域内の市民の政治的・経済的・社会的権利を保障するヨーロッパ基本権憲章の法的拘束力を認めました⑭。ここに前頁の図のような、現在のEUのしくみが完成したわけです。

用語解説 ブレクジット（Brexit　イギリスのEU離脱）

　2016年のイギリス国民投票の結果、投票者の51.9%がEU離脱を選択しました。そして2020年1月31日午後11時（現地時間）、イギリスは正式にEUを離脱しました。
　2016年の国民投票での「離脱派」「残留派」双方の見解をまとめてみます。
離脱派
・EUによる規制が多く、イギリス独自の政策がとれない。
・離脱すればEUへの拠出金がなくなるので、その分をイギリスのために使える。
・人の移動が自由なため移民が増加し、雇用環境、住宅や学校の不足、社会保障の負担増加、治安の悪化がおきており、それらを解決できる。
残留派
・離脱でGDPの6%以上が落ち込み、330万人の雇用がおびやかされる。またEU単一市場へのアクセスが維持できず、経済に悪影響を与える。
・移民は多くの税金を払っており、移民が減ると労働力不足が懸念される。
・離脱すると、残留派が多いスコットランドの独立問題が再燃したり、北アイルランド和平に悪影響がでる。
　ただし、支持層は年齢層や地域によって特徴がみられました。18〜24歳の若者の約7割が残留を支持し、反対に60歳以上では約6割が離脱を支持しました。また、スコットランドやロンドン地区など、高い所得層が比較的多い地域で残留派が多かったとの調査があります。
　いずれにせよ、今後どのような影響がでてくるか見守っていくしかない状況です。

国際経済

---

⑬アムステルダム条約は、統合に柔軟性を持たせる（先行統合や共通外交安保政策での建設的棄権の導入）ことで、全加盟国ではなく一部の国々だけでの行動を可能にしました。
⑭さらに、欧州議会の権限強化と議席数が変更されました。EUの政策を決定する表決のしくみも変更され、理事会で従来用いられてきた特定多数決制による採決の対象が拡大し、意思決定が容易になりました。加えて大半の表決について、加盟国の55%以上が賛成し、かつ賛成国の人口合計がEU総人口の65%以上であれば可決できる二重多数決制も導入され、同様に意思決定がスムーズにおこなわれるようになりました。

サミットはなぜ始まったのだろうか？

サミットとは？

　2023（令和5）年5月19日から21日まで、G7広島サミット❶が開催されました。さて、「サミット」とは何でしょうか？　G7サミットは、日本・アメリカ・イギリス・フランス・ドイツ・イタリア・カナダの首脳と欧州理事会議長・欧州委員会委員長が参加して開催される国際会議です。その名称は、「頂上、山頂」を意味する英語「summit」に由来しています。ただし、首脳会議の他に開催される外相会合や財務相会合などを含めた全体を「サミット」と呼ぶことに注意してください。「G7」は、首脳会議に参加する7カ国の総称としてのGroup of Sevenの略です。

　サミットと他の国際会議を比較すると、サミットは国際社会が直面する地球的規模の課題について、各国首脳が1つのテーブルを囲みながら、自由な意見交換を通してコンセンサスを形成し、最終的にはその成果が「宣言」としてとりまとめられる点が特徴です❷。グローバル化が進むなか、国際的な問題が展開するスピードが速くなり、その影響も国境を越えて大きくなっています。そのような問題などに対処するためには、各国首脳のリーダーシップが必要になります。そのためサミットは、各国首脳が直接意見交換をおこなうことにより、課題に対して迅速に対処できる有効な会議だとされています。

サミットの始まりと経緯は？

　サミットは1975年、フランスのジスカール＝デスタン大統領の提唱によって開かれたランブイエ・サミット（フランス）以来、毎年持ち回りで開かれています。もともとは、日本・アメリカ・イギリス・フランス・西ドイツ・イタリアの6カ国首脳によっておこなわれた会議でした。1976年からカナダを加えたG7となり、1977年からEC（現在のEU）委員長が参加、1980年から正式メンバーになりました。発

---

❶いわゆる「広島サミット」ですが、閣僚級の会合は日本全国で開催されました。たとえば、外務大臣会合は長野県軽井沢町で、財務大臣・中央銀行総裁会議は新潟県新潟市で、気候・エネルギー・環境大臣会合は北海道札幌市で開催されました。日本で開催されたサミットは、1979年（東京）、1986年（東京）、1993年（東京）、2000年（沖縄）、2008年（北海道洞爺湖）、2016年（伊勢志摩）、そして2023年の広島サミットで7回目です。近年のサミットは、セキュリティ面とリゾート性を考慮して、大都市圏以外の観光地などで開催することが主流です。「リトリート方式」といわれています。

❷サミットの写真をみると、各国首脳が円テーブルを囲んでいます。このように、複数の首脳が対面で意見交換などをおこなう機会はほとんどありませんから、貴重な会議だといえます。

足当時は、「先進国首脳会議（先進7カ国首脳会議、通称G7)」との名称でした。

当初は、1973年に発生した第1次石油危機とそれに続く世界的な不況（スタグフレーション）を、西側先進国が経済協調をおこなって打開するための「経済サミット」として出発しました。ところが会議の目的が経済協調であっ

・**太字**は BRICS（ブリックス）

先進国・新興国の各グループの枠組み

ても、各国の政策にはそれぞれ独自性があり、完全な合意が成立しにくい会議が続きました。そのため1983年頃から各国の意見が一致しやすい政治問題、特に対ソ連政策が議題にされることが多くなりました❸。冷戦終結を受けて、1991年にはゴルバチョフソ連大統領が、1992年にはソ連崩壊後のエリツィンロシア大統領が招待され「G7プラス1」と呼ばれるようになりました。1997年のデンバーサミットからロシアが一部の経済討議を除いて正式参加してサミットは8カ国（G8）となりましたが、加入当初のロシアは経済破綻状態で先進国とはいいがたかったため、名称を「先進国首脳会議」から「主要国首脳会議」に変更しています。

近時のサミットとその課題は？

1975年開始当時には、サミットは国際的な課題へ強い影響力を有していました

用語解説 **サミット招待国・国際機関**

資源・エネルギー問題や環境問題など、地球規模の課題を検討するためにはサミット加盟国だけでは十分といえません。そのため2005年以降、様々な国や国際機関をサミットに招待し、新しい角度や多くの当事者による討議をおこなおうとしています。招待する国や機関については、議長国の判断によります。2023年の広島サミットの招待国は、オーストラリア、ブラジル、コモロ（アフリカ連合（AU）議長国）、クック諸島（太平洋諸島フォーラム（PIF）議長国）、インド（G20議長国）、インドネシア（ASEAN議長国）、韓国、ベトナムでした。招待国際機関は、国連、国際エネルギー機関（IEA）、国際通貨基金（IMF）、経済協力開発機構（OECD）、世界銀行、世界保健機関（WHO）、世界貿易機関（WTO）でした。

---

❸1990年代には、冷戦の終結により、再び経済問題の調整が主要議題となりました。

が、近年では影響力の低下④とともに、形骸化やたんなるセレモニー化が指摘されています。その一方で、国連総会などの外交官レベルの会議に比べ、各国の首脳会議であるサミットは決断力・実行力に格段の優位性がある他、拒否権などの制度的問題がなく、国連を補完する役割を果たしているとの指摘もあります。

　そのような肯定的な意見に対して、サミットでは国際的問題が議論されますが、他国にまでその決定事項が影響を与えていることは問題だと指摘されています。さらにサミット参加国は、地球温暖化や貧困の原因であるとの批判もあります。そのため、サミットはしばしば反グローバリゼーション活動の反対運動の的になり、2001年のジェノバサミット（イタリア）では大規模なデモがおこなわれました。

　2014年、ロシアの一方的なクリミア半島併合を受けて、ロシアはG8への参加が停止され、それ以降G7サミットとして開催されています。2022年のエルマウサミットではウクライナのゼレンスキー大統領がオンラインで参加し⑤、ロシアを非難し紛争の平和的解決を求める声明が出されました。その意味で、サミットは再び政治問題に直面することになったわけです。

サミットの準備と議長国の役割は？

　サミットの準備は首脳の補佐役である「シェルパ⑥」が、首脳の指示を受けて緊

> **コラム　クリミア半島**
>
> 　クリミア半島は南ロシア平原から、黒海につきだした三角形の半島です。ロシアはピョートル1世以来、南下政策を進め、18世紀後半のエカチェリーナ2世時代にオスマン帝国にクリミア半島併合を認めさせます。1853年には、クリミア戦争を引きおこしますが、ロシアの南下をおそれたイギリス・フランスなどが介入し、ロシアは敗北します。ロシア革命以降、クリミア半島は事実上ソ連の統治下におかれますが、スターリンがクリミア・タタール人を中央アジアに強制移住させたため、クリミア・タタール人は先住民でありながらクリミアの人口の約1割の少数民族になってしまいました。1954年、クリミア半島はロシアからソ連を構成するウクライナ共和国に移管されます。これはロシア人の多いクリミア半島をウクライナに移管させることで、ウクライナのロシア人比率を高めようとしたものでした。このような背景でソ連崩壊後に独立したウクライナが領有することになったクリミア半島ではロシア系住民の比率が高まり、現在のロシアの主張になっていくのです。

④サミット参加国の地球的規模での経済的地位の低下や、それに伴う政治的影響力の低下があります。そのため、後述するようにG20などの発言力が大きくなっています。
⑤広島サミットにはゲスト国として本人が参加し、世界を驚かせました。
⑥「シェルパ」とは、本来、「登山者が山の頂上（サミット）にたどりつくための手助けをする案内人」という意味です。

コラム ## G20（金融・世界経済に関する首脳会合）

　G20サミットは、G7の他にアルゼンチン、オーストラリア、ブラジル、中国、インド、インドネシア、メキシコ、韓国、南アフリカ共和国、ロシア、サウジアラビア、トルコの12カ国に加え、欧州連合（EU）の首脳が参加しています。その他、招待国の首脳や国際機関の代表なども参加しています。

　1997年のアジア通貨危機⑦を契機に、国際金融システムの議論には、G7に加えて主要な新興国の参加が必要であるとして、1999年のG7財務大臣会合で「G20財務大臣・中央銀行総裁会議」の創設が合意されました。同会議は、すべての国々の利益となる安定的、かつ持続可能な世界経済の成長を達成するための協力を促進することを目的としていました。

　その後、リーマンショック⑧を契機に発生した経済・金融危機に対処するため、2008年11月、主要先進国・新興国の首脳が参画するフォーラムとしてG20財務大臣・中央銀行総裁会議を首脳級に格上げし、アメリカの首都ワシントンにおいて第1回G20サミット（首脳会議）が開催されました。2009年9月、アメリカのピッツバーグにおける第3回G20サミットにおいて「国際経済協調の第1のフォーラム」として定例化され、その後、2010年まではほぼ半年ごとに、2011年以降は年に1回開催されています。

　G20サミットは、G7同様、参加国が持ち回りで議長国を務めます。議長国の活動は、前任議長国、現議長国、次期議長国の3カ国が関与するトロイカ体制に支えらえています。2023年の「G20インドサミット」では、インドネシア（2022年開催国）、インド、ブラジル（2024年開催予定国）の3カ国でトロイカ体制を構成していました。当初のG20サミットでは、広範なマクロ経済問題を中心に協議がおこなわれていましたが、その後、対象が拡大し、貿易、気候変動、持続可能な開発、健康、農業、エネルギー、環境、気候変動、腐敗防止などを含むようになりました。

　G7同様、G20議長国は、G20における議事調整を1年間おこないます。G20は、ファイナンストラックとシェルパトラックの2つのトラックで構成されています。財務大臣と中央銀行総裁がファイナンストラックを主導します。シェルパトラックでは、各国の首脳の信任を受けたシェルパが協議を主導します。2つのトラック内には、様々な国際機関の代表者が参加するテーマ別のワーキンググループがあります。

　密に連絡を取り合っておこないます。またサミット開催国が、開催年の1年間、サミット議長国となります。サミット議長国は、サミット開催に向けた事前の準備会合や、当日の首脳会合、各種閣僚会議開催の準備や当日の議事進行をおこないます。また、時々の国際情勢を反映して、緊急会合の呼びかけをおこなうこともあります。

⑦本書国際経済テーマ11「アジア通貨危機はなぜおきたのだろうか？」220〜223頁参照。
⑧本書国際経済テーマ12「リーマンショックはなぜおきたのだろうか？」224〜227頁参照。

開発独裁とは？
─日本のODAを含む─

「開発独裁」とは？

　「開発独裁」という言葉をあまり耳にしなくなりました。簡単に定義すると、「経済発展をするために政治的独裁をおこなう」という政治体制です。スハルト政権（インドネシア）、マルコス政権（フィリピン）、朴正熙政権（韓国）、リー＝クアンユー政権（シンガポール）、マハティール政権（マレーシア）などが代表例とされますが❶、広く定義するとラテンアメリカ（アルゼンチン・ブラジル・チリ❷）やタイ、ミャンマーの軍事政権、改革・開放経済以来の中国も含まれます❸。

　開発独裁は、政治の形態からは権威主義の範疇に入ります。権威主義とは、ある政党や指導者、または軍が他の批判を許さない「権威」をもって国民を支配する国家体制です。「開発独裁」とは、独裁政治と開発優先の経済政策が結びついた権威主義の一形態とみることができます。その「権威」を盾にして、人権尊重や福祉政策などよりも、工業・資源開発・土木・軍事部門に経済資源を優先的に配分し、経済成長をはかろうとしたのです❹。また、東南アジアの開発独裁は、外国資本に安心して投資をしてもらうために、政治的な安定と共産主義勢力の排除が必要だと考えていました❺。

　しかし、経済が発展すれば必ず中間層が生まれます。新しく生まれた中間層は独裁政権に対して、言論・出版・集会の自由、腐敗政権打倒などの民主化要求を掲げます。政府は大規模に弾圧しますが、反対に民主化運動がいっそう盛りあがり、最終的には多くの国で独裁政権は倒れていきます。

---

❶論者によっては、リー＝クアンユー政権（シンガポール）、マハティール政権（マレーシア）や軍事政権は含めないかもしれません。しかし、本稿ではかなり広くとらえて入れました。
❷ただし、アルゼンチンは1983年、ブラジルは1985年、チリは1988年に民政に移管しています。
❸ベトナムを含むこともできますが、ここでは指摘にとどめておきます。また中国については、経済優先の政策をとり、事実上の一党独裁で選挙の自由がない点、言論の自由などがない点から広い定義では「開発独裁」に分類できると考え、ここでは含みました。
❹開発優先政策は、大統領周辺の特権層（一部の企業家や親族企業）に利権が集中して政権の腐敗を招いたり、外国資本と癒着する例が多く、大部分の国民にはその利益は還元されず、かえって生活環境の悪化などの問題をもたらしました。
❺東南アジア諸国連合（ASEAN：アセアン）は、ベトナム戦争中の1967年、ドミノ理論による東南アジア諸国の共産主義化をおそれたアメリカの支援のもとで設立されています。その意味で、もともと「反共主義」を掲げる政治的な組織でした。また朴正熙政権は、韓国軍をベトナムに派遣しています。

> ### コラム　近くて遠い国シンガポール
>
> 　シンガポールというと、中継貿易の国、経済は右肩上がりで1人あたりの国民所得（GNI）は日本の4万1162ドルよりも高い5万8770ドル（2021年）、綺麗でゴミが落ちていない国などのイメージがあると思います。ゴミのポイ捨ては初犯で最高1000シンガポールドル、再犯だと最高2000シンガポールドルの罰金が科せられます。ある意味、「強権的」に綺麗さを保っているということもできるでしょう。
>
> 　しかし、その政治体制はあまり知られていません。そもそもですが、選挙制度自体が与党に有利になっているため、建国以来、「人民行動党（PAP）」による一党支配が続いていて、独裁政権に近い状態になっています。建国の父とも呼ばれる初代首相であるリー＝クアンユー氏（1923～2015年）が31年間首相を務め、退任後も首相府上級大臣として次の首相を補佐してました（「院政」ですね）。そして、経済成長を最優先し、国民の自由をある程度制限することを可とする政策をとる点で、開発独裁ともいわれています。
>
> 　その特徴は、政治制限などを支配者が恣意的におこなうのではなく、（過度の）法律尊重主義（リーガリズム）でおこなう点にあります。一党支配（＝「リーの支配」）を崩さないような選挙法を制定したり、批判を封じるマスコミ規制法などを制定してきたのです。前者の選挙制度ですが、議会は一院制で全93議席中、⑴小選挙区が14、⑵集団選挙区（定数4～6）では有権者は政党に投票し、最大得票政党がその選挙区の議席をすべて独占する（アメリカ大統領選挙のウィナー・テーク・オールです）ことになっています。この他、非選挙区選出議員や指名議員もいます。この選挙システムでは、与党が大勝することは間違いありません。事実、2020年の選挙では、野党が10議席獲得しただけで大きなニュースになりました。後者のマスコミ規制法ですが、2019年に「フェイクニュース防止法」が施行されています。立法目的は、「インターネット上で広がるフェイク（偽）ニュースから国民を守るため」と説明されましたが、その情報を「虚偽かどうか」の判断は政府がおこない、認定された企業や団体には最高で罰金100万シンガポールドル（約8210万円）、個人には最高10万シンガポールドル（約821万円）と禁錮10年の両方または一方を科すことができます。さらに、発信者が国外にいても刑罰の対象となります。これでは言論の自由がないも同然です。
>
> 　他にも「近くて遠い国」がないか調べてみてください。

ミャンマーの現状は？

　ミャンマー（旧ビルマ）というと、「アウン＝サン＝スー＝チー氏」の名前が出てきます。ミャンマーは軍部独裁が続いており、広い意味で開発独裁に分類できるでしょう。スー＝チー氏は軍事政権により、1989年から2010年の合計15年間も自宅軟禁におかれていました。2010年に自宅軟禁が解除されたのも束の間、2021年、ミャンマー国軍がクーデタをおこし、再び軟禁されました。それどころか現在、首都ネピドーにある刑務所の独居房へと移されています（2023年3月現在）⑥。東南アジアの開発独裁は、前述したようにほぼ民政に移管されていますが、最後に残っ

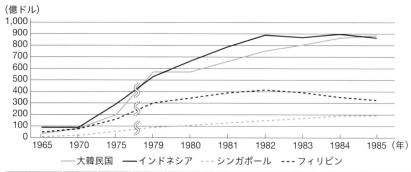

	1965	1970	1975	1979	1980	1981	1982	1983	1984	1985
大韓民国	34.1	79.1	198.5	569.7	569.3	660.6	750.9	802.8	862.8	884.4
インドネシア	88.8	88.8	291.2	529.3	663.7	787.5	889.6	869.0	897.3	865.9
シンガポール	8.4	19.0	55.1	88.9	106.7	128.0	147.8	166.5	189.0	189.7
フィリピン	48.5	76.6	159.3	301.0	344.6	390.1	415.3	392.7	352.0	326.3

開発独裁の国の経済成長（国民総生産〈GNP〉）

数字を確認すると「開発独裁」といわれる国は、たしかに経済成長をしています。

（矢野恒太記念会編『世界国勢図会』2022/23年版などより作成）

ているのがこのような「軍政」なのです。

　アメリカは、ミャンマーの選挙管理委員会と軍関係者をはじめとして、国軍の重要な収入源となっている国営石油ガス会社の幹部を対象とした追加制裁を発表し、イギリスやカナダ、オーストラリアも新たな制裁に踏み切っています。しかし、日本は欧米のように厳しい制裁を課すのではなく、対話を通じて国軍に働きかける戦略をとっています。日本はクーデタ後もミャンマー軍の将校らを防衛大学校などで留学生として受け入れていましたが、2022（令和4）年、ようやく留学生を受け入れない方針に転換しました。守るべき自国民に銃を向けるような国軍との関係を、もっと早く断ちきるべきだったと批判されています。

　政府開発援助（ODA）についても議論が続いています。日本政府はクーデタ後、新規プロジェクトを凍結しましたが、クーデタ以前からの事業は継続中で❼。さらに、継続中のODAによる橋の建設に、国軍系企業の子会社の関与が指摘されています。農村地域の保健サービス、マラリア対策、職業技術訓練などのODAはいざ知らず、個別のミャンマー向けODAについては、検証が必要でしょう。

❻国家機密法や汚職防止法違反などで有罪とされ、懲役と禁錮をあわせて33年の実刑判決を受けました。2023年現在、78歳の同氏には「終身刑」に等しい判決となっています。2023年7月自宅軟禁に移されたとの報道がありました。
❼欧米諸国は、ほぼすべてのODAを凍結しました。

用語解説 政府開発援助（ODA）

　ODAとは、発展途上国に対する経済援助で、資金援助（有償・無償）と技術援助の2つがあります。資金援助についてはグラント・エレメント（援助条件のゆるやかさの指標）が25％以上のものを指します。1970年の国連総会でGNP（GNI）の0.7％をODAにあてる国際目標が掲げられています。日本のODA額は世界のなかで上位に位置しますが、日本のODAの対国民総所得（GNI）比は0.34％で、目標の0.7％には届いていません（2021年）。

　グラフは日本の援助条件です。DAC平均よりも、「贈与」が少なく（＝借款が多い）、「ひもつき援助ではない」いうアンタイド比率が低く、「援助に占める贈与の割合」を示すグラント・エレメントが低いことが読みとれます。つまり、⑴援助総額は大きいが、GNI比は0.3％台と目標（0.7％）を大幅に下回っている。⑵グラント・エレメントが低く、有償資金援助（円借款）の比率が高い。円借款だと途上国は為替交換の手数料を考えて、日本から製品などを購入することになります。⑶ひもつき（タイト）援助（援助の使い道に制限がある）も平均を上回っているなどの課題が読みとれます。

　また、日本のODAの基本方針である「政府開発援助（ODA）大綱」（1992年策定）も、2003年の改定で日本の「国益重視」が盛り込まれ、2014年には名称が「開発協力大綱」に改められたと同時に、災害援助などの非軍事目的に限り外国軍への支援を容認するなど転換されています。

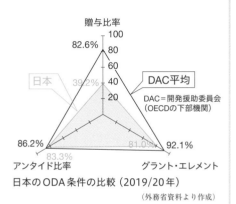

日本のODA条件の比較（2019/20年）

（外務省資料より作成）

南北問題や南南問題の現状は？

南北問題の現状は？

> **地球がもし100人の村だったら？**
>
> 　地球上に住む人間を100人と置き換えて考えてみます。食糧の確保に不安の
> ある人は17人、栄養失調で死にそうな人は9人います。一方で、食糧の確保に
> 不安のない人は43人いて、太りすぎている人が31人います。
>
> 　世界の子どもたちを100人に置き換えてみると、小学校に通うはずのうち9
> 人が、中学校に通うはずのうち34人が学校に通えていません。
>
> 　　　　　　　　　　　　　　　　　　　（『世界がもし100人の村だったら』）

　もう少し、資料から南北問題の現状を確認してみましょう。

　下の図は上にあげた『世界がもし100人の村だったら』の内容を一部グラフ化し
たものです。安全な飲料水が得られない人が22人❶、読み書きができない人が15
人いて、しかもそのうち10人が女性であることが読みとれます。

　また「富」に目を向けると、人口では世界の16％ほどを占めるにすぎない国が、
国民総所得（GNI）では世界の約63％を占めているのです❷。これが南北問題の現
状です。

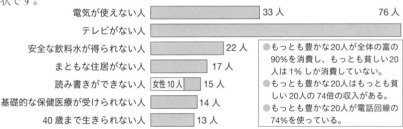

南北問題❸とは？

　主に北半球の中緯度地方に位置する先進工業国と、それらの国より南に位置する

---

❶ 2012年、筆者は青年海外協力隊としてタンザニアに派遣されている友人を訪ねて、タンザニアの
アルーシャ（キリマンジェロを望む北部のわりと大きな街です）を訪問しました。泊めてもらった
友人宅に蛇口はありましたが、ほぼ「オブジェ」状態で、大きな水道管がある場所まで毎日水汲
みに行きました。しかし汲んできた水も、高性能の浄水器にかけ、さらに沸騰させてからでない
と飲み水をしては使えませんでした。「安全な飲料水の確保」の難しさを体感しました。
❷ 矢野恒太記念会編『世界国勢図会』2022/23年版参照。

発展途上国間の経済格差と、それに伴う諸問題を指します。

　南北問題の背景は、かつて植民地であった発展途上国の多くは、第二次世界大戦後につぎつぎに独立しましたが、経済的には国際価格が不安定な一次産品を輸出し、工業製品は先進国からの輸入に依存するモノカルチャー経済にあります。さらに発展途上国の多くは人口増加率が高く、経済成長を達成したとしても1人あたりの所得はあまり増えず、先進国との経済格差は広がる一方なのです。このような南北問題は、1960年代に注目されるようになりました。現在では、南北問題の解決はSDGsと関連づけながら解決がはかられている面が強いといえます❹。

用語解説　モノカルチャー経済

　国内の生産や輸出が数品目の一次産品に大きく依存している経済を指します。植民地時代の宗主国による大規模農場（プランテーション）や鉱山開発に原因があり、アフリカ諸国をはじめとして、発展途上国共通の経済構造となっています。農産物は天候などによって左右され、鉱産物も枯渇性による制約があります。また、一次産品は先進国が輸出する工業製品に比べ、極端に安いため❺、たとえば発展途上国が工業化を目的に先進国から機械などを輸入しようとすると、その外貨獲得のために自国民が食べる農産物を輸出して飢饉が生まれるという、矛盾した経済構造がありました。また第二次世界大戦後、化学繊維、合成ゴムなどが登場したことによって、一次産品は需要と価格が大きく低迷しています。

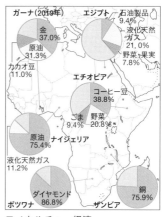

モノカルチャー経済
2022年の輸出額に占める割合（％）
（『データブックオブザワールド』2024年版より作成）

南北問題の解決策は？

　国際協力、民間支援、自助努力にわけて考えてみましょう。

　国際協力の視点からは、発展途上国からの要求により、1964年に国連貿易開発会議（UNCTAD：アンクタッド）が、国連総会の常設（補助）機関として設立されています。国際通貨基金（IMF）や世界銀行（IBRD）などが先進国主導の組織

❸南北問題の解決策としての政府開発援助（ODA）の議論は、本書国際経済テーマ6「開発独裁とは？」198〜201頁参照。
❹SDGsについては、本書現代の政治テーマ10「SDGsとMDGsの相違点は？」38〜41頁を参照。
❺一次産品のなかでも、特に農作物は天候などに左右されるため価格が安定せず、貿易収入、ひいては国家財政が安定しないことになります。

であるのに対し、UNCTADは発展途上国のイニシアティブで南北問題を検討し、貿易と経済開発について交渉をおこなう組織です❻。加盟195カ国（国連加盟国とバチカン、パレスチナ、2022年8月現在）、ほぼ4年に1回総会をおこなっていますが、南南問題や先進国との協調が進まないことなど、課題も指摘されています❼。

　民間の支援としては、フェアトレードがあげられるでしょう❽。発展途上国の農産物や雑貨などを、適正な価格で継続的に輸入・消費する取組です。低賃金など劣悪な労働条件を強いられている発展途上国で、公正な雇用を創出し、発展途上国の貧困解消や経済的自立を促すねらいがあります。1997年に国際フェアトレードラベル機構が発足し、フェアトレードの国際規格を策定して、生産業者や販売業者を認証しています。

　発展途上国の自助努力として注目されているのは、マイクロクレジットです。一般銀行から融資を受けられない貧しい人々を対象に、無担保・低金利で収支をおこない、新規事業の立ち上げなど自立を促す役割を果たしています。

　以上のように様々な取組がおこなわれていますが、いまだに南北問題は解決しておらず、今後もさらなる取組が必要とされています❾。

用語解説 ## マイクロクレジット

　通常の銀行からの融資では銀行が担保を求めますので、貧しい人は融資を受けられません。マイクロクレジットは、少額（1万円程度）ですが、無担保で貧しい人々に融資をおこないます。その特徴は、(1)それまでの借金の返済や自立のための資金融資、(2)女性中心の融資、(3)5人ほどのグループをつくり、メンバー同士で返済計画を点検することです。このような女性グループを中心とした融資の実施により、返済がとどこおることが少ないとされています。その先駆者であるバングラデシュのグラミン銀行とその創設者ムハマド＝ユヌス氏に、2006年のノーベル平和賞が贈られたことから世界中に広まっています。近時、預金や送金、保険までサービスが拡大しているためマイクロファイナンスと呼ばれることが多くなっています。

---

❻1964年の第1回総会では「プレビッシュ報告」が提出され、その報告にもとづき「援助よりも貿易を」をスローガンとして、一次産品に対する先進国の門戸開放、製品・半製品に対する特恵関税の供与、国民所得の1％の援助などを要求しました。1968年の第2回総会では、「援助も貿易も」との要求が出され、さらに援助目標の上方修正（国民総生産の1％へ）などを求めています。

❼国際協力ではこの他に、(1)1974年の国連資源特別総会で「新国際経済秩序（NIEO）樹立に関する宣言」が採択されました。内容は自国の富や天然資源および経済活動に対する恒久的主権の確立、多国籍企業の監視と規制、発展途上国に不利な交易条件の改善などです。(2)1975年、当時のヨーロッパ共同体とACP（アフリカ、カリブ、太平洋地域の発展途上国）46カ国のあいだでロメ協定が締結されました。内容は多岐にわたりますが、ポイントはACP諸国が輸出する一次産品の輸出価格が下落した場合、一定の条件のもとで無利子融資をおこなう輸出所得補償制度を導入したことです。一次産品の価格に振りまわされる途上国の経済を補償するシステムです。

❽フェアトレードについては、本書現代の経済テーマ11「エシカル消費とは？」166～169頁参照。

南南問題とは？

　南南問題とは、南側諸国間の「持てる国」と「持たざる国」とのあいだに生じる諸問題の総称です。1970年代の石油危機で、莫大な石油収入を手に入れた中東などの産油国や、輸出指向型の工業化に成功した東アジアなどの新興工業経済地域（NIES：ニーズ）と、多数の絶対的貧困層[10]を抱えるアフリカや南アジアなどの最貧国とに、南側諸国は分化しました。

　下のグラフから、発展途上国と後発開発途上国（LDCまたはLLDC）[11]間には、幼児死亡率や安全な水の確保などに差があることが読みとれます。

　南南問題の発生は、今日の南北問題の最大の焦点が、たんに南北間の経済的格差のみならず、南側諸国間の発展問題にあることを再認識させています。

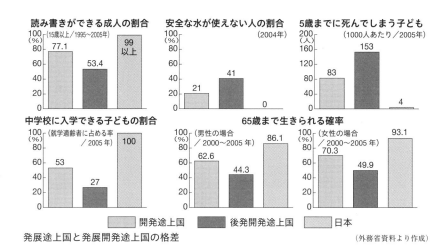

発展途上国と発展開発途上国の格差　（外務省資料より作成）

⑨個々の人間に着目し、紛争・テロなどの恐怖や貧困などの欠乏から人々を解放し、自立するための能力を強化することによって、個人の生存・生活・尊厳を確保して、国際社会の安全保障を実現しようとする「人間の安全保障」論は、南北問題解決のための議論の一部です。
⑩人間として最低限の生活を営むことができないような状態、すなわちベーシック・ヒューマン・ニーズ（＝BHN）が達成されていない貧困状態を指します。世界銀行は2022年以降、「一日に2.15ドル未満の生活」を送る人のことを絶対的貧困と定義しています。2022年末の経済的貧困者数は6億8500万人にのぼると試算されています。そのうち、70％以上がサブサハラ・アフリカ地域（サハラ砂漠より南の地域）に集中しています。
⑪国連経済社会理事会の審議を経て、国連総会の決議により認定された、特に開発の遅れた国々を指します。LDCの基準（2021年）は、(1)1人あたりGNI（3年間平均）が1018米ドル以下、(2)国連開発政策委員会が設定した指標で、栄養不足人口の割合、5歳以下乳幼児死亡率、妊産婦死亡率、中等教育就学率、成人識字率を指標化したもの、(3)経済的脆弱性を表すための指標（人口規模、地理的要素、経済構造、環境、貿易のショック、自然災害のショック）の規準によりリスト化されます。リストは3年に1度見直され2022年8月現在のLDCは46カ国です。最大はアフリカの33カ国でした。

NIESからBRICSへ

NIESとは？

　NIES（ニーズ）とは、新興工業経済地域（Newly Industrializing Economies）のことです。近頃、耳にすることが少なくなりました。1970年代以降、工業化とその輸出を急増させて、高い経済成長率を達成した発展途上国・地域を指します。

　もともとNIESという名称は、1979年に経済協力開発機構（OECD）の報告書で、第1次石油危機によって世界経済が停滞するなかで、工業化に成功した大韓民国（韓国）、台湾、香港、シンガポール、ブラジル、メキシコ、ギリシア、ポルトガル、スペイン、ユーゴスラビアの計10カ国・地域を名づけたことから始まります❶。このうち、メキシコ、ブラジルなどの中南米諸国は、豊富な天然資源と国内市場を背景に工業化に成功したものの、輸出はかなりの部分を一次産品に依存していたため、一次産品価格の低迷を受けて1980年代に入ると経済成長が鈍化しました。これに対して韓国や台湾などのアジアNIESは、天然資源が乏しく、国内市場が狭いというハンディを克服し、質が高く豊富な労働力を背景に輸出型の工業化を推し進めて高い経済成長を達成しました。ただし、韓国、インドネシア、フィリピンなどでは、民主政治が抑圧される「開発独裁」と呼ばれる開発優先の工業化がはかられ、民衆生活を犠牲にした成長であった点に注意してください❷。

　アジアNIESの輸出は、1960年代から70年代前半にかけて、衣類、雑貨などの軽工業品中心の輸出構造から、1970年代後半から80年代にかけての家電製品や鉄鋼、船舶、乗用車などの重工業品中心の輸出へ構造変化をとげながら拡大し続けます。1990年代に入ると、電子部品など輸出構造をさらに高度化させると同時に、サービス産業への構造転換を強めて高い経済成長を持続してきました。

　しかし、1997年のアジア通貨危機❸によって経済的混乱に陥ります。その後、その混乱から立ち直りましたが、経済的急成長が止まったためか、2000年代に入るとNIESという言葉はあまり使われなくなりました。アジアNIESの驚異的な経済

---

❶当初は、新興工業諸国（NICS：Newly Industrializing Countries）と呼ばれていましたが、1988年のトロント・サミットで、台湾と香港を独立国と認めていない中国に配慮して「地域」としました。さらに第2次石油危機以後、経済成長がいちじるしい韓国、台湾、香港、シンガポールと経済的苦境に陥った国（ブラジル、メキシコ、ギリシアなど）とをわけるようになりました。その後、前者は、「アジアNIES」と呼ばれるようになります。
❷開発独裁については、本書国際経済テーマ6「開発独裁とは？」198〜201頁参照。
❸アジア通貨危機については、本書国際経済テーマ11「アジア通貨危機はなぜおきたのだろうか？」220〜223頁参照。

用語解説　アジア NIES の産業構造の高度化

　アジア NIES 諸国では、経済構造が大きく変化しました。下の表は産業別の就業者 1 人あたりの付加価値生産額の伸び率です。青の部分に注目してください。全産業での伸び率が、各産業別の伸び率を上回っていることが読みとれます❹。本来、全産業の伸び率はそれぞれの産業の伸び率を加重平均した値となるため、第 1 次〜 3 次産業の伸び率を上回るということはありません。しかし、アジア諸国では、1 人あたりの生産水準が低い産業から高い産業へと労働力が移動したため、全体の伸び率の方が高くなっているのです。個別産業の労働生産性が上昇しなくとも産業構造の高度化が進展していれば、全体としての労働生産性が上昇する場合があることがここからわかります。このように、アジアNIES では産業構造の高度化が、高い経済成長の一因となっていたのです。

　そして、その構造変化を可能にした要因は輸出です。製品の販売先を海外に求めたことにより、国内購買力の制約を受けずに急速な成長を果たしたわけです。つまり、各国とも「どこに（誰に）売るか」を気にすることなく、いかに生産を拡大させるかだけに集中すればよかったのです。そのため、輸出関連の産業に資源を集中させることによって、工業化が実現できたのです。

韓　国	1970〜75年	1975〜80年	1980〜85年	1985〜90年	1990〜95年
第一次産業	2.7	0.5	11.0	3.1	6.8
第二次産業	3.1	5.6	6.9	5.7	6.6
うち製造業	6.1	7.1	7.3	5.8	8.7
第三次産業	4.4	0.2	1.5	4.8	2.5
全産業	4.0	4.0	6.2	5.9	4.9

台　湾	1970〜75年	1975〜80年	1980〜85年	1985〜90年	1990〜95年
第一次産業	1.0	8.5	1.3	5.8	2.7
第二次産業	2.9	5.6	4.5	5.3	4.6
うち製造業	1.5	6.9	4.5	5.7	6.5
第三次産業	5.4	3.8	3.2	6.5	4.2
全産業	4.9	6.9	4.1	6.8	4.8

タ　イ	1970〜75年	1975〜80年	1980〜85年	1985〜90年	1990〜95年
第一次産業	8.1	-3.8	2.5	0.8	6.9
第二次産業	-6	6.7	0.3	7.2	2.1
うち製造業	-6.7	8.2	-0.1	8.0	3.8
第三次産業	0.2	3.8	-0.8	6.2	1.9
全産業	6.7	1.1	2.6	6.5	7.4

インドネシア	1970〜75年	1975〜80年	1980〜85年	1985〜90年	1990〜95年
第一次産業		10.4	-0.1	-0.9	5.4
第二次産業		-0.7	1.1	3.8	2.1
うち製造業		9.7	8.2	4.9	3.7
第三次産業		6.4	2.6	4.9	2.9
全産業		9.4	1.7	9.0	6.2

産業別就業者 1 人あたりの付加価値額の伸び率（%）

（JICA 資料より作成）

成長は止まりましたが、そのあいだに経済基盤を整え、現在も IT などをはじめとする高い技術力を背景に堅調な成長を続けています。その意味でもはや「新興」とはいえず、むしろ先進国に肩を並べているといってよいでしょう。

❹この他にも、(1)韓国と台湾は 1985 〜 90 年に注目し、タイとインドネシアは 1990 〜 95 年に注目すべきということは、やはりタイやインドネシアに比べて韓国や台湾の方が経済成長が早く始まった、(2)1975 〜 80 年のタイや 1980 〜 85 年のインドネシアの伸び率は、なぜ低いのだろうかなど、いろいろなことが読みとれたり、考えられたりします。

	ブラジル	ロシア	インド	中国	南アフリカ
人口（万人）	2億1433	1億4510	14億756	14億2589	5939
面積（km²）	852	1710	329	960	122
GDP（ドル）	1兆4447億	1兆4835億	2兆6647億	14兆7228億	3021億
1人あたりGNI（ドル）	6667	9927	1910	10160	4999
経済成長率（％ 2022年）	4.6	4.7	8.7	8.1	4.9
輸出（ドル）	2808億	4940億	3954億	3兆3640億	1236億
外貨準備高（ドル）	140億	637億	671億	1895億	461億

BRICSのファンダメンタルズ

（矢野恒太記念会編『世界国勢図勢』2022/23年版より作成）

BRICSとは？

　前述したとおり、現在ではアジアNIESという言葉はあまり使われなくなっています。そのかわりにBRICS（ブリックス）という言葉を耳にするようになりました。人口や経済規模がアジアNIESなどより大きく、経済成長がいちじるしいブラジル（Brazil）、ロシア（Russia）、インド（India）、中国（China）の頭文字をつなげた用語です[5]。2001年、アメリカの証券会社ゴールドマン・サックスの投資家向けレポートが、21世紀は巨大人口を抱える国々が高い経済成長をとげると予測し[6]、これをもとに4カ国の総称としてBRICs（この時の「s」は複数形です）と命名しました[7]。

　BRICSが台頭してきた要因として、以下があげられます。

(1)豊富な天然資源：BRICSだけで、世界の石炭の約7割、鉄鉱石・ボーキサイトの約5割、ニッケル鉱の約3割、原油・天然ガスの約2割を産出しています。

(2)豊富な労働力：BRICSだけで、世界人口の約4割を占めています。また、生産年齢人口（15〜64歳）の割合が高い国々です。

(3)外国資本の積極的導入：先進国の企業を誘致し、生産性を向上させています。

(4)購買力の向上：いわゆる「中間層」が増えています。

---

[5] 2023年8月、BRICS首脳会議で、新たにアルゼンチン、エジプト、エチオピア、イラン、サウジアラビア、アラブ首長国連邦（UAE）の6カ国が2024年1月から加盟すると発表されました。中国やロシアが欧米への対抗軸としてBRICSの強化をめざすなか、加盟国の拡大によってどこまで影響力が強まるか注目されています。しかし、2023年12月に新しいアルゼンチン大統領に就任したミレイ氏は、BRICSに加わらない考えを正式に通告しています。今後の動きに注目したいと思います。

[6] ゴールドマン・サックス社は、BRICsに続いて成長が期待できる新興国グループとして「ネクスト11」を提唱しました。対象国は、ベトナム、韓国、インドネシア、フィリピン、バングラデシュ、パキスタン、イラン、エジプト、トルコ、ナイジェリア、メキシコの11カ国です。

[7] 2011年に、南アフリカ共和国（South Africa）が加わり、BRICSとなりました。これ以来、BRICSの最後の「S」は、「South Africa」の頭文字の「S」です。

(5)経済の自由化：中国とロシアが計画経済から市場経済へ移行し、ブラジルやインドも統制経済から自由化へ向かっています。

しかし、課題も指摘されています。

(1)貧富の差が大きい：ここでは中国とインドを指摘します。中国では都市部と農村部の所得格差は3倍以上といわれています。消費を担う中間層を厚くしていかないと成長にブレーキがかかったり、社会不安の原因となったりします❽。インドの低所得層（世帯の可処分所得5000ドル未満の人口比率）は、2000年の95.6％から、2020年の66.4％に減少していますが、貧困人口は社会階層によって大きく異なり、指定カーストなどの貧困人口比率は、農村部、都市部共にインド全体の比率と比較して高い数値となっています。また、指定カーストなどは、農村部に多いため都市部と農村部の格差が大きいことにも注意が必要でしょう。

(2)資源に左右される経済：経済が資源輸出に依存している面があり、国際価格の変動が経済に影響を与える可能性があります。ロシアの原油価格（北海ブレンド原油先物価格、1バーレルあたり）の推移をみてみると、約109ドル（2013年10月）→約47ドル（2015年1月）→約20ドル（2020年4月）→約121ドル（2022年5月）→約88ドル（2023年10月）と乱高下しています。このような状況では、輸出に占める資源割合が高いロシアにとっては、安定した経済運営は難しくなります。

(3)経済発展に伴う環境悪化：産業化・工業化優先の政策がとられ、環境への配慮が十分にとられてきませんでした。そのため、大気汚染・廃棄物処理・森林破壊などがおきています。中国の大気汚染では「PM2.5」が、よく報道されています。「PM2.5」とは、「粒子状物質」のことで、粒子の直径が小さくなるほど、肺の奥、さらには血管へと侵入し易くなり、ぜんそく・気管支炎、肺がんや心臓疾患などを発症・悪化させ、死亡リスクも増加させるといわれています。在中国日本大使館では、高濃度の日に外出する際は、「PM2.5対応のマスク」の着用を勧めているほどです。

いずれにせよ、ロシアのウクライナ侵攻による国際的な孤立、中国の人口減少、南アフリカの人種間の断絶など、BRICS各国はそれぞれ多くの課題を抱えています。今後、各国の動きを注視していかなくてはなりません。

❽中国については、本書国際経済テーマ13「今後の中国経済は？」228～231頁参照。

GATTをWTOに改組するのは
なぜだろうか？

GATTとは何か？

　第二次世界大戦の一因となったブロック経済❶の反省にもとづき、戦後は自由貿易が推進されます。その主要な任務を担ったのがGATT（General Agreement on Tariffs and Trade、関税及び貿易に関する一般協定：ガット）でした❷。協定（英語の表記上「協定」と訳していますが、実際は批准が必要な「条約」です）は、1947年に作成され、1948年にGATT体制が発足しました❸。日本は1955（昭和30）年に加盟しています。GATTの掲げる原則は「自由・多角・無差別」であり、自由貿易体制のもとに貿易を拡大し、加盟国の雇用と生活水準を高めることを目的としていました。

> **用語解説**　**GATTの原則**
>
> 　GATTの原則は「自由・多角・無差別」です。
> 　まず「自由」「無差別」です。貿易「自由」化実現のために、GATTは互恵主義を基礎とした二国間・品目別交渉によって相互に関税を引き下げ、これをGATT税率として他のすべての加盟国に対し無条件、「無差別」に適用（最恵国待遇）してきました。互恵主義とは、関税の軽減や非関税障壁の除去についての無差別原則の適用を定めて市場参入と貿易での相互主義を確保し、締約国間の待遇の平等をはかろうとすることです。また最恵国待遇とは、条約当事者の一方がある国に与える関税や事業活動などの待遇のうち、もっとも有利なものと同じ待遇を、他のすべての条約国に与えることです。この「すべての」が「無差別」の原則にあたります。この無差別の原則には、輸入品に対して国内品と同じ待遇を与えて差別しないという「内国民待遇」もあります。この原則によれば、輸入品に適用される待遇は、関税を除き、同種の国内産品と差別してはなりません。

---

❶第二次世界大戦の要因とブロック経済については、本書国際経済テーマ3「IMF体制（固定相場制）はどのように設立されたのだろうか？」182 ～ 187頁参照。
❷後半でWTOと比較して説明しますが、GATTは「協定（条約）」であることに注意してください。
❸1948年、自由無差別の原則のもと、世界貿易の拡大を目的として「国際貿易機構憲章（ITO憲章）」が採択されました。その憲章には、関税・貿易制限・輸出補助金などの国際貿易に関する原則が規定されていました。しかし、参加国の利害が対立し、同憲章のうち主に貿易に関するルールを抜き出した「関税及び貿易に関する一般協定」を暫定的に発効させることになりました。これがGATTです。ITO憲章そのものは発効されずに終わっています。しかし、後年、ITO憲章がめざした国際貿易機関としてWTOが発足することになりました。

内国民待遇原則は、輸入産品に国内産品より不利でない待遇を与えることによって、GATT 加盟国の国内における「隠された貿易障壁」を除去することを目的としています。

　次に「多角」です。関税引き下げは二国間交渉でも可能ですが、多国間で合意した方が効率的です。そのため、多くの国が一堂に会して貿易自由化交渉をおこないます。この「多国間」が「多角」にあたります。GATT では、これまでに8回の多角的貿易交渉（ラウンド）が開催されてきました。主要なラウンドをあげると、ケネディ米大統領が提唱して始まった「ケネディ・ラウンド」（1964 ～ 67年）では、主に鉱工業品について平均35％の関税一括引き下げに成功し、「東京ラウンド」（1973 ～ 79年）では同様に約33％の引き下げと非関税障壁の軽減が実現しています。ただし現実的な運用をおこなうため多くの例外規定（緊急輸入制限＜セーフガード＞など）が設けられました。後述するように「ウルグアイ・ラウンド」（1986 ～ 94年）では、サービスなどに議論の対象が広がりました。また参加国・地域も、ケネディ・ラウンドの62カ国・地域から、ウルグアイ・ラウンドでは123カ国・地域に倍増しており、世界的な規模での交渉となっています。

　このような自由貿易体制の拡大によって世界貿易は増大し続け、1950年には約1000億ドルだった世界の貿易額が、1980年には4兆ドルを、1990年代後半には10兆ドルを超え、2021年の世界貿易は21兆7534億ドルと、はじめて20兆ドルを超えました。

ウルグアイ・ラウンドから WTO へ

　1986年、8回目のラウンドがウルグアイで始まりました❹。これまでのラウンドは鉱工業品の一括関税引き下げが主なテーマでしたが、このウルグアイ・ラウンドでは、特許権、商標権、著作権といった知的所有権の取扱、旅行・金融・情報通信など物品を伴わないサービス貿易の国際的取引の自由化、農産物の例外なき関税化についてはじめて交渉をおこないました。120を超える国・地域が参加したこの会議は難航します。農業分野の自由化と関税化は、当時のEC（ヨーロッパ共同体）と日本が反発しました。農作物の「関税化」とは、数量割り当て、輸入課徴金、最低輸入価格、自主輸入規制など、あらゆる非関税障壁を全廃して、関税だけにおきかえることです。

　交渉は長期化しましたが、最終的に1994年、最終合意（ウルグアイ・ラウンドの終結宣言）がマラケシュ宣言として発表され、日本は「米」の関税化の義務を負いました❺。また、先進国と発展途上国の紛争の種になっていた知的所有権❻・サービス貿易については、より厳格な保護が定められました。マラケシュ宣言のなかでGATT

---

❹開催地の地名から、「ウルグアイ・ラウンド」と名づけられました。

	GATT	WTO
法的地位	国際協定であり、国際機関としての正式規定はなし	正式な国際機関として発足
対象範囲	モノの貿易のみ	サービス貿易や知的所有権も含む
紛争処理手続き パネル報告や対抗措置の承認方式	全会一致の承認が必要（コンセンサス方式）	1国でも支持すれば承認される（ネガティブ・コンセンサス方式）
対抗措置（制裁）の対象	モノの分野に限る	モノ、サービス、知的所有権の3分野なら異分野の制裁（クロス・リタリエーション）が可能
再審制度	なし	あり
提訴から対抗措置承認までの期間	明確な期限はなし	標準は約28カ月 最長でも約35カ月
閣僚理事会	必要に応じて開催	最低2年に1回開催

GATTとWTOの違い

の機能を発展的に継承する世界貿易機関（WTO、World Trade Organization）の設立が、「世界的規模での経済協調の新たな時代の幕開けになる」と提案されました❼。この宣言を受けて1995年1月1日、WTOが発足します。

WTOとは？

WTOの本部はスイスのジュネーヴにあり、164の国・地域が加盟している国際機関です（2022年12月現在）。その特徴は、以下の通りです。

(1)GATTは暫定的な国際協定（条約）にすぎなかったが、WTOは国際機関としてスタートした。

(2)モノの貿易ルールだけでなく、サービス貿易、知的所有権などのルール確立をめざしている。また、これまで例外扱いされてきた農業分野における関税化、輸出補助金の削減など、さらなる自由化を促進する。

---

❺日本はウルグアイ・ラウンド交渉で、2000年まで毎年一定の増加比率で米の輸入義務を受け入れました。そして1995年から米の輸入をしており、その米をミニマム・アクセス米と呼びました。1999年度から米の輸入は関税化され、関税を払えば誰でも輸入できるようになっています。ただし、かなりの高関税が課せられています。

❻やや詳しい補足になりますが、知的所有権については、1994年に「知的所有権の貿易関連の側面に関する協定」（TRIPS〈トリップス〉協定）が成立します。この協定（条約）は、工業所有権の保護に関するパリ条約や、著作権の保護に関するベルヌ条約などに定められた知的財産の保護を補完、強化することを目的としています。そのため、後述するWTO加盟国に、知的所有権について最恵国待遇、内国民待遇を規定しており、権利保護のために国内的権利行使手続き（司法手続きおよび行政手続き）の整備などを義務づけています。2003年には、TRIPS協定の例外として、発展途上国へエイズ治療薬などの安いコピー薬の輸入を認める制度づくりが同意されています。

❼WTO発足の背景は、GATTは国際機関ではなく協定（条約）による暫定的な組織として運営されてきましたが、ウルグアイ・ラウンド交渉において貿易ルールの大幅な拡充がおこなわれるとともに、これらを運営するためにより強固な国際機関を設立する必要性が認識されたことです。

> **用語解説　サービス貿易とは？**
>
> 　サービスとは「役務」ともいい、売買した後に「モノ」が残らず、効用や満足などを提供する形のない財のことです。サービスには、⑴無形性（売買の前後で形が目にみえない）、⑵不可逆性（一度購入すると返品できない）、⑶非貯蔵性（貯蔵や在庫とすることができない）といった特徴があります。具体的には、宅急便などの物流サービス、ファーストフード店やラーメン屋などのレストランサービス、スーパーやコンビニなどの流通サービスなどがあります。
>
> 　サービス貿易とは、モノ（物品）の貿易のサービス版です。モノの貿易では、自動車やバイク、テレビなどの「モノ」が、2カ国間、もしくは複数国間で輸出入されますが、サービス貿易ではサービスの輸出入がおこなわれます。たとえば、海外旅行でフランスに行った時に、フランス資本のホテルに宿泊することは、フランスからホテルサービスを受けていることになります。それはサービス貿易として国際収支にカウントされます。このように、私たちの周りには、様々なサービス貿易によってつくり出されるサービスがあふれています。
>
> 　WTOは、はじめてサービス貿易の障害となる政府規制を対象とした多国間国際協定を締結しました。それが、「サービスの貿易に関する一般協定（GATS）」です。WTOなどでは、サービス貿易を4つのモードに分類し、それぞれ自由化を推進しています[8]。

　⑶少なくとも2年に1回閣僚会議を開催し、政治的意思決定ルールを確立した[9]。

　⑷「貿易と環境委員会」「市場アクセス委員会」「補助金委員会」「金融サービス委員会」「セーフガード委員会」など各種委員会が常設され、問題などが発生すると解決策が検討される。

　⑸紛争処理手続きを強化している。

　ここであげた6つの特徴のうち、ここでは紛争処理手続きの強化を補足します。貿易問題が2国間の協議で解決しなかったときは、次頁の図のようにWTO内に「パネル（小委員会）」が設置され、裁判に似た形で審理がおこなわれます。パネルは審査後、判断を示しますが、全会一致で報告を不採択としない限り（＝1国でも賛成すれば）その報告は採択されたことになるため、スムーズに決定がおこなわれます。そのことを、ネガティブ・コンセンサス方式と呼んでいます[10]。当事国がパ

---

[8] 4つのモードについては、経済産業省（https://www.meti.go.jp/policy/trade_policy/epa/tis/#index_area1　最終閲覧日2024年2月2日）参照。

[9] 政治的に決定権のある人間が「顔をあわせて討議する」重要性は、本書国際経済テーマ5「サミットはなぜ始まったのだろうか？」194～197頁参照。

[10] GATTは、パネルの設置や報告の採択について「コンセンサス方式（全会一致方式）」をとっていましたが、WTOはネガティブ・コンセンサス方式を採用したため、決議が早く、確実におこなえるようになっています。また二審制が導入されています。

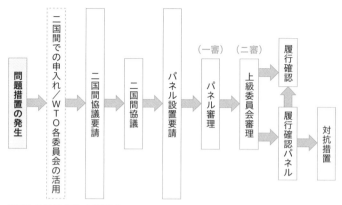

WTOの紛争解決の手続き

ネルの報告に従わない場合は、その相手国が制裁措置（対抗措置）をとることができます。このような紛争手続きの強化によって、持ち込まれる紛争案件が年々増えています。

さてこの紛争処理の強化はどのような効果を生んでいるのでしょうか？　第1に、政治・経済・軍事的な「大国」の一方的な主張が通らなくなることです。主権国家として同じ立場とはいえ、大国と小国のあいだで経済摩擦などがおきたとき、小国がどうしても不利な立場に立たされることがありますが⑪、この手続きを踏めばそのようなことがありません。第2に、貿易摩擦がおきると、紛争当事国間の「ペナルティのかけ合い」になることが多くなります。典型的な例は「セーフガード⑫

⑪日米経済摩擦を考えてください。日米貿易摩擦については、本書現代の経済テーマ8「『重厚長大』型経済から『軽薄短小』型経済に移行するとは？」154〜155頁コラム参照。

のかけ合い」ですが、第三者機関のジャッジを受けるならばそのような「貿易を縮小させる行為」を未然に防ぐことができるわけです。さらに、提訴から対抗措置承認までの期間が短いこと、決定に不服の場合は再審制度があること、国際司法裁判所と異なり提訴には相手国の同意は必要ではなく、問題があれば素早い提訴が可能であることなどもメリットとしてあります。以上のように考えると、紛争処理機能の強化は、WTOの目的にそっているといえるでしょう。

　ここまで説明してきたように、世界貿易推進のために大きく貢献してきたWTOですが、ドーハ・ラウンドの停滞でFTAなどに存在が脅かされているといえるでしょう。

用語解説 ## ドーハ・ラウンド

　ドーハ・ラウンドは、正式には「ドーハ開発アジェンダ」と呼ばれています。2001年の同時多発テロの背景にある「貧困の削減」に焦点をあて、国際貿易の振興を通して発展途上国を支援するという理念を掲げて始まりました。そもそも、予定されている項目の交渉対象のハードルが高いばかりでなく、WTO加盟国が増えたため、意見の調整が難航しました。この難航は、「すべてが合意するまではなんの合意にも達しない」という、一括受諾方式が機能しなくなったためと考えられています。そのため、2008年、一括合意に失敗して交渉は暗礁に乗り上げています。

　このように、ラウンドでは参加国の利害調整に膨大な時間がかかります。そのため、二国間や特定地域内でFTAやEPA⑬を締結する流れが世界的に加速しているわけです。

---

⑫セーフガード（緊急輸入制限措置）とは、ダンピングなどによらない通常の貿易（輸入）による国内産業の被害が大きい場合、一定の条件のもと、輸入国が一定期間だけ関税などを引き上げることができることです。2001年、日本は中国が輸出する畳表、生しいたけ、ネギの急激な輸入増に対抗するため暫定的な緊急関税を発動しています。
⑬FTAやEPAについては、本書国際経済テーマ10「『経済のグローバル化』のデメリットは？」219頁コラム参照。

「経済のグローバル化」の デメリットは？

経済はグローバル化しているのだろうか？

　「経済のグローバル化」とは、人・モノ・サービス・資本（カネ）・情報などが国境を越えて移動し、地球規模で経済分野の結びつきが生まれていることです。私たちの身の回りの品物を見ると、「MADE IN CHINA」などの製品があふれており、経済面では他国との関係なしに私たちの生活が成り立たないほど世界との結びつきが強まっていることは実感できると思います。また、次頁の日本の直接投資の図をみると、いまや日本企業のグローバル化は相当進んでいることもわかります❶。

　グローバル化の背景は、もちろん戦後すぐに確立されたGATT・WTO体制やIMF体制により、貿易自由化の条件❷が整備されたことです。そして、貿易自由化を支えた理論は比較生産費説でした。

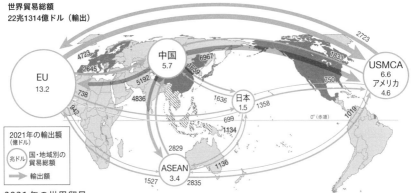

世界貿易総額
22兆1314億ドル（輸出）

2021年の世界貿易

左上の世界の貿易総額をみてください。約22兆ドルです。この図から、いろいろなことが読みとれます。たとえば、日本の主要な貿易相手はいまや北米ではなく、東アジア（中国・ASEAN〈アセアン〉）であり、対EU貿易も巨額になっていることがわかります。

（JETRO資料より作成）

---

❶ある意味「産業の空洞化」が進んでいるともいえます。2020年度末の日本の海外現地法人数は、2万5703社でした。地域別にみると、アジアの現地法人数は1万7342社（構成比67.5％）、特にASEANは7414社で、構成比は28.8％と10年連続で拡大しています。なお、中国は7486社で構成比は、29.1％と前年度から0.6ポイント減少しました。
❷詳しくは、本書国際経済テーマ3「IMF体制（固定相場制）はどのように設立されたのだろうか？」182 ～ 187頁や国際経済テーマ9「GATTをWTOに改組するのはなぜだろうか？」210 ～ 215頁参照。

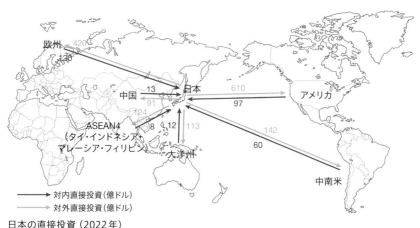

日本の直接投資（2022年）

（JETRO資料より作成）

用語解説　比較生産費説

　リカードが、「経済学及び課税の原理」（1817年）で主張した考え方です。各国は、それぞれの国のなかで、他国に比べて相対的に安い製品を特化（専門化）して生産をおこなって、その得意な分野の製品を交換（貿易）すれば、両国ともに利益を得ることができるとするものです。当然、製品交換の際、高い関税などをかけると、交換比率が変わってしまい、特化の利益を最大限享受できなくなりますので、貿易には手をかけてはいけない（＝自由貿易）ことになります。

　右の図を例にすると、ポルトガルはイギリスとの比較優位（どちらを生産した方が得か）を考えると、ぶどう酒に特化した方が生産性が高くなります。そのため、ラシャの生産をおこなっている労働量90（人）をすべてぶどう酒生産にふりむける

	ぶどう酒1単位の生産に必要な労働量	ラシャ1単位の生産に必要な労働量
ポルトガル	80（人）　$\frac{170}{80}=2.125$	労働者を移す　90（人）
イギリス	120（人）　↓輸出	$\frac{220}{100}=2.2$　↑輸出　100（人） 労働者を移す

比較生産費説

と、170／80＝2.125単位のぶどう酒を生産できます。そのうち、ぶどう酒1単位をイギリスに輸出し、ラシャ1単位と交換します。そうすると、ポルトガルはラシャ1単位とぶどう酒1.125単位を手に入れることができ、ぶどう酒0.125単位増産できたことになるわけです。イギリスは、反対にラシャに特化すると、ラシャ1.2単位とぶどう酒1単位を手に入れられます❸。

❸この例だと、イギリスはぶどう酒とラシャ両方ともポルトガルよりも生産性が低く、コストが高くなってしまいますが、どちらが相対的優位（交換したときのメリット）であるかを考えると、ぶどう酒よりも相対的に比較優位にあるラシャに特化して、ぶどう酒をポルトガルから輸入した方が得となります。同様にポルトガルは、イギリスよりもぶどう酒・ラシャともに生産性が高くコストは安いのですが、比較優位はぶどう酒であり、ぶどう酒に特化してイギリスからラシャを輸入した方が得であることになるわけです。

「グローバル化」のデメリットは？

　ここまでの説明で、世界は「貿易の利益を『享受』」してきたように感じますが、決してそうではありません。デメリットもあります。

　第1に、南北問題などの経済格差を生んだことです。比較生産費説のように、すべての国の製品に「比較優位」があれば問題はありませんが、現実的には、工業製品の価格に比べ、これまで一次産品の価格は低く抑えられていました。そのため、モノカルチャー経済から離脱できない多くの発展途上国と先進国との経済格差は開くばかりでした❹。

　第2に、世界規模での分業体制（グローバル・バリューチェーン）が形成され、世界中の企業活動が国境を越えて構築されたサプライチェーンを前提におこなわれてきました。そのため、何かあると世界経済が停滞してしまうのです。

用語解説 ## サプライチェーン

　サプライチェーン（Supply Chain）とは、原料調達に始まり、製造、在庫管理、物流、販売などを通じて、消費者の手元に届くまでの一連の流れを指します。本文の説明のように、世界規模で構築されてきています。そのため、新型コロナウイルス感染症の世界的な流行に伴い、各国で出入国の制限などがなされた結果、人流・物流が止まり、世界規模でサプライチェーンの寸断がおきてしまいました。具体的には、部品調達ができず、パソコンや家電製品、自動車などの生産が停滞して「品不足」がおきたことは記憶に新しいと思います。また日本では、2011年の東日本大震災で「国内」のサプライチェーンが切れて「モノ不足」がおきています。さらに米中の対立が、世界各国と「世界の工場」中国との摩擦に拡大すると、世界規模でのサプライチェーンの分断を招く可能性があるとされています。

　第3に、国境を越えた「マネー」が様々な危機を引きおこしました。1997年のアジア通貨危機❺、2008年のリーマンショック❻がその典型例です。国境を越えた「マネー❼」が引きおこした「危機」としては、ギリシアの財政危機❽から始まったユーロ危機も同じ背景でしょう。この富裕層がヘッジファンドなどを通して動かす「マネー」対策には、フランスの経済学者ピケティが提唱している「所得や資産に対

---

❹発展途上国間の「資源を持つ国」と「持たざる国」の格差である「南南問題」も含めて、詳しくは本書国際経済テーマ7「南北問題や南南問題の現状は？」202 ～ 205頁参照。

❺詳しくは、本書国際経済テーマ11「アジア通貨危機はなぜおきたのだろうか？」220 ～ 223頁参照。

❻詳しくは、本書国際経済テーマ12「リーマンショックはなぜおきたのだろうか？」224 ～ 227頁参照。

❼少し古い資料ですが、2021年5月14日の日本経済新聞に、「世界のヘッジファンドの運用資産が拡大している。2021年1 ～ 3月期末では3兆8014億ドル（約410兆円）と前年同期に比べ3割増え過去最高となった。」との記事がありました。

する累進課税」が有効だと思います[9]。ただし、ピケティが主張するように、現在のようなグローバル社会では、企業や富裕層は税率の低い国に「マネー」を逃がすため、世界各国は協力して「世界的な資本税」導入をおこなうべきでしょう。

> **コラム** **貿易拡大を支えるFTA ／ EPA**
>
> 　世界貿易機関（WTO）が主導するドーハ・ラウンドが停滞している現在、利害の一致する国々が二国間、または多国間でFTA（Free Trade Agreement：自由貿易協定）やEPA（Economic Partnership Agreement：経済連携協定）を締結する傾向が強まっています。
> (1)FTAは、特定の国や地域とのあいだで関税や企業への規制を取り払い、物品やサービスの流通を自由におこなえるようにする協定
> (2)EPA は、物品やサービスの流通のみならず、人の移動、知的財産権の保護、投資、競争政策など、様々な協力や幅広い分野での連携で、両国または地域間での親密な関係強化をめざす協定
> と日本政府は定義し、FTAとEPAを区別していました。しかし、近年、世界で締結されているFTAのなかには、日本のEPA同様、関税撤廃・削減などにとどまらない新しい分野を含む協定（条約）も存在しており、FTAとEPAを区別せずに包括的にFTAと表記することが多くなっていることに注意してください[10]。
> 　これまで日本は、経済ブロック化のおそれが多いとして、多国間の貿易交渉を優先し、FTA ／ EPA締結には消極的でしたが、近年、締結を急いでいます。2023年2月現在、日本のFTA ／ EPA締結状況は、発効済・署名済21、交渉中3、その他（交渉中断中）3です[11]。
> 　日本にとっては、FTAによって自動車や機械などの得意分野で国際競争力が高まることが期待されます。また、現地生産を拡大する企業の背中を押すことにもなります。その一方で、海外の安い農作物が輸入されて、国内の農業が打撃を受ける可能性もあります。工業分野で市場開放をおこないつつ、農業分野をいかに守るのか、難しい舵とりがせまられています。

⑧2009年のギリシャ政権交代を契機に、同国の財政赤字が公表されていた数字よりも大幅にふくらむことが発覚しました。そのため、ギリシャ債権が売り出されて始まった危機です。その後、同様に財政状況が厳しいポルトガル、スペイン、アイルランド、イタリアにも広がり、欧州全体の金融システムを揺るがす事態となりました（欧州債務危機）。背景はユーロ加盟国の金融政策はECBによって管理・運営されていますが、財政政策は各国単位でおこなわれていたからです。
⑨ピケティについては、本書現代の経済テーマ1「経済学とは？」123頁参照。
⑩2022年版の外交青書では、「経済連携協定（EPA/FTA）」と記載し、脚注においても「EPA：Economic Partnership Agreement　FTA：Free Trade Agreement」のみを記載し、それぞれの説明や計語は記載していません。つまり、日本においてもFTAとEPAを区別しないことが外務省の公的な見解になったと考えてよいと思います。
⑪詳細は、(1)発効済・署名済：シンガポール、メキシコ、マレーシア、チリ、タイ、インドネシア、ブルネイ、ASEAN、フィリピン、スイス、ベトナム、インド、ペルー、豪州、モンゴル、TPP11（CPTPP）、EU、米国、英国、RCEP（以上、発効済）、TPP12（署名済）、(2)交渉中：トルコ、コロンビア、日中韓、(3)その他（交渉中断中）：GCC、韓国、カナダです。ただし、動きが速い分野ですので、経産省、外務省、税関などのHPで確認してください。

アジア通貨危機は
なぜおきたのだろうか？

アジア通貨危機とは？

　国際経済の勉強をしていると、リーマンショックと並んで「アジア通貨危機」が必ず出てきます。年表などで「1997年におきた」ことは確認できますが、どのような「危機」だったのでしょうか？

　アジア通貨危機とは、1997年7月のタイの通貨バーツ切り下げを発端として、1997年から1998年にかけて、タイおよび周辺のアジア諸国で発生した通貨危機および金融危機のことです。アジア通貨危機の特徴は通貨危機が金融危機を誘発し、金融危機によって通貨危機が一層深刻化する状況に陥ったことです。特に、タイ・韓国・インドネシアでは、通貨危機と金融危機が深刻化し、IMFによる支援を受けました❶。

アジア通貨危機の原因は？

　通貨危機の原因を少し広くとらえると、1985年のプラザ合意後、急激な円高により価格競争力を失った日本の輸出企業が、タイをはじめとするアジア諸国に工場を移転させました❷。このような日本企業などの進出が、東南アジア諸国の経済成長の背景にあり、通賀危機の遠因にあると考えておいてください❸。

　さて、アジア通貨危機の第1の原因です。米ドルとのペッグ制（ドルペッグ制）で固定的な為替制度を採用していたことです❹。この点は、次の「タイの通貨危機の経緯は？」で詳しく説明します。

　第2は、「期間と通貨のダブル・ミスマッチ」です。かねてよりアジア新興国の企業は、資金面では銀行への依存度が高く、設備投資をおこなう際には国内金融機関から長期的な資金を調達していました。一方、国内金融機関は、海外から外国通貨建てで短期的資金を調達していました。その現象を「期間と通貨のダブル・ミスマ

---

❶現在のIMFの役割については、本書国際経済テーマ3「IMF体制（固定相場制）はどのように設立されたのだろうか？」187頁コラム参照。
❷もともと韓国・台湾・香港・シンガポールは輸出主導型の工業化を進めており、1970年から80年にかけて新興工業経済地域（アジアNIES）として注目されていました。インドネシア・タイ・フィリピン・マレーシアも、1980年代後半から輸出主導型の工業化を進めていました。アジアNIESについては、本書国際経済テーマ8「NIESからBRICSへ」206 ～ 209頁参照。

用語解説　ドルペック制

　経済基盤の弱い国や政情不安の国などが、自国通貨の信頼度や自国の通貨相場の安定を目的として、自国の通貨レートを経済的に関係の深い大国の通貨と連動させる（固定相場とする）ことをペッグ制と呼び、世界的な基軸通貨である米ドルと連動させる場合を特に「ドルペッグ（制）」と呼びます。英語表記「Dollar-Peg」の日本語読みです。ペッグ制は、輸出入とも相場の変動がないので、為替の差損益が発生せず安定的に利益を確保でき、安心して貿易ができますが、金融政策の裁量が少なく、長期的にみると適正レートから乖離する可能性があるというデメリットがあります。

ッチ」と呼んでいます。

　少し補足しますが、設備投資などへの長期的な資金を国内の金融機関から調達する（借りる）という構図は、高度経済成長期の日本と似ています。しかし日本の金融機関は、（貯蓄性向が高い）国民の預金から貸出していたのに対し、タイなどの金融機関は外国からドルで、しかも「短期的」に調達してきた（借りてきた）点が異なる点に注意してください。ただし、経済発展の初期段階にある国は、投資意欲が旺盛で国内だけで投資資金を集めることが困難ですから、国外から資金調達すること自体は問題ではありません。主に国外から短期資金を借り入れ、それを長期で国内に貸出していたため、突然の国外資金の引きあげに対して脆弱な構造であった点が問題となったのです。また、短期資金の流入が急ピッチで進んだことから、通貨危機の発生する1997年までにかけて、タイ、インドネシアおよび韓国では対外短期債務残高が外貨準備高を大きく上回っていました。外貨準備高に対する対外短期債務の割合をみると、タイ約130％、インドネシア約190％、韓国約270％でした。後述するように、外貨準備が十分でないため、こうした状況下で資本が急速に国外へ引きあげられれば、国外債権者への債務返済に必要なドル資金の需要に対応できず、その国の通貨危機につながることになるのです。

　このように考えると本来であれば、国外からの借入に占める長期資金の割合を高めることや、大量の資本流入を未然に防ぐための規制を設けることなどが必要だったのです。

❸ただし、中国で改革・開放経済が進み、特に1985年以降、沿海部主要都市を外国資本に開放して経済技術開発区の建設が始まり、東南アジア各国から中国へ安い労働力を求めて工場などを移転する日本企業も出てきました。
❹ドルと固定相場ということは、たとえば、タイの通貨であるバーツが大量に外国為替市場で売り出され、ドル高・バーツ安の局面になったときには、タイの通貨当局は「ドル売りバーツ買い」の介入をおこなって、固定相場を維持する義務があることに注意してください。固定相場の維持義務については、本書国際経済テーマ3「IMF体制（固定相場制）はどのように設立されたのだろうか？」182 ～ 187頁参照。

タイの通貨危機の経緯は⑤？

　1995年以降、アメリカのクリントン政権は「強いドル政策」に舵を切りました。この政策は簡単にいうと、「強いドルが国益にかなう」という考えのもと、ドルの価値を高い水準でキープするようにつとめるというものです。この政策の開始によって、ドル高が常態化していきます。つまり、ドルペッグ制を採用しているタイの通貨バーツのレートも上がっていきました。当然、バーツ高が進むと、タイの輸出産業は伸び悩みはじめ⑥、経済成長も鈍化していきます。そうすると、タイの経済成長に対して、バーツの貨幣価値は割高なのではないかという意見が機関投資家のなかで広がっていきます。

　そこに目をつけたのが、ヘッジファンド⑦でした。ヘッジファンドは、過大評価されたバーツに空売りを仕掛け、安くなったところで買い戻せば利益が出ると考えました。1997年5月14日と15日にヘッジファンドが大量のバーツ売りドル買いをおこないます。タイの通貨当局は、ドルペック制を維持するためにも外貨準備を切り崩して買い支えました。いったんはこの攻勢を切り抜けられたものの、再びヘッジファンドによる空売り攻勢が始まりました。タイには対抗するだけの外貨準備（ドル）がついになくなり、7月2日に変動相場制に移行しました⑧。変動相場制に移行すると全面バーツ安となり、外貨建て債務の返済負担が増え、タイ国内の企業

用語解説　空売り

　「空売り」とは、本来は「株」の用語です。手持ちの株式を売ることを「現物の売り」というのに対して、手元に持っていない株式を信用取引などを利用して「借りて売る」ことを指します。株価が高く、これから下がることが予想されるときに空売りをして、その後予想通り株価が下落したところで買い戻して利益を得るという手法です。今回のタイの例にあてはめると、ヘッジファンドは大量のバーツを持っていないにもかかわらず、大量のバーツ売りドル買いを仕掛けたのです。

---

⑤ここからは時系列にそって、なるべくわかりやすく説明します。経済的に専門的な事項は、皆さんで調べてください。内閣府のHPが一番わかりやすいと思います。(https://www5.cao.go.jp/j-j/sekai_chouryuu/sa12-02/s2_12_2_3.html　最終閲覧2024年2月2日)

⑥1996年、タイは、はじめて貿易収支が前年度比マイナス成長になりました。

⑦ヘッジファンドについては、本書国際経済テーマ12「リーマンショックはなぜおきたのだろうか？」226頁注②参照。1点補足するならば、ヘッジファンドに投資できる投資家は、多くの資産を保有する団体・企業や人間に限られています。たとえば、日本国内でヘッジファンドへ投資できるのは、年金基金や生命保険会社・損害保険会社などの団体・企業です。個人でも資産総額が100億円以上ある超富裕層でないと、ヘッジファンドへの投資は難しいといわれています。

⑧それまでの1ドル24.5バーツだった為替レートが、一気に1ドル29バーツ台にまで下がると、IMFなどが172億ドルの緊急融資をおこない救済をはかりました。しかし、1998年1月には、1ドル56バーツ台を記録するまで下落します。

や金融機関の倒産が続出しました。このためタイ経済は停滞し、さらなるバーツ安を生み、企業や金融機関の倒産が続く「負の連鎖」がおきたのです。

　タイのバーツ売りの動きは、インドネシアのルピーや韓国のウォンにも波及しました。これらの国々においても、経常収支の赤字と短期の海外資金に依存するというタイと共通した構造問題を抱えていたからです。こうして、タイ発の通貨危機はまたたくまに「アジア通貨危機」となったのです。

　この通貨危機で、政権への批判が高まると、「開発独裁」と呼ばれたインドネシアではスハルト政権が崩壊し、民政に移管しています。

コラム **なぜアジア新興国へ資本流入がおきたのだろうか？**

　右上のグラフから読みとれるように、アジア新興国は先進国（ここではアメリカ）と比べれば金利が高水準であったため、利ざやを稼ぐための資金が流入しやすい環境でした。さらに、タイやインドネシアでは、1980年半ばに直接投資の流入規制が大幅に緩和され、韓国でも1990年代に資本流入規制が緩和されたため高金利などを求めて国外からの資本流入を加速させることになりました。また、香港は資本流入規制そのものがなかったため、元々資金が流入しやすい環境にありました。

　この動きを資本収支からみると、右下の「タイの資本収支」のグラフから、1997年の通貨危機前までに証券投資やその他投資（具体的には金融派生商品、貸付・借入など）で流入が大幅に拡大しており、前述の利ざやを稼ぐための資金が流入していたことが読みとれます。この資本流入が、アジア通貨危機の背景になるのです。

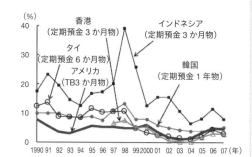

アメリカとアジアの金利

内閣府HP（https://www5.cao.go.jp/j-j/sekai_chouryuu/sa12-02/s2_12_2_3.html）

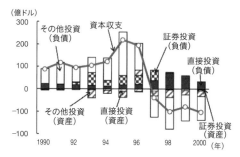

タイの資本収支

内閣府HP（https://www5.cao.go.jp/j-j/sekai_chouryuu/sa12-02/s2_12_2_3.html）

国際経済

リーマンショックは
なぜおきたのだろうか？

リーマンショックとは？

　リーマンショックとは、2008年にアメリカの大手投資銀行リーマン・ブラザーズ❶が、負債総額6000億ドル超（当時のレートで約64兆円）となる史上最大級の規模で倒産したことを契機に発生した、世界的な金融・経済危機を指します。2001年以降、アメリカ政府が低所得者を対象とした高金利住宅ローン「サブプライムローン」の融資基準を緩和し、サブプライムローンを組み入れた証券化商品が多数発行され、投資家の購入が加熱する証券バブルが発生していました。その後、地価の下落とともに2007年以降、借り手側のサブプライムローンの返済率がとどこおり

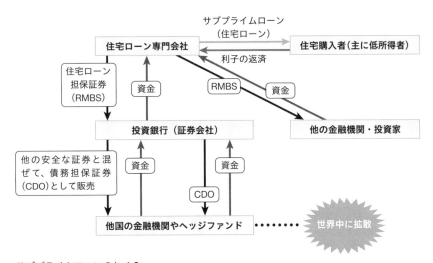

サブプライムローンのしくみ

❶リーマン・ブラザーズ・ホールディングスは、かつてアメリカのニューヨークに本社を置いていた大手投資銀行グループです。ユダヤ系移民のリーマン兄弟によって1850年に創立されました。ハイリスクハイリターンであるサブプライムローンの証券化を推進し、アメリカの住宅バブルの波に乗ってアメリカ第4位の規模を持つ巨大証券会社・投資銀行に成長しました。「投資銀行」とは、証券引受業務や企業の買収・合併（M＆A）などの仲介業務をおこなう金融機関です。アメリカ独自の発展をしてきた機関で、預金や貸出しが主な業務の商用銀行とは対照的な存在で、預金を受け入れません。銀行の名前がついていますが、証券会社に類似した金融機関と考えてください。

はじめると、金融機関などがつぎつぎにその損失を計上するサブプライムローン問題が表面化します。そのなかで、サブプライムローン関連で多額の損失を計上したリーマン・ブラザーズが破産を申請し、2008年9月15日に倒産します。さらなる連鎖倒産への懸念や、金融機関救済を巡る政府の対応による混乱も市場の不信感をあおり、世界的な信用収縮と株価暴落へと広がっていきました。

サブプライムローン問題とは？

　サブプライムローンが発生した過程を、前頁の図を使って説明しましょう。

(1)住宅ローン専門会社は、住宅を買う人に住宅ローンを貸し付けます。このとき、主に所得の低い人向けに貸し出すローンを「サブプライムローン」と呼びます。

(2)住宅ローン専門会社は、貸し付ける資金を集めるためにRMBS（住宅ローン担保証券）と呼ばれる証券を発行し、主に投資銀行が購入しました。

(3)サブプライムローンのRMBSは、（低所得者向けのものですから）安全性が低く、信用が不安視されるので誰も購入したがりません。そこで投資銀行は、購入したRMBSの信用を高めるために保有しているなかから「安全な証券」を混ぜて、CDO（債務担保債権）という金融商品をつくり、世界中の金融機関やヘッジファンド❷に売りました。CDOについては次頁の図を参照してください。

　ここからはご存じの通りです。2006年にアメリカの住宅価格の伸びが止まり、ロ

用語解説　サブプライムローンのしくみ

　サブプライムローンは、通常の住宅ローンに比べて貸出しの審査基準はゆるいのですが、低所得者対象なので返済されない可能性が高いため金利は高く設定されています。当時のアメリカの住宅ローンの約15％はこれに該当していたといわれています。サブプライムローンの多くは、住宅価格の上昇を見込んで借入当初を金利を低めに設定し、一定期間後に金利を上げるしくみでした。具体的には、毎月20万円の返済とすべきところを、当初の数年間は金利を低く設定して半分の10万円にし、その後は25万円にするようなしくみです。このしくみにより低所得の人たちが返済能力を超えたローンを組むことが可能になりました。もちろん、数年後には返済額が急増するわけですから、返済は苦しくなります。ところが、サブプライムローンを貸し付けた銀行のなかには、この様な金利のしくみを十分に説明しないままに貸出しをした例も多くありました。また、当時のアメリカは「住宅バブル」で住宅価格が値上がりを続け、購入した物件の担保価値が上がり、その物件を担保にして低金利のローンに借り換えることによって、多くの低所得者が住宅を購入することができたのです。したがって、住宅価格が上昇しない場合にはローンの返済が困難となるおそれがあり、2007年夏にそのおそれが現実化したわけです。

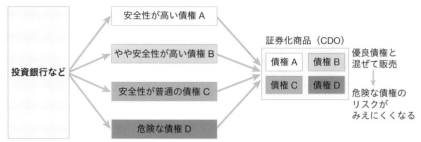

証券化商品のしくみ

図のように、高いリスクのサブプライムローン中心のRMBSとリスクが低い債券を混ぜて１つの箱（CDO）に入れて、箱のなかがよくみえなくなるようにして世界に売り出したのです。

ーン債務者は建物を担保として借り換えができなくなりました。そのため、ローンの返済不能者が続出します。サブプライムローンの延滞率は約20％、５人に１人が住宅ローンを返済できなくなります。こうして住宅ローンが不良債権化し、アメリカの投資銀行だけでなく、CDOを購入していた世界中の金融機関が大損を被って、「100年に１度」といわれる経済危機となるのです。

日米不良債権処理比較

　ここまで説明した「サブプライム問題」はアメリカ発ですが、日本でも同様なことがおこっています。実は1990年からのバブル崩壊で、日本の大手金融機関は不良債権処理で経営が行きづまり、その結果、公的資金が注入され、金融機関の大合併が相次ぎました。金融機関の合併については、アメリカでも同じです❸。

　しかし日米では、各金融機関の不良債権処理のスピードが大きく異なっています。日本の不良債権処理は15年余りにわたって延々と続けられました。ところが、アメリカ発のサブプライム問題は問題が顕在化して９カ月でその全貌がほぼ明らかになり、危険な金融機関に対する資本注入なども素早い対応がとられました❹。それが、

---

❷ヘッジファンドとは、様々な取引手法を駆使して市場が上がっても下がっても利益を追求することを目的としたファンドです。ヘッジ（hedge）は直訳すると「避ける」という意味で、相場が下がったときの資産の目減りを避ける意味で用いられています。普通の投資信託は、運用方法に制限があり、相場が一方向に動いたときのみ利益が出るしくみのものがほとんどです。一方、ヘッジファンドは比較的自由な運用が可能で、先物取引や信用取引などを積極的に活用することで相場に関係なく利益を得ようと、リスクヘッジしながらも積極的な運用を基本としています。また世界中の金融機関がこのCDOを購入したため、リーマンショックはヨーロッパの大手銀行の経営危機も引きおこしました。
❸日本の三井住友フィナンシャルグループ、みずほフィナンシャルグループ、三菱UFJフィナンシャルグループ、アメリカのシティグループ、JPモルガンチェースなどは、どことどこが合併したのか調べてみてください。

①住宅価格の下落	②ローンの返済の遅延	③証券化商品の不良債権化	④世界の金融機関が不良債権を抱える
ローンを借りた人	ローン会社証券会社	投資銀行	世界同時不況
家を転売してのローン返済ができなくなる	ローンの証券化商品が売れず、株価が低下	多くの不良債権を抱える→収益減	世界の金融機関が収益減→融資などが減少→不況

世界同時不況までの流れ

日本の不良債権処理ともっとも大きな違いです。日本の場合、バブル崩壊が始まってから1〜2年間は何もしなかったに等しいといわれています。そのあいだ、株価は下がり続け、株価がピークの1/3になってはじめて対策を始めたにすぎません。結局、完全に不良債権処理が終わるのは15年後、これがよくいわれる「失われた10（20）年」の現実の姿です。

国際経済

コラム　リーマンショックと新型コロナウイルス感染症拡大との相違点

　2020年に世界に広がった新型コロナウイルス感染症により、世界各国が人の移動や経済活動を制限したため、世界経済に深刻な影響が出ました。その規模はリーマンショックを超え、世界大恐慌にせまる規模となっています[5]。IMF（国際通貨基金）は、2021年までの経済損失が世界全体で約1300兆円に達すると発表しました。特に、小売業や接客業などでは、長期間の休業で企業の経営不振や破綻するケースが相次いでいます。また、失業率の増加、新型コロナ対策費の増加による各国の累積債務残高の増加もおきていて、その影響は多方面にわたっています。

　リーマンショックと新型コロナウイルス感染症拡大はどこが違うのでしょうか？　ここまでの説明でおわかりと思いますが、両方とも同じく「世界同時株安」になりました。しかし、リーマンショックはあくまで「金融」の問題であった[6]のに対し、新型コロナウイルス感染症拡大は、物づくりや流通に大きな傷跡を残した点で異なります。たとえば、「世界の工場」である中国で生産が止まると、サプライチェーンが切れて世界の物づくりが停滞するのが現代経済です。グローバル化が進み、人やモノが世界的に移動しているなかでの経済への影響は、一国にとどまらず世界に広がっていきます。その意味で、「経済のグローバル化」のなかでどのような対策が可能かの検討が必要なのでしょう。

[4]当時の新聞には、アメリカの通貨当局は日本のバブル対応をよく研究していたので、不良債権処理が素早かったとの記事がありました。
[5]世界全体の経済成長率をみると、世界大恐慌は−10％程度、リーマンショックは−0.1％（2009年）、新型コロナウイルスは−3.3％（2020年）の影響でした。アメリカ国内の失業率を比較すると、世界大恐慌は25％程度、リーマンショックは9.6％（2010年）、新型コロナウイルスは14.7％（2020年4月）の影響です。
[6]金融は「経済の血液」ですから、世界経済にとってリーマンショックは大変な事件であったことに変わりはありません。

今後の中国経済は？

中国の社会主義の変容

　第二次世界大戦後、毛沢東らが指導していた共産党軍が、蒋介石率いる国府軍との国共内戦に勝利し、1949年、中華人民共和国の建国が宣言されました。初期はソ連の援助のもとで社会主義化を推し進めましたが、1960年前後から中ソ対立がおき、自力更正の名のもと、中国は独自の経済路線を進めていきました。

　1966年からの文化大革命❶以降、中国経済は停滞しましたが、1980年前後から鄧小平指導のもと、「4つの近代化❷」「改革・開放経済❸」などの新しい思考で経済発展をめざします。1993年の憲法改正で「社会主義の公有制を主体としながら、資源配分などの面で市場が基礎的な役割を果たす経済（＝社会主義市場経済）」を憲法に明記し、計画経済から市場経済重視に転換し、2000年代には年10％を超える経済成長を続けました。

1949年	中華人民共和国成立
1966年	文化大革命（～76年）
1978年	鄧小平が改革・開放経済政策を打ち出す
1980年	深圳、珠海、汕頭、廈門を経済特区❹に指定
1989年	天安門事件❺で学生や市民による民主化運動を武力で弾圧
1993年	憲法に「社会主義市場経済❻」を明記
1997年	第15回党大会で、株式制の本格導入を提唱
2001年	WTOに加盟❼し、世界基準にそった市場経済へ
2004年	憲法に私有財産制保護を明記
2010年	GDPで日本を抜き、アメリカに次ぎ世界第2位になる

中国経済の急成長の背景は？

　急成長のキーワードを2点あげます。1点目は、外資系企業を活用した輸出主導型の経済成長であったことです。具体的には、欧米や日本の企業が中国の経済特区などに工場をつくり、低価格な製品を製造して輸出することで急激に生産を拡大しました。ここで注意して欲しいことは、中国の輸出・輸入の主力は、中国の企業ではなく、外資系企業が中心だったということです。キーワードの2点目は、製造業のウエイトが非常に高

❶1966～76年、毛沢東の奪権闘争とそれに伴う政治的社会的動乱を指す言葉です。毛沢東が主導した急進的な社会主義建設である大躍進の失敗後、国家主席を退いていた毛沢東は、経済復興を進めていた劉少奇・鄧小平らを「資本主義の道を歩む実権派」と批判し、1966年から全国で紅衛兵を動員して大衆運動による奪権闘争を開始しました。この動きに人民解放軍も加わり、各地で「造反有理（反逆には必ず道理がある）」のスローガンのもと、闘争が繰り広げられて社会は大混乱に陥り、経済は停滞しました。その後、毛沢東の死で事実上終わりました。
❷周恩来は文化大革命前に工業、農業、科学技術、国防の「4つの近代化」を提唱していました。
❸1978年から鄧小平を中心として実施された経済政策です。文化大革命後の経済を立て直すため、経済特別区の設置、人民公社の解体、海外資本の積極的な導入などがおこなわれ、市場経済への移行が推進されました。

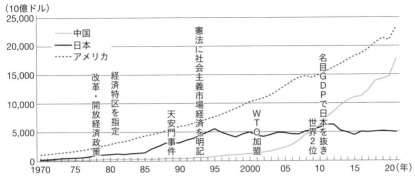

各国の名目GDPの推移
中国経済の急成長ぶりがわかります。

（国連統計部資料より作成）

いことです。その前提は、中国が有する安くて豊富な労働力の存在です。その労働力を求めて、外資系企業が進出してきたのです。

　しかし、近年この「強み」が「弱み」になりはじめています。まず、「安い」労働力ですが、高い経済成長が続いた中国では人件費が上がり、近年では「世界の工場」の役割は、マレーシアやタイ、ベトナムなど、他の新興国に移りつつあります（チャイナ・プラスワン）。製造業における「脱中国」の流れが進んでいるため、中国で急速に存在感が高まっているのがIT企業です。2010年代以降の中国は、ITの発展にめざましいものがあります。アリババやテンセント、バイドゥ、TikTokやファーウェイなどの世界最先端の技術を持つグローバル企業が台頭しています。

　ただし、中国の人口がそろそろピークを迎え、その後は減少する予想です。14億の人口が支える国内需要が減少する可能性や、米中貿易摩擦の激化については注目していく必要があるでしょう。

❹外国からの資本・技術などを吸収する目的で設けられた区域です。税制などで外国資本の優遇策がとられ、外国企業を誘致しました。のち「経済開発区」と呼ばれる、経済特区に準じた外国資本優遇策がとられる都市も指定されます。
❺4月17日以降、北京の天安門広場で胡耀邦を追悼する学生集会に市民も参加し、非暴力による民主化要求運動が展開されました。しかし、6月3日～4日、人民解放軍の戒厳部隊が戦車と銃で学生・市民を制圧しました。これによる死者は2000人、負傷者は3万人に達したといわれています。民主化を求める学生・市民に対する当局の制圧は、国際的な非難を受けました。
❻個人的には、生産手段（＝土地、原材料、工場など）の公有が原則の社会主義と、株主が会社を保有する株式会社などの私有が同時に存在することに違和感があります。
❼中国のWTO加盟は、外国からの資本を引き寄せました。中国への外国からの直接投資はWTO加盟前の2000年には408億ドルでしたが、その後、増加傾向をたどり、2018年には1383億ドルとなっています。直接投資の増加もあって、製造業の発展を原動力に中国の経済規模も急速に拡大し、GDPは現在世界第2位です。

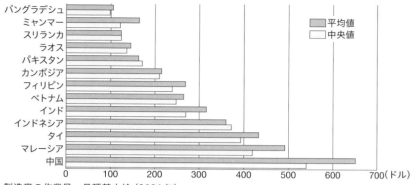

製造業の作業員・月額基本給（2021年）

ご覧のように、人件費における中国の優位性は揺らいでいます。

（JICA資料より作成）

コラム　中国の課題は？

これまで順調に進展してきた中国経済ですが、21世紀後半に向けて様々な課題に直面しています。何点かあげてみたいと思います⑧。

まず最大の課題は、人口減少です。

2023年1月、「2022年末の中国の人口は14億1175万人で前年と比べて85万人減少した」というニュースが世界をかけめぐりました。中国本土で2022年に生まれた子どもは956万人。前年より

中国の人口推計

（NHK資料より作成）

も106万人減少しました。さらに、人口1000人あたりの子どもの出生数を示す「出生率」も、2022年末時点で6.77となり、建国以来最低となりました⑨。

「1人っ子政策⑩」を廃止した中国で、なぜ「出生率」が下がっているのか？　その理由は、はじめて結婚する人の数です。最新の統計がある2021年まで8年連続で減少し1157万人余りになっています⑪。さらに中国政府は2016年にすべての夫婦に2人目、21年に3人目の出産を認めていますが、「子どもは1人で十分」という考え方がすでに社

---

⑧沿岸部と内陸部の経済格差や、急激な工業化による環境破壊なども指摘されています。

⑨ちなみに、日本の人口1000人あたりの「出生率」は6.4です（2022年速報値）。

⑩中国共産党が1980年頃に導入した「1組の夫婦がもうける子どもの数を1人に制限する」という人口抑制策です。その効果はありましたが、人口構成が歪みました。15〜64歳の生産年齢人口は2013年をピークに減少が続き、高齢化も主要国最速で進んでいます。全人口に占める65歳以上の比率は2021年末で14.2%で、国際基準で14%超とされる「高齢社会」に入りました。7%超の「高齢化社会」からの移行期間は21年で、25年だった日本より短いのです。

⑪過去最多は、2013年の2385万人余りです。その数字に比べて半分以下になっています。

会に浸透し、少子化に歯止めがかかっていません。この現象は、今後の生産年齢人口の減少とともに、国内消費の減少により中国経済の先行きに陰を投げかけています。その課題は、社会保障におよびます。「1人っ子」が、高齢の親を1人で介護しなければならないのです⑫。また、国連の推計によると、現在は高齢者1人を5人の現役世代で支えていますが、10年後には3.4人で支える計算になります。日本ほどではありませんが、高齢化のスピードは日本をしのいでいます。

　このような国内の課題ゆえでしょうか、中国経済は海外に軸足を移しています。具体的には、中国とヨーロッパを陸・海路で結ぶ「一帯一路」の経済圏構想を掲げ、積極的な対外投資を進めています。2015年のアジアインフラ投資銀行（AIIB）設立はその取組の1つですし⑬、アフリカへの投資の増大もその文脈で理解できます⑭。

コラム　人口減少の影響

　中国の人口は約14億人ですが、国連の推計では、2100年には7億6600万に減ると予測されています。人口が半減した場合、「内需」が減ることも課題ですが、前述したように「少子高齢化」が急激に進みます。そうすると「内需」への寄与が大きい生産年齢人口世代が減少するため、内需の落ち込みは人口減少以上になることが予想されます。さらに、中国経済を牽引してきた「不動産に頼る成長モデル」が行きづまる可能性が大きくなります。中国では土地は国有です。不動産業者は地方政府が整備した用地を使用権料を払って使わせてもらい、そこにマンションなどを建てて販売します。一方、地方政府は業者から得た使用権料が豊富な財政収入となり、この資金を使って新たに土地を開発するという構図が繰り返されてきました。このモデルによって、不動産売買だけでなく内装や家具などの住宅関連需要も拡大し、中国経済が発展する原動力となってきたのです。ところが、マンション価格の値上がりで投資用に購入する人が増え価格が一段と高騰し、庶民からは「高くて手が届かない」と批判が強まりました。これに対し中国政府は、住宅ローンを借りられる条件を厳しくするなど規制を強化しましたが、その結果これまでのようなマンションの値上がりが見込めなくなり、現在、以前のような成長の構図を維持できなくなってきています。そこに人口減少が加わると、さらに「成長モデル」が維持できなくなるわけです。

---

⑫中国の社会保障制度はあまり整っていません。中国では日本の介護保険にあたる制度がないので、ヘルパーを頼んだり、施設に入居すれば全額自己負担になります。また、医療費の自己負担は50％なので、経済的に高齢者は子どもに頼る必要があるのです。

⑬スリランカが2017年に南部のハンバントタ港の建設費返済ができる見込みがなくなり、中国とスリランカの合弁企業に港の運営権を99年間リースせざるをえなくなりました。このことは、中国の「債務の罠」にはまった典型例とみなされています。そのため、多額の債務を嫌い、計画の中止や見直しを表明する国もあります。

⑭2020年の貿易収支によると、中国は12年連続でアフリカ最大の貿易相手国でした。中国のアフリカへの投資額は、前年比3.3％増の1329億ドルで、中国企業が請け負ったアフリカにおける新規建設プロジェクトは、前年比21.4％増の679億ドルでした（2020年）。筆者は、2012年にタンザニア、2019年にシエラレオネを訪問しました。わずか7～8年のあいだに、アフリカに対する中国の経済的地位は格段に高くなり、その影響力が強くなったことに非常に驚きました。

環境問題への関心が高まっているのはなぜだろうか？

若者の環境への意識は？

　環境問題は「現在」の問題ですが、もっとも影響があるのは「将来」の地球だといわれます。そのため、ここでは「若者」の意識や「これからの対応」に重点をおいて説明したいと思います。

　まず、グレタ＝トゥーンベリさんという女性をご存じですか？　当時、高校生だったグレタさんは、2018年8月から毎週金曜日に学校を休んでスウェーデンの国会議事堂の前で座り込み、地球温暖化への対策を訴える活動を1人で始めました。この活動は、SNSで世界中の若者の共感を呼び、「#Fridays For Future（＝未来のための金曜日）」と呼ばれるようになりました。彼女の行動に共感して、2019年、国連の気候行動サミット直前に世界で160カ所、400万人以上が参加して、気候変動対策を訴える大規模なデモがおこなわれました。東京の参加者は2800人と少なく、筆者は驚きを隠せませんでした。中学校や高校の授業で、「環境問題」をかなり扱っているのに、若者の意識はこの程度なのかと、ある意味で失望したことを覚えています。

　特に、ヨーロッパの若者のあいだで環境問題への関心が高い理由は、国境が陸続きのため、ある国が環境悪化の原因物質を排出すると、まわりの国にすぐ影響を与えるからです。具体的には、ヨーロッパでは多くの教会などで、酸性雨の影響を受け溶けてしまった像（彫刻）をみかけます。そのような写真を授業でみる日本の若者と、街中を歩いている時に、像そのものをみるヨーロッパなどの若者のインパクトは違うのだと考えています。

若者の環境への意識をアンケートから読みとると？

　しかし、「デモ」という行動をとることと、「意識」を持つことは違うことがわかりました❶。次頁の**図1**の調査では、「国内や海外の環境問題や社会課題への関心を持つ」（「とても関心がある」、「やや関心がある」、以下同様）若者は、グラフには出

❶ここからの資料や数字は「若者の意識調査（報告）－ESG およびSDGs、キャリア等に対する意識－」（日本総合研究所　2020年（https://www.jri.co.jp/MediaLibrary/file/column/opinion/detail/200813report.pdf　最終閲覧2024年2月3日）によります。

内：大学生　中：高校生　外：中学生

■ とても関心がある
■ やや関心がある
　どちらともいえない
■ あまり関心がない
■ まったく関心がない

図1　国内や海外の環境問題や社会課題への
　　　関心

内：大学生　中：高校生　外：中学生

■ とても意識している
■ やや意識している
　あまり意識していない
■ まったく意識していない
■ 必要なものはすべて保護者が購入し自分では
　購入していない

図2　商品購入時の、環境問題や社会課題に
　　　取り組んでいる企業の商品かどうか
　　　の意識

国際経済

ていませんが全体の46.8％でした。半分近くの若者が、環境問題などに関心を持っています。さらにグラフから読みとれるように、「中学生→高校生→大学生」と関心を持つ人が増えている点がポイントです。年齢とともに社会的関心が高まる要因の1つは「繰り返し『学ぶ』」ことかもしれません。また、関心のある環境問題や社会問題の第1位は「気候変動・温暖化」（24.5％）でした❷。そして、将来、環境問題や社会課題の解決意欲を持つ若者は60.4％でした。これらのアンケート結果から、日本の若者の環境問題への意識の高さが読みとれます。

　問題は、その意識が行動として表れるかです。**図2**は、「環境問題や社会課題に取り組んでいる企業の商品かどうか」を意識して購入している若者の割合ですが、大学生が30.8％ともっとも多く、高校生（29.7％）、中学生（10.4％）と続いています。この数字が高いか低いかよりも、ある企業が「環境問題や社会課題に取り組んでいるかどうか」を知っていることに驚かされます。そして、次頁の**図3**は「環境問題や社会問題に取り組む企業の商品に支払える金額」についての回答です❸。半数以上の若者が環境問題や社会課題に取り組む企業の商品に、より高い値段を支払

❷第2位は「医療・健康・感染症対策」（13.3％）でしたから、ダントツです。アンケートの実施時期が新型コロナウイルスの感染拡大期であったことを考えると差は大きいといえるでしょう。

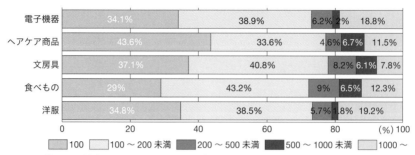

図3　環境問題や社会問題に取り組む企業の商品に支払える金額

ってもよいと考えていることがわかり
ます。

　中学校や高校では「エシカル消費④」
「フェアトレード」などを学びますが、
小遣い制の生徒たちは「限りある小遣
い」のなかで、「高くても社会的意義の
ある商品を買うのか」について、買わ
ないのではないか（「トレードオフ」の
関係にあります）と考えていましたが、
そうではないことが示されました。こ
こでも、教育の重要性を認識しました。
また図4は、投資意欲がある若者のう
ち、「環境問題や社会課題に取り組ん
でいる企業への投資意欲⑤」を持つ人
はグラフには出ていませんが、全体で
68.3%、グラフから学生別では高校生

内：大学生　中：高校生　外：中学生

■ おこなってみたい
□ どちらかというとおこなってみたい
　 どちらともいえない
■ どちらかというとおこなうつもりはない
■ おこなうつもりはない

図4　環境問題や社会課題に取り組んでい
　　　る企業への投資の意欲

が73.0%ともっとも高く、大学生（66.9%）、中学生（61.8%）と続いていました。
注意していただきたいことは、このアンケート対象者のうち、ESG 投資や SRI 投資
という言葉を学んだことがある人は、全体で21.6%（大学生が25.1%、高校生が

③環境問題や社会課題に取り組む企業の商品に支払う金額として、普通の商品を 100 とした場合に、
　それよりさらに高い金額を支払ってもよいと回答した比率を製品ごとに答えてもらっています。
　詳細は注①の報告を参照。
④エシカル消費については、本書現代の経済テーマ11「エシカル消費とは？」166 〜 169頁参照。
⑤現行学習指導要領では、家庭科や公民科で「金融（投資）教育」をおこなうこととされています。
　金融教育のなかでキチンと「ESG 投資や SRI 投資」を扱う必要性を感じます。

18.2%、中学生が19.2%）にすぎなかった点です。このことからESG 投資などを学ばなくても、「環境に関する教育」を受けていれば、投資にまで意識の変化がおよぶことがわかります。企業が環境への配慮をおこなっているというCMを流したり、会社説明会で環境への配慮を前面に押し出した説明をおこなう理由だと思います。

どのように環境に配慮するのか？

環境への意識は教育によることも大きいと説明してきました。では、家庭科の教科書などでは、どのように記述されているしょうか？

環境問題の現状（温暖化、オゾン層の破壊、酸性雨など）とその影響、環境問題解決への国際的な取組（国連人間環境会議、京都議定書、パリ協定など）、その内容などの総論を述べたあと

に、たとえば「個人の取組」として、「電気をこまめに消す」「暖房の温度を下げる」だけでなく、イラストのような「省エネの生活⑥」を示したり、「グリーンコンシューマー⑦」を示したりしています。また、「社会的な取組」として、「低炭素地域づくり」の街づくりを考えさせたり、「温室効果ガスの排出量削減に有効な制度」を考えさせて排出権取引や炭素税を導かせたり、「脱原発は可能か？」などのテーマでディベートをおこなわせたりしています。

いずれにせよ、環境を「他人ごと」ととらえさせず、「自分ごと」＝「行動できること」として考えることが重要であるといえます。

---

⑥2022年12月に、筆者の家もほとんどすべての窓を二重サッシにしました。2023年1月の電気使用量は前年の739kwから554kwへ、2月は789kwから560kwに減りました。別件ですが、友人から「ドイツでは夕立が降ると、みんな家から飛び出して雨水で車を洗いはじめる」と聞いたことがあります。2019年に訪独した際、本当に目撃しました。
⑦一般的にグリーンコンシューマー10原則とは、(1)必要なものを必要な量だけ買う、(2)使い捨て商品ではなく、長く使えるものを選ぶ、(3)包装はないものを最優先し、次に最小限のもの、容器は再使用できるものを選ぶ、(4)作る時、使う時、捨てる時、資源とエネルギー消費の少ないものを選ぶ、(5)化学物質による環境汚染と健康への影響の少ないものを選ぶ、(6)自然と生物多様性をそこなわないものを選ぶ、(7)近くで生産・製造されたものを選ぶ、(8)作る人に公正な分配が保障されるものを選ぶ、(9)リサイクルされたもの、リサイクルシステムのあるものを選ぶ、(10)環境問題に熱心に取り組み、環境情報を公開しているメーカーや店を選ぶです。

おわりに

　いかがでしたでしょうか？　本書を読んで「いままで胸につかえていた疑問が解決した」ことはありましたか？　本文でも触れましたが、NHKの人気番組「チコちゃんに叱られる！」をみていると、大人になっても「あれ？　これは知らなかった！」と思うことがたくさんあります。少しでも疑問が氷解されたら幸いです。

　本書は平易な記述を心がけてきました。ある意味、「読みやすい本」だったと思います。しかし、本書ですべてが説明しきれたわけではありません。たとえば、第1次世界大戦後のアメリカは、「黄金の1920年代」と呼ばれる繁栄に酔いしれていました。しかし、1929年に株が大暴落し、世界大恐慌の引き金を引きます。なぜ世界の富を集めていたアメリカの経済が真っ逆さまに落ち込むのでしょうか？　その理由を探るためには、いろいろな知識や概念（これらを学習指導要領は「見方・考え方」と呼んでいます）を使って考えたり調べたりする必要があります。その手助けとして、本書では注や参考文献をあげましたが、さらに専門書や拙著『詳説　政治・経済研究』（山川出版社）などを紐解いたりして、知識やデータを結びつけていってください。

　最後に、本書は相当な「産みの苦しみ」の上に世に送り出すことができました。「難しいことを易しく語る」ことは大変難しいことを、再度確認したしだいです。また本来は、理解をたすけるための図表や写真をもっと載せるつもりでしたが、紙面の都合などで適いませんでした。その点も心残りです。

　本書を読まれて、それまで気づかなかったが、「あれ？」と思うことが他にも出てきましたら、筆者にとって嬉しいことです。その疑問を解決するために、さらに探究の旅に出ていただければと思います。

2024年3月吉日　筆者

```
╳╳╳╳╳    参考文献    ╳╳╳╳╳
```

　本書のテーマを掘り下げるための「参考文献」をあげたいと思います。筆者は高校教員だった時代、高校生に「新書」を多く勧めましたので、ここでも「新書」を中心にあげてあります。ただし、やや古い本も多いため、岩波新書を中心に「品切れ」の書籍もあります。その場合は、図書館などで借りて読まれることをお薦めします。また、すべてのテーマを網羅していませんが、ご容赦ください。

現代の政治

2　大統領と首相の違いは？
　　岩崎正洋編著『大統領制化の比較政治学』ミネルヴァ書房、2019年

3　なぜ明治憲法を変えなくてはならなかったのだろうか？
　　竹村栄治『GHQ』岩波新書、1983年
　　古関彰一『新憲法の誕生』中公文庫、1995年

4　日本は「二大政党制」ではなく、「1と1/2政党制である」の意味は？
　　石川真澄・山口二郎『戦後政治史 第四版』岩波新書、2021年

5　60年安保闘争がおきる理由はわかるが、70年安保闘争はなぜおきたのだろうか？
　　日高六郎編『1960年5月19日』岩波新書、1960年

6　日本は「一億総中流」社会なのだろうか？
　　岸本重陳『「中流」の幻想』講談社文庫、1985年
　　暉峻淑子『豊かさとは何か』岩波新書、1989年
　　暉峻淑子『豊かさの条件』岩波新書、2003年
　　山田昌弘『希望格差社会』筑摩書房、2007年

7　第五福竜丸以前の原爆報道はどのようなものだったのだろうか？
　　河原理子『戦争と検閲』岩波新書、2015年

10　SDGsとMDGsの相違点は？
　　蟹江憲史『SDGs（持続可能な開発目標）』中公新書、2020年

国際政治

1　国際連盟や国際連合設立の目的は？
　　明石康『国際連合』岩波新書、2006年

3　国連憲章にない国連平和維持活動（PKO）はなぜ生まれたのだろうか？
　　東大作『平和構築』岩波新書、2009年

4　なぜ社会主義が魅力的にみえたのだろうか？
　　また第三勢力はなぜ生まれたのだろうか？

和田春樹『歴史としての社会主義』岩波新書、1992年

5　核抑止力とは？　また核不拡散条約（NPT）再検討会議はなぜ重要なのだろうか？

秋山信将編『NPT』岩波書店、2015年

7　アメリカは、なぜベトナムから撤退したのだろうか？

松岡完『ベトナム戦争』中公新書、2001年

小倉貞男『ドキュメント　ヴェトナム戦争全史』岩波書店、2005年

油井大三郎『世界史リブレット125　ベトナム戦争に抗した人々』山川出版社、2017年

8　アメリカとソ連は冷戦をなぜやめたくなったのだろうか？

山内聡彦・NHK取材班『ゴルバチョフが語る冷戦終結の真実と21世紀の危機』NHK出版、2015年

9　ソ連はなぜ崩壊したのだろうか？　―ゴルバチョフとエリツィン―

下斗米伸夫『ゴルバチョフの時代』岩波新書、1988年

小川和男『ロシア経済事情』岩波新書、1998年

10　冷戦終結後、地域・民族紛争が多くなったのはなぜだろうか？

月村太郎『民族紛争』岩波新書、2013年

11　旧ユーゴスラビア紛争はなぜおきたのだろうか？

千田善『ユーゴ紛争』講談社現代新書、1993年

柴宜弘『ユーゴスラヴィア現代史（新版）』岩波新書、2021年

12　パレスチナ紛争はなぜおきたのだろうか？

広河隆一『パレスチナ（新版）』岩波新書、2002年

13　アメリカは、なぜイスラエルの味方をするのだろうか？

最上敏樹『国連とアメリカ』岩波新書、2005年

現代の経済

1　経済学とは？　―古典派、ケインズ、マネタリズム、合理的期待形成学派、ニュー・ケインジアン―

高島善哉『アダム・スミス』岩波新書、1968年

伊東光晴『現代に生きるケインズ』岩波新書、2006年

2　インフレとデフレ、どちらが悪いのだろうか？

岩田規久男『インフレとデフレ』講談社学術文庫、1990年

4　戦後の三大改革が「高度経済成長の要因」といわれるのはなぜだろうか？

橋本寿朗『戦後の日本経済』岩波新書、1995年

武田晴人『高度成長：シリーズ日本近現代史8』岩波新書、2008年

雨宮昭一『占領と改革』岩波新書、2008年

5 「公害」はなぜおきるのだろうか？
政野淳子『四大公害病』中公新書、2013年

6 赤字国債は悪いものなのだろうか？
岸本重陳『経済のしくみ100話』岩波ジュニア新書、1994年

7 財政再建と社会保障充実の道筋はあるのだろうか？
広井良典『日本の社会保障』岩波新書、1999年
橘木俊詔『家計からみる日本経済』岩波新書、2004年
湯浅誠『反貧困』岩波新書、2008年

9 バブル経済の原因がプラザ合意だといわれるのはなぜだろうか？
山家悠紀夫『日本経済30年史』岩波新書、2019年

国際経済

1 金本位制のメリットとデメリットは？
鯖田豊之『金（ゴールド）が語る20世紀』中公新書、1999年

3 IMF体制（固定相場制）はどのように設立されたのだろうか？ ―第二次世界大戦の原因から考える―
大田英明『IMF（国際通貨基金）』中公新書、2009年

4 ヨーロッパはなぜ「統合」をめざしたのだろうか？
庄司克宏『欧州連合』岩波新書、2007年
田中素香『ユーロ』岩波新書、2010年

6 開発独裁とは？ ―日本のODAを含む―
岩崎育夫『入門東南アジア近現代史』講談社現代新書、2017年

7 南北問題や南南問題の現状は？
室井義雄『世界史リブレット56　南北　南南問題』山川出版社、1997年

8 NIESからBRICSへ
エズラ＝ヴォーゲル／渡辺利夫訳『アジア四小龍―いかにして今日を築いたか』中公新書、1993年

9 GATTをWTOに改組するのはなぜだろうか？
中川淳司『WTO』岩波新書、2013年

10 「経済のグローバル化」のデメリットは？
齊藤誠『教養としてのグローバル経済』有斐閣、2021年

11 アジア通貨危機はなぜおきたのだろうか？
竹森俊平『1997年―世界を変えた金融危機』朝日新書、2007年

12 リーマンショックはなぜおきたのだろうか？

宮崎成人『教養としての金融危機』講談社現代新書、2022年

13 今後の中国経済は？

唐亮『現代中国の政治』岩波新書、2012年

高原明生・前田宏子『開発主義の時代へ1972−2014』岩波新書、2014年

14 環境問題への関心が高まっているのはなぜだろうか？

石弘之『地球環境報告Ⅱ』岩波新書、1998年

吉永明弘『はじめて学ぶ環境倫理』ちくまプリマー新書、2021年

〔著者紹介〕

藤井剛 (ふじい つよし)

1958年生まれ。1983年より、千葉県の公立高校で主に政治・経済の教鞭をとる。政治・経済の授業にディベート・模擬裁判・新聞づくりなどを取り込んだ授業開発をおこなった。2015年4月より明治大学特任教授。2017年より主権者教育アドバイザー(総務省)も務めている。著書に『詳説　政治・経済研究』(山川出版社、2008年)、『ライブ！主権者から公共へ』(編著、山川出版社、2020年) など。

カバーイラスト　あくつじゅんこ

「なぜ!?」からはじめる政治・経済
——世の中のしくみがわかる50のギモン

2024年3月10日　1版1刷　印刷
2024年3月20日　1版1刷　発行

著　者　藤井剛
発行者　野澤武史
発行所　株式会社 山川出版社
　　　　〒101-0047　東京都千代田区内神田1-13-13
　　　　電話　03(3293)8131(営業)　03(3293)8135 (編集)
　　　　https://www.yamakawa.co.jp/
印　刷　株式会社シナノパブリッシングプレス
製　本　株式会社ブロケード
装　幀　Malpu Design
組　版　有限会社ブルーインク

ISBN978-4-634-59231-5 C0036